THE GREATEST DECISIONS ...EVER!
HISTORY'S BIGGEST IDEAS
AND THE PEOPLE WHO MADE THEM

逆境だらけの人類史
英雄たちのあっぱれな決断

PICTURE CREDITS

Key: t=top, b=bottom, l=left, r=right, c=center

All images public domain unless otherwise indicated:

Alamy: 88bl North Wind Picture Archives/Alamy Stock Photo.

Dreamstime: 9r Prillfoto, 15r Tan Wei Ming, 23r Jakub Cejpek, 27r Claudia Paulussen, 37r Dietmar Temps, 40l Ekaratch, 43r Georgios Kollidas 51r Ctvvelve, 67r Thomas Lammeyer, 90-91c Nightman1965, 89r Johnson175, 201r Drserg.

Getty Images: 17l ESA /Handout, 45r Giovanni Antonio Pellegrini, 63 Bettmann/Contributor, 72-73c SuperStock, 72r Forum/UIG/Getty Images, 95l Philip and Elizabeth De Bay, 105r Prisma/UIG/Getty Images, 123r Universal History Archive/Getty Images, 139r Hulton Archive/Getty Images, 142l Michael Ochs Archives/Getty Images, 143r Robert Knight Archive, 171r Art Rickerby//Time Life Pictures/Getty Images, 177r Keystone-France, 189r Mark and Colleen Hayward/Getty Images, 190l Michael Ochs Archives/Getty Images, 195r Miguel Pereira, 199r Sergei Guneyev//Time Life Pictures/Getty Images, 205R ROMEO GACAD, 202l Peter Macdiarmid, 203l Science & Society Picture Library, 211r Bob Riha Jr, 212-213c Justin Sullivan, 217r Peter Macdiarmid.

iStock: 33r Lingbeek.

Library of Congress: 132tr Julian Vannerson, 196-97c Maureen Keating.

Mary Evans Picture Library: 174tl © Illustrated London News Ltd/Mary Evans, 25br Mary Evans Picture Library, 65r Interfoto/Sammlung Rauch/Mary Evans, 116l Mary Evans/BeBa/Iberfoto, 126l Mary Evans/Natural History Museum, 141r © Mary Evans/Glasshouse Images, 143r Mary Evans Picture Library/Imagno, 155r Everett Collection/Mary Evans, 190l Mary Evans/Everett Collection, 192l Mary Evans/Everett Collection, 195r Mary Evans/Everett Collection, 201r Mary Evans Picture Library/Interfoto.

Shutterstock.com: 147br Pierre Jean Durieu, 191br Olga Popova.

Popperfoto: 55r Popperfoto/Getty Images.

Wikimedia Commons: 7r, 11r BabelStone, 29r Giovanni Dall'Orto, 31r, 35r, 39r, 47r, 49r Tango7174, 52-53c, 57r, 59r, 61r, 63r, 64l, 70l, 75r, 77r, 81br, 83r, 87br, 91r, 92-93c, 95r, 96l, 99r, 101r, 102-103c, 107r, 111r, 112l, 115r, 119r, 121r, 124l, 129r, 130-131c, 133r, 135br/tr, 137r, 140l, 145r, 147tr, 151r, 152-152c, 157r, 158l, 161r, 165l, 168-169c, 172l, 174r, 179r, 194l, 196l, 193r, 203r, 215r.

THE GREATEST DECISIONS ...EVER!
HISTORY'S BIGGEST IDEAS AND THE PEOPLE WHO MADE THEM

BILL PRICE

逆境だらけの人類史
英雄たちのあっぱれな決断

ビル・プライス 著
定木大介、吉田旬子 訳

NATIONAL GEOGRAPHIC

目次 逆境だらけの人類史
英雄たちのあっぱれな決断

6	序章
8	初期人類、最初の石器を作る
12	初期現生人類、アフリカを出る
18	狩猟採集民、定住と農耕畜産を始める
22	シュメール人、筆記を始める
26	エジプトとヒッタイト、平和条約を結ぶ
30	アテネ市民、民主政を選ぶ
34	シッダールタ、悟りを求めて旅立つ
38	アショーカ王、戦争を放棄する
42	ユリウス・カエサル、ルビコン川を渡る
46	パウロ、ダマスコへの道で回心する
50	コンスタンティヌス帝、キリスト教徒になる
54	ジョン王、マグナ・カルタに署名する
58	メディチ家、銀行を開く
62	グーテンベルク、聖書を印刷する
68	フェルナンドとイザベラ、コロンブスを支援する
74	ザルム伯、ウィーンに踏みとどまる
78	コペルニクス、『天球回転論』を世に問う
82	デカルト、理性を見いだす
86	ニュートン、復学する
90	ピョートル大帝、ロシアを改革する
94	植民地人、独立に賛成する
100	パリ市民、バスティーユを襲撃する
106	アメリカ政府、ルイジアナを購入する
110	ウィーン会議が「ヨーロッパ協調」を確立する

114	カール・ドライス、駆け足機の発明に注力する
118	モンロー、不介入主義を表明する
122	ダーウィン、ビーグル号の航海に同行する
128	リンカーン、南部の奴隷を解放する
134	ライト兄弟、飛行機の製作に挑む
138	D・W・グリフィス、ハリウッドで映画を撮る
142	ガンジー、市民的不服従を実践する
146	ロバート・ジョンソン、悪魔と取引する
150	ルーズベルト、ニューディールを表明する
156	イギリス内閣、抗戦を決議する
160	ルーズベルトとチャーチル、大西洋憲章に調印する
164	アイゼンハワー、Dデイの侵攻を決める
170	ノーマン・ボーローグ、メキシコに移住する
174	マーシャル、ヨーロッパ再建計画を公表する
178	ローザ・パークス、席を立つのを拒む
182	ケネディ、キューバを「隔離」する
188	ジョージ・マーティン、ザ・ビートルズと契約する
192	ネルソン・マンデラ、大統領との取引を拒む
198	ゴルバチョフ、ペレストロイカを打ち出す
202	アウン・サン・スー・チー、ミャンマーに帰る
206	ティム・バーナーズ＝リー、ワールド・ワイド・ウェブを考案する
210	アップル、スティーブ・ジョブズを再雇用する
214	ベルファスト合意が締結される
218	参考図書など
220	索　引

序章

このシリーズの既刊『失敗だらけの人類史 英雄たちの残念な決断』は、著者のステファン・ウェイアが選び出した史上最悪レベルの決断の数々を追体験させてくれた。列挙された致命的な判断ミスと極めつきの愚行は、機会さえあれば私たち凡人でも犯してしまいそうなものばかりだ。

本書『逆境だらけの人類史』は、それと対をなす姉妹編ともいうべき1冊である。困難な状況に直面したり、八方塞がりと思えるような窮地に追い込まれたりしたときにも、大英断を下し、局面の打開に成功した人々がいた——少なくとも、そういうケースが皆無ではなかった。本書の目的は、それをはっきりさせることにある。そのために、人類の長い歴史を振り返って、47の事例をピックアップした。皮切りは、およそ260万年前、人類最古の祖先の1人が石器を作ったケースだ。そこでは決断を下し、その決断に基づいて行動するために必要な知能を、彼(または彼女)が備えていたことが実証される。そしてそのなかで、人類を人類たらしめている決定的な特徴の1つ——すなわち、合理的思考が示される。

先史時代からルネサンスまで

まずは石器の製造をスタート地点とし、先史時代の大英断の事例をたどっていこう。例えば農耕の開始のように、この時代の祖先が下した決断は、全人類の歴史に多大な影響を及ぼすものとなった。やがて、古代メソポタミアの都市ウルクにおけるシュメール人による文字の発明にたどり着くわけだが、それを境に先史時代は徐々に歴史時代へと移行。大英断を下した人物の名前を特定できるようになる。ラムセス2世治下のエジプトから始まって、ギリシャ・ローマ時代に進み、カエサルやコンスタンティヌス大帝といった偉人たちがなした英断の数々を検証した上で、その後はさらに中世へと舞台を移し、マグナ・カルタの誕生に立ち会ったあと、ある意味そこで現代の世界が産声を上げたともいえる驚くべき時代、ルネサンス期に進む。

現代世界の創出

コロンブスとその後継者たちによって"新大陸"がヨーロッパの植民活動の舞台になると、歴史的な大英断の連鎖が起きる。アメリカ合衆国の誕生と拡張に関わる決断は、独立宣言とモンロー主義を扱った各章で説明する。やがて19世紀に到達し、科学の探求のために地球を半周する船旅に乗り出そうというチャールズ・ダーウィンの決断と、南北戦争のさなかにリンカーンが奴隷解放宣言を発した経緯をつまびらかにする。

そして20世紀の幕が上がる。20世紀は科学技術の発達と2度の世界大戦、そして公民権運動と独立運動によって特徴づけられる時代だ。私たちはいよいよ現代の世界に足を踏み入れ、ティム・バーナーズ=リーによるワールド・ワイド・ウェブの発明を経て、ベルファスト合意(こんにちまで続く和平プロセスの一環)の調印による北アイルランド問題の終息を扱う最終章にたどり着くことになる。

"大英断"の定義

歴史上の大英断について書こうと思い立ったとき、実をいうと、私は少々途方に暮れた。具体的な事例が全然思い浮かばなかったからだ。けれども、ある程度調査をすると、いわば目が慣れてきて、予想していたよりもはる

ライトフライヤー号
ライトフライヤー3号を2人乗りに改造したライト・モデルA。商業生産された初めての飛行機だ。

かに多くの事例を見つけることができた。それらを47件に絞るという作業自体が、決断を下す訓練になったほどである。

　リストを作成するに当たって、どのような事例を採用するかについて、私はいくつかの前提を立てた。まず、平和は戦争よりもましだというもの。もちろん、軍事的に正しい決定をするか否かという問題になると、戦争が避けられない場合もあることは承知している。例えば第二次世界大戦中、アイゼンハワーは天候不安にもかかわらず、Dデイにノルマンディー侵攻計画の決行を命じたが、それ以上に重要な決断はまだかつてないともいえる。それでもなお、私は平和が戦争よりもましだと思いたい。他にも、民主主義は独裁政治よりもましであり、平等は少数派を差別することよりもましであり、科学や文化における革新や飛躍的進歩は、停滞したまま変わらないありとあらゆることよりもましであるという前提に立って、私は作業を進めた。

　こうしたやり方で選んださまざまな英断が、本書の題名にふさわしいものであるなら、それが何よりだ。私たちは誰しも、日々の生活のなかでさまざまな決断を迫られる。そうやって下した決断の大半は、それほど多くの長期的な結果を招かないかもしれない。一方で、同時代の何百万という人々に影響を与え、こんにちなお、私たち全員に何がしかの作用を及ぼしているかもしれない決断を下した一握りの人間たちがいることもまた事実だ。本書にまとめたのは、そうした大きな決断の数々であり、少なくとも私の見たところ、それらは人類史上最も偉大な決断といって差し支えない。

8 逆境だらけの人類史——英雄たちのあっぱれな決断

初期人類、最初の石器を作る

およそ260万年前

背景：東アフリカで乾燥が進み、森がなくなる
主役：ホモ・ハビリス、または別の初期人類
功績：決断を下すという、私たち人類に備わった能力が開花する

大英博物館に展示されている最古の人工遺物は、手のひらにすっぽり収まるほど小さな暗灰色の火山岩である。一見、特に印象的とはいえない代物なので、説明書きを読むのも面倒だという人たちには、ややもすると何かの間違いで博物館のショーケースに収まってしまった、ただの石炭の塊に思えるかもしれない。しかし、それは1931年、考古学者ルイス・リーキーがタンザニア北部のオルドバイ渓谷で発掘した石器なのである。今からおよそ180万年前、私たちのはるか遠い祖先の1人によって作られたものだ。それを知った上で見ると、鋭い縁がおよそ天然の産物ではなく、引き切ったり叩き切ったりするための刃として意図的に成形されたということが、リアルに感じられてくる。

180万年前という気の遠くなるような昔、誰かがこの石を手に取り、おそらくもっと硬い石を打ちつけることでその形状を変え、より便利な道具にしようと思い定めた。このことから、彼らには、人間を他のあらゆる動物と隔てる種類の知能と思考過程——科学者が「認知」と呼ぶ能力——が備わっていたことがわかる。この石器をこしらえたのは紛れもなく人間であり、単に石器を作る能力にとどまらず、そもそも道具を作ろうと決断するだけの知性をも備えていたことを、ごく自然な形で私たちに証明したのである。

オルドワン石器

オルドバイは、東アフリカを南北に走る大地溝帯のセレンゲティ平原を、東西に分かつ渓谷である。私たちの遠い祖先に関する考古学的発見が相次いだことから「人類のゆりかご」と呼ばれるようになり、いまや人類進化の研究の中心を占める。渓谷の底で幾重にも層を成す堆積物を掘ることで、複数種の化石人骨やさまざまな石器など、初期人類の暮らしぶりをうかがわ

[動物は自分自身の痕跡を残す。人間だけが、作ったものの痕跡を残す。
——ジェイコブ・ブロノフスキー『人間の進歩』、1973年]

初期人類、最初の石器を作る

人類のゆりかご
東アフリカを走る大地溝帯のオルドバイ渓谷。初期人類が使っていた道具類が数多く発掘され、大英博物館に展示されている。

せる数多くの手がかりが出土した。大英博物館に展示されている例の石器は、この谷のいちばん下の堆積層から発見されたものだ。従って、この発掘現場で見つかった最も古いタイプと考えられる。

こうした石器は初めて出土したオルドバイ渓谷にちなんでオルドワン石器、あるいは単に「礫器(れっき)」と呼ばれる。先史時代の石器の既知の形式としては最初期のもので、オルドバイで発掘されて以来、もっと古い時代のものが東アフリカの別の場所で見つかっている。これまで発見されたなかで最も古いのは、エチオピアのゴナ地区で発掘された石器で、およそ260万年前のものと推定される。

気候の変化

こうした最初期の道具が作られた時期が重要なのは、東アフリカで環境条件の大きな変化が起きた時期と重なるからだ。地質年代でいうと、鮮新世から更新世へと変わる移行期に当たる。気候は乾燥が大幅に進み、熱帯雨林が南に後退すると、そのあとにサバンナと呼ばれる大草原が広がった。

この変化こそ、初期人類の進化を促した主要な推進力の1つと考えられている。このとき初期人類の一部は、より直立に近い姿勢をとることで環境の変化に順応した。直立姿勢に変えた結果、2本の脚で歩いたり走ったりできるようになっただけでなく、自由になった両手を、例えば道具を作るなど、何か他の目的に使うことができるようになったのである。

最初に道具を作った人々

この時代の化石記録は断片的だし、石器の近くからは人骨らしきものが見つかっていない。そのため、初期人類のどの種が最初にそれらの石器を利用したのかは、いまだに断定できないでいる。なかでも有力な候補とされているのは、その名もラテン語で「器用な人」を意味するホモ・ハビリスだ。ヒト属に分類される最も古い種の1つである。

問題は、これまでに発見された最古のホモ・ハビリスの化石が、およそ230万年前のものだということだ。最も古い石器は、知られている限り約260万年前のものだから、そこには30万年のずれがある。一部の進化生物学者からは、もっと早い時代の猿人——たとえばアウストラロピテクス・ガルヒやパラントロプス・ボイセイといった種——が、最初に道具の作り方を覚

> 最初期の道具がつくられた時期が重要なのは、東アフリカで環境条件の大きな変化が起きた時期と重なるからだ。

え、それを後から現れたヒト属が採り入れた可能性も指摘されている。

最初に道具を作って使用したのがどの種であるかは、人類進化の研究分野において、議論百出のテーマとなった。というのも、新たな化石が出土しても、それがどの種のものかを正確に特定するのは非常に難しいからだ。もちろん、これまで取り沙汰されたのとはまったく異なる種——化石記録に残っていないか、またはいまだ発見されていない種——が、道具をこしらえた最初の人類という可能性もある。いずれにせよ、もっと決定的な証拠が見つかるまで、この議論は続くだろう。

より大きな脳

初期の人類が猿人よりも大きな脳を備えていた理由については、意見が分かれる。一説によると、大きな脳は、それまで森の中で少人数のグループを作って暮らしていた人類が、サバンナに出て、もっと大勢で生活するようになった結果かもしれない。こうした大集団で最も成功したのは、社会的知能に優れた者たちだった。社会的知能とは、複雑かつ刻々と変化する状況で他者を理解し、他者と折り合いをつける能力をいう。社会的知能に優れているほど、子ども(つまり次世代)を持つ可能性が高かった。それが、彼らに進化上の優位性を与えたのである。

一般的知能

最初に道具を作ったのはホモ・ハビリスだとする根拠の1つとして、こうした初期人類の脳が猿人の脳より1.5倍大きかったという事実が挙げられる。それだけの容量があれば、道具をこしらえるという作業に必要な高い知能を備えていたと推定されるからだ。脳が大きければ社会的知能(他の人類と交渉する能力)にも一般的知能にも優れているわけで、それがホモ・ハビリスに進化上の優位性を与えたと考えられる。

私たちの祖先にこうした大きな変化が起きた証拠は、石器の出現という形でもたらされる。なぜ石器かといえば、この時代の人工遺物で現存するのが石器だからである。石から道具を作る能力があれば、木や骨や皮といった、石以外の材料も使っていたに違いない。ただ、そうし

初期人類、最初の石器を作る　11

チョッピング・ツール（礫石器）
大英博物館に展示されているこの石器の鋭い縁は、人間にしか作れないものだ。

た材料で作った道具は、歳月とともに朽ちてしまったのである。

　大英博物館の石器のような、現存する最古の道具類が極めて重要なのは、初期人類が認知的能力を備えていたことの動かぬ証拠となるからに他ならない。認知的能力の有無は、私たちと他の動物とを区別する決定的な違いだ。そうやって見てみると、この一見なんでもないような石の塊が、大英博物館で最も年代の古い展示物というだけでなく、最も注目すべき展示物の1つであることがわかるだろう。

貴重な手がかり

　本書で扱う出来事のほとんどは、ある問題に直面し、それを乗り越えるために最善と思われる決断を下した個人または少人数のグループが主役だ。ところが本章だけは、決断というプロセスの、はるかに一般的な側面に焦点を当てている。本章のテーマは、「決断というプロセスが人類の進化の過程に初めて現れた時期」と、「決断というプロセスが人類の発達に不可欠だった理由」である。初期人類に道具を作ることができたのは、知性と手先の器用さを兼ね備えていたからだ。それは彼らを「人間」と定義づける重要な資質だった。私たちにも今なお同じ定義が成り立つことを思うと、大英博物館に展示された岩の塊は、人間がどこから来たのかを教えてくれるだけでなく、最も遠い祖先の精神を垣間見せてくれる貴重な資料であるといえよう。あの石器を手がかりに、私たちは自分自身についての理解を深め、かつ、私たちを人間たらしめている要素について理解を深めることができるのである。

> 石から道具を作ることができる人々ならば、木や骨や皮といった、石以外の材料も使っていたに違いない。

12 逆境だらけの人類史——英雄たちのあっぱれな決断

初期現生人類、アフリカを出る

およそ7万年前

> 背景：紅海の南端で、行く手を海に阻まれる
> 主役：東アフリカに住んでいた、初期現生人類の小集団
> 功績：人類が世界中に拡散した

　1871年に出版された『人間の由来』のなかで、チャールズ・ダーウィンは人類が初めて姿を現したのはアフリカだと唱えた。ダーウィンはこの説の基礎にゴリラとチンパンジーの存在を置き、世界中の多くの場所で、哺乳類の生存種が、同じ地域にかつて生息した類似の絶滅種と密接な関係にあることを指摘している。さらに、絶滅した霊長類の化石がアフリカで見つかるはずだとまで予見した。この仮説は当時議論を呼んだが、現在もその状況は変わらない。少なくとも、そもそも進化論（生物がどのように進化し多様化するかを解き明かす理論）自体を否定する人々にとっては、受け入れがたい考えだろう。だが、歳月とともに、私たち人間の遠い祖先の化石が発見されたり、また前章で見たとおり、彼らが認知的能力を備えていたことが石器という形で証明

> この移住が実現するまでに、いくつもの難しい決断が下されただろうことは想像に難くない。慣れ親しんだ故郷を離れ、未知の世界に向かって歩み出すのは、並大抵の覚悟ではできないからだ。

されたりというふうに、ダーウィンの仮説に説得力を与える材料が蓄積されていった。人類発祥の地がアフリカだと認めるなら、アフリカで進化した人類は、どこかの時点で大陸の外に移住したと考えざるを得ない。なぜなら私たち人類は現在、この地球上のおよそ居住可能なほとんどすべての場所に住んでいるからだ。この移住が実現するまでに、いくつもの難しい決断が下されただろうことは想像に難くない。慣れ親しんだ故郷を離れ、未知の世界に向かって歩み出すのは、並大抵の覚悟ではできないからだ。

アフリカ単一起源説

　人類の移住と拡散に関する理論のなかで、最も受け入れられているのは、「アフリカ単一起源説」である。現生人類は約20万年前の東アフリカに出現し、それから大陸全土に広がり、やがて大陸の外に出ていったとする説だ。イスラエルでは紀元前12万5000年頃のものと思われる現生人類の化石が出土しており、初期の移住が現在のエジプトからシナイ半島（地中海と紅海を隔てる半島）経由でおこなわれたことを示している。もっとも、この地域の定住の痕跡は1万年ほどしかないことから、この移住は、失敗

に終わった初期の試みと見なされている。

　人類がアフリカの外に移住した断続的な試みのうち、最も初期のものはいつだったのか。確かな証拠は、それが紀元前7万年頃であることを物語る。そのころ、人々は紅海の南端にある狭い海峡、バブ・エル・マンデブ海峡を渡った。現在、アフリカのジブチとアラビア半島のイエメンを隔てるその海峡の幅は約20キロだが、7万年前は氷河期の影響で海水面が今より80メートル低かった。そのため、海を渡る距離はほぼ半分で済んだと考えられる。アラビア半島の沿岸部は、今でこそ大半が不毛な砂漠地帯だが、現在水没している地域も当時は草原が広がる低地で、淡水の湧き出る泉がいくつもあった。この青々と茂った平原は、おそらく狭い海峡の反対側からも望むことができただろう。そして、乾いたアフリカの沿岸地方に住む人々の目には、さぞかし魅力的に映ったに違いない。

遺伝子は語る

　紀元前7万年頃のアラビア半島の内陸部は、すでに今と同じように乾燥した、人が住むのに適さない砂漠だった。従って、最初に海峡を渡る決断をした人々は、おそらく沿岸部にとどまったはずだ。やがて、およそ1万2000年前、氷河期が終わりを迎えて気温が上昇に転じると、海水面が上がり、彼らが残したかもしれない痕跡をことごとく消し去ってしまった。そのため、アフリカ単一起源説を裏づける物的証拠は何ひとつ見つかっていない。しかし1980年代の後半以降、遺伝学の分野でさまざまな進歩があり、その方面から説の正しさが証明されてきた。アフリカ以外の土地に由来を持つさまざまな生活集団を対象に、アフリカで出現したとされる諸種の遺伝子マーカーを調べた成果であ

人類最初の出アフリカ
現生人類がアフリカを出た経路としては、幅の狭いバブ・エル・マンデブ海峡を渡ったと考えるのが妥当だ。しかし、シナイ砂漠を横断した可能性もある。

チャールズ・ダーウィン
博物学者で地質学者でもあったチャールズ・ダーウィンは、人類がアフリカで誕生し、そこから世界中に広がったという説を唱えた。

る。これまでのところ、ミトコンドリアDNAの調査が研究の柱になっている。ミトコンドリアDNAとは、細胞のミトコンドリア（呼吸とエネルギー生産に関わる細胞内器官）の中に存在する遺伝物質の構造体で、母親から子へと受け継がれる（父親から子へは受け継がれない）。ミトコンドリアDNAは、細胞が分裂する際に変異し、時間の経過とともに大きく変わり得る細胞核のDNAに比べ、安定している。この比較的変化に乏しい性質のおかげで、ハプログループと呼ばれるミトコンドリアDNAの型を、遠い昔まで遡ることができる。遺伝学者たちはこの手法で、人類が世界に拡散する過程で特定のハプログループがたどった経路を明らかにした。

こうしたハプログループ（DNAのタイプ）の1つ、「L3」は、東アフリカで発生した。これにより、この地域出身の人々と、大陸の南および西出身の人々とを識別することが可能になった。なぜなら、南アフリカと西アフリカの人々は通常、L3ではなくL1およびL2のハプログループを持っているからだ。アフリカ以外の世界中の人々は全員、L3から派生したハプログループを持つ。つまり、彼らはみな、アフリカ大陸の東部に由来を持つ人々の子孫だということがわかる。アフリカ大陸の異なる地域の人々の間に存在する大きな遺伝子的相違に比べ、アフリカ系でない人々の遺伝子が比較的高い水準で一致していることは、最初の「出アフリカ」が、ごく少人数のグループでおこなわれたことも示唆している。その数は、せいぜい数千、ことによるとわずか200人だったかもしれない。ともかく、アフリカ系以外のすべての人間が、この小さな遺伝子プール（ある集団内での遺伝情報の集まり）から枝分かれしたと推定できるのである。ミトコンドリアDNAは、わずかではあれ、時とともに変化するから、起きた変化の総量に基づいて、最初の出アフリカの時期をおよそ7万年前と見積もることができる。また、ミトコンドリアDNAのこうした微小な変化をさらに遡って調べることで、私たち人類共通の祖先である1人の女性が理論上存在することが示された。今からおよそ20万年前の東アフリカのどこかで生きていたこの女性は、「ミトコンドリア・イブ」と呼ばれている。

アフリカ単一起源説は、非アフリカ系の誰もがわずか200人ほどの遺伝子プールの子孫であることを示している。

トバ湖
紀元前7万2000年頃にインドネシアのスマトラ島で起きたトバ火山の大噴火は、「火山の冬」をもたらし、人口の激減を招いた。

その他の諸説

　アフリカ単一起源説が最も広く受け入れられているのは、なんといっても遺伝学的な裏づけがあるからだろう。もっとも、人類進化の研究に携わる者全員がアフリカ単一起源説を支持しているわけではない。例えば「多地域起源説」と呼ばれる有力な説は、現生人類が別々の地域で進化を遂げたと説く。それは150万年前、より古い人類種であるホモ・エレクトスがアフリカを出て世界中に広がった結果だという。この説によると、ホモ・エレクトスは事実上現生人類と同一種だったといっても差し支えなく、彼らはアフリカを出てから世界各地のさまざまな環境に適応していった。それが、現在の地球上に多種多様な人種や民族が存在する理由だという。しかしその一方、アフリカ系でない人々のDNAが比較的一致するという事実があり、多地域起源説にとっては都合が悪い。なぜならそれは、非アフリカ系の人々が、もっと時代を下ってから小さなグループでアフリカを出た人々の子孫であることを示しているからだ。この点に関して、多地域起源説派は次のように説明する。ホモ・エレクトスによる出アフリカの後に起きた移住は、異なる生活集団の遺伝子を混ぜ合わせる効果を持つ。だから、地域ごとの適応があったにもかかわらず、彼らの遺伝子構

南北アメリカ大陸

　現生人類が南北アメリカ大陸に住みついたのは、他の地域よりもずっと遅く、2万年前から1万5000年前の間と考えられている。当時は海水面が低く、ロシアとアラスカの間には幅広く海底が露出しており、歩いて渡ることができた。このランドブリッジ（陸橋）があった場所は今、太平洋と北極海をつなぐベーリング海峡という水域になっている。

造に大差は生じなかったのだ、と。

　2011年に『サイエンス』誌に発表された最近の研究も、今のところ、アフリカ単一起源説に異を唱えるものといえそうだ。それによると、アラブ首長国連邦で見つかった紀元前12万年頃の石器が、同じ時期のアフリカで現生人類が使っていた石器と同じタイプのもので、これはアラビア半島への移住が、従来考えられていたよりもずっと早い時期におこなわれたことを示唆しているという。だがあいにく、この見立てを裏づけるような化石人骨は見つかっていない。もしかしたら、イスラエルでの発見同様、これもまた、アフリカを出て世界中に広がっていったというよりも、限られた一時期アフリカ以外の土地に住みついた人々の事例にすぎないのかもしれない。

　こうしたことが起きた理由として1つ考えられるのは、いわゆる「トバ事変」である。これは紀元前7万2000年頃、インドネシアのスマトラ島にあるトバ火山で起きた過去最大級の噴火で、長期に及ぶ「火山の冬」を引き起こし、人口を激減させたという。大気中を舞うちりと火山灰が気温を大幅に低下させ、その結果、食料がなかなか手に入らなくなった。すでにアフリカを出てどこかに移住していた人々は、この天変地異を生き延びることができなかったか、たとえ生き延びることができたとしても、ほとんど痕跡を残せないほど小さな集団にとどまったと推測できるのである。

ビーチコーマー・モデル

　遺伝学の研究によって、次のことが明らかになっている。今から7万年前、人々はおそらく海岸伝いに移動して世界中に広がっていった。「ビーチコーマー・モデル」とも呼ばれる人類の移住パターンだ。ビーチコーマーとは「浜辺で貝殻や漂着物を拾う人」という意味で、確かに、海岸伝いのルートをたどれば、たいていの資源が手に入っただろう。しかし、そのことが逆に、考古学的調査を難しくしている。なぜなら、氷河期の終わりに海水面が上昇し、当時陸地だった場所が今では水没しているからだ。ただ、1つだけいえるのは、先史時代の人類が、この海岸伝いのルートをかなりのスピードで移動したらしいということだ。なにしろアフリカを出てからわずか2000〜3000年ほどでインドに到達し、そのまま東南アジアを席巻、紀元前5万年頃にはオーストラリアにたどり着いているのだから。

　東方へのこの急速な拡大と対照的なのが、北への移住だ。ヨーロッパに現生人類が足を踏み入れたのは、わずか4万年前にすぎない。これ

飽くなき好奇心、より良い未来を望む欲求、そしておそらく、与えられた場所に満足できない人間のさがが、人類史上の数々の決断を促してきた。

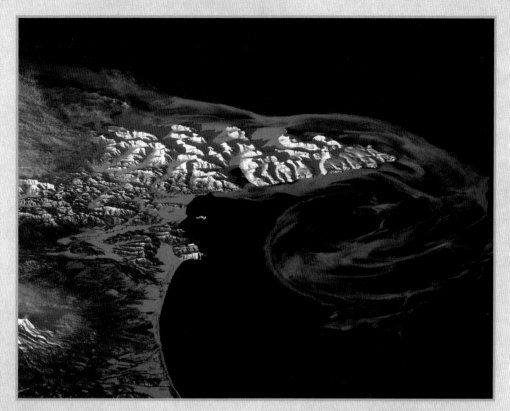

ベーリング海峡
2016年に国際宇宙ステーションから撮影したベーリング海峡。現生人類はここを渡って、かつて陸続きだったアジアからアメリカに移住したと考えられている。

はその地域の寒冷な気候の影響か、あるいはそこがすでにネアンデルタール人（絶滅した人類種。学名ホモ・ネアンデルターレンシス）によって占領されていたからと考えられる。

空白を埋める作業

　人類が世界中に拡散した経緯を完全に把握するには、まだまだ時間がかかるだろう。しかし、ここ数十年のテクノロジーの進歩、特にDNA解析技術の発達により、それまでわからなかったことの多くが解き明かされている。そして、わかっていることが増えるにつれ、アフリカで誕生した現生人類が、まず紅海を渡ってアラビア半島に入り、それからアジアをはじめとする世界各地に広がっていったとするダーウィンの説が、いよいよ説得力を増しつつある。

移住の原動力

　それにしても、初めてアフリカから出た人々を、そのような危険に満ちた冒険に駆り立てた動機は、果たして何だったのだろうか？　もちろん、今となっては、それを正確に知ることは不可能だ。干ばつや飢饉（ききん）に見舞われ、住み慣れた故郷を離れざるを得なくなったのかもしれない。しかし、当時の人々がバブ・エル・マンデブ海峡の向こう岸に青々と茂る緑を見て、ただ単純に、あそこはどんな土地なのだろうと思いを巡らせたことは、容易に想像がつく。

狩猟採集民、
定住と農耕畜産を始める

紀元前およそ1万年

背景：温暖化から寒冷気候に逆戻りし、食料が激減する
主役：肥沃な三日月地帯に住んでいた狩猟採集民と農耕民
功績：人類史上最大の社会変革が起きた

多くの人にとって想像しがたいことかもしれないが、現代の世界に生きるほぼすべての人間は、基本的に農耕畜産に基づく社会の一員である。農業はいまだに、この世界で一定の役割を果たし続けている。しかし先進諸国では、農業従事者の数が人口の1パーセントにも満たないので、大多数がその事実にほとんど思いを致さないとしても、さして不思議ではない。

新石器革命

人類史全体で見れば、農耕畜産の開始は最近の出来事にすぎない。現生人類が単独の種として枝分かれしてから20万年たつが、農耕畜産が始まったのはつい1万2000年ほど前のことだ。20万年という歳月の大半を、私たちは狩猟採集民として暮らしてきた。今もごく少数の人々がそうしているように、自然の恵みをそのまま享受していたといえる。

こうした狩猟採集生活から農作中心の生活への移行は、「人類史上最大の社会的大変革」と評されてきた。考古学者はこの変化を「新石器革命」と呼ぶ。農作の導入に関連して、さまざまな変化が生じたからだ。人々は定住型のコミュニティーで暮らし始め、従来より進んだ石器を使い、陶器製造の技術を編み出した。

この移行が始まったのは、文字が発明されるより数千年も前のことなので、こうした重大な変化がどのように起きたかは、考古学的記録を見て推し量るしかない。人類史における決定的な転機ともいうべきこの過程で、人々の脳裏にどのような考えが去来したかをはっきり知ることは不可能だ。しかし、この間に下された決断の数々は、当時多大な影響を与えたことはもちろん、今なお意味を持ち続けている。人類史を通じて一、二を争う重要な決断だったといえるだろう。

> 狩猟採集生活から農作中心の生活への移行は、「人類史上最大の社会的大変革」と評されてきた。考古学者はこの変化を「新石器革命」と呼ぶ。

肥沃な三日月地帯

農耕畜産は世界各地で別々に始まったが、最初に農作が営まれたのは「肥沃な三日月地帯」と呼ばれる地域だった。乾燥した内陸部をまた

肥沃な三日月地帯
中東の砂漠と山に挟まれた三日月形の地域。最初の農作はここから始まった。

も、同様のことがいえる。現代の畜牛の祖先は、絶滅した野生牛、オーロックスを飼い慣らしたものだし、ヒツジとヤギはトルコ南部のトロス山脈に生息していた野生種を改良したものだった。

農作の発祥地がなぜ肥沃な三日月地帯だったのかについては、かねて熱い議論が交わされてきた。さまざまな説があるが、最も広く支持されている1つが、「最後の氷河期の終わりに起きた気候変動が原因だ」とする説である。今からおよそ1万5000年前に始まった気候変動が、農作という選択をもたらす契機になったというのだ。温暖化によって、狩猟採集民が利用していた動物種や植物種にとって好ましい諸条件が肥沃な三日月地帯に整い、そのおかげで個体数が増大した。

やがて、紀元前1万800年頃になると、突然の寒気が襲い、三日月地帯を氷河期の気候条件に逆戻りさせてしまった。この変動はどうやら非常に急速に（ことによるとわずか数年の間に）起きたようで、しかも1000年以上続いた。その間、狩猟採集民の手に入る食料は激減したに違いない。農作はこうした環境変化に対する適応

ぐように広がる三日月形の地域で、現在のイランのザグロス山脈の麓から始まり、イラクとシリアを横切るように広がって、北はティグリス川とユーフラテス川の渓谷に沿ってトルコ南部に及び、南はレバノン、ヨルダン、イスラエルに至る。小麦、大麦、ライ麦をはじめ、現在も世界中で栽培されている穀物の多くが、この地域で初めて育てられた。また、エンドウ、インゲン、ヒラマメといった、多種多様な豆類が初めて栽培されたのもここである。家畜について

> 宗教的な宴や飲酒の習慣が、農耕畜産の発達につながった可能性もある。
> 宴に必要な大量の食料や飲料を確保するには、それしかなかったからだ。

として選択されたのかもしれない。狩猟や採集だけに頼らず、より安定して食料を確保できる農作を始めることは、必要に迫られた決断だったのだろう。

定住化

フランスの考古学者ジャック・コーバンは、農耕畜産が始まった理由について異なる説を思いついた。彼は、「人類が自分たちに制御できない環境のみによってなんらかの行動を強いられることは、まれである」ことに着目。動植物の家畜化や栽培化は"定住化"──人々がひとつ所に落ち着き、恒久的にそこに住む現象──の結果として、意識的になされた選択だったと唱えた。コーバンによると、定住化には信仰体系の変化も伴ったという。それまで動物や場所を崇拝の対象にしていた人々が、祖先や天空に住まう神々を崇め奉るようになった。前者は狩猟採集民に顕著な特徴であり、後者はより固定的なコミュニティーに広く見られる傾向である。

肥沃な三日月地帯の西側にあるレバント回廊で栄えたナトゥフ文化は、およそ紀元前1万2000年から紀元前8000年にかけて続いたが、これはちょうど狩猟採集から農耕畜産への移行期に当たり、コーバンの説を補強する材料を提供する。ナトゥフ文化の黎明期に、狩猟採集民は砂漠の辺縁で流浪の生活を続けていたが、一部は永続的な集落に200ないし300人の規模で暮らしていた。そうした集落の跡からは、野生の穀類を収穫したり加工処理したりするのに使う石鎌と石きねが見つかっている。つまり、農業に必要な技術は、耕作そのものが始まる前からすでに存在していたのである。これは、農耕畜産への移行がいっときに集中してではなく、比較的長期にわたって起こった可能性が高いことを示している。

ギョベクリ・テペ

こうした定住化のプロセスは、トルコ南東部のギョベクリ・テペでおこなわれた発掘調査によって、さらに裏づけられる。ギョベクリ・テ

どちらを選ぶ?

狩猟採集民と農耕民を比べると、前者のほうが健康かつ長寿で、病気にかかることも少なかったことが研究で明らかにされている。農耕民は家畜の病原菌にさらされる機会が多く、また、背中や関節の痛みといった健康問題を抱えやすかった。さらに、食料を確保するために費やす時間は、農耕民より狩猟採集民のほうが短かったことも判明している。これらすべてが、人々は気候変動によりいや応なく農作業を始めさせられたのだという説を補強する。他に選択肢があるなら、誰が好きこのんで長時間に及ぶ重労働など選ぶだろうか?

現代の農作
トルコ東部の肥沃な三日月地帯に位置する谷。ここでは何千年もの間、農耕畜産が営まれてきた。

ぺの遺跡は、近年では屈指の考古学的発見と考えられている。これまでの発掘で、世界最古の宗教施設が複数埋もれていることがわかったからだ。

その最下層は紀元前1万年のものと推定され、もっぱら宗教祭祀のために使われていたと考えられる。20ある円形の囲いの中には12の立石があり、大半は動物の彫刻を施され、なかには人間の腕や着衣が彫られているものもある。これらは先祖や神々を象徴的に表したものなのだろう。野生動物の骨や野生種の穀物が多数見つかっており、この場所が農耕民ではなく狩猟採集民によって建設され、使われていたことを示している。上記のような象徴芸術もそうだが、こういった巨大な建造物を作るのに必要な社会組織は驚くべきものであり、ここまで古い遺跡では他に例を見ない。

いまだ途上にある発掘調査によって浮かび上がってくるのは、ある1つの根本的な変化を経験しつつある、高度に組織化された複雑な社会の姿だ。その変化の背後で、気候変動や人口増加が一定の役割を果たしたことは間違いないにしても、主となった原動力は人々自身であり、彼らが下したもろもろの決断だったように思える。

農作の採用に直接つながった決断を特定するのは不可能だ。むしろ、数多くの選択が積み重なった長いプロセスの結果と考えるほうが自然だろう。しかし、農作が始まった地域が、人々が初めて町や都市に集まって暮らすようになった場所でもあることは偶然ではない。なぜなら、そうした社会は十分な食料を供給する手段として農作に頼っていたからだ。そして、私たちの大半がすっかり農作業から縁遠くなってしまった現代においても、その点はほとんど変わらない。

シュメール人、筆記を始める

紀元前3400年頃

背景：膨張する都市で、記録すべき情報が増加の一途をたどる
主役：シュメール人の都市ウルクの書記たち
功績：本格的な筆記法が初めて実用化される

筆記は世界の複数の地域で別々に発明された。しかし、最初に文字が使われた場所が紀元前4000年紀にメソポタミア（現在のイラクにほぼ重なる古代の地域）南部で栄えたシュメール最大の都市国家ウルクであることには、ほぼ異論がない。理屈の上では、文字の使用を境に先史時代は歴史時代へと切り替わるわけだが、人間の文化におけるこの大きな進歩がどのように起きたかを知るには、依然として考古学上の発見に頼らなければならない。

筆記は最初、都市行政における記録管理の手段として用いられた。最初期の文書は、農産物および手工芸品の量や流通を記録するために雇われたウルクの職業的書記たちの手で作成された。彼らは言語学でいうところの「表音文字」を使うことで記録管理の方法を単純化するやり方を、偶然思いついたようだ。文字を使うという——少数の書記たちか、またはただ1人の個人による——決断は、やがて「本格的な筆記法」と呼ぶべきものを生み出すに至る。しかし、シュメール人の書記たちによる諸々の決断と、それらがもたらしたより広範囲に及ぶ結果の数々について考える前に、そもそも何をもって本格的な筆記法と呼ぶのかを確認しておくのが賢明だろう。

本格的な筆記法とは何か

言語学的にいうと、本格的な筆記法は表音文字を使用する。表音文字とは、アルファベットのように一つひとつが発声される「音（おん）」を表し、いくつかまとまることで単語を形成する文字のことだ。

表音文字の誕生以前、人々はもっと単純な方法で情報を記録していた。最初は対象を簡略化して描いた絵文字。それが進化して、より抽象的な文字で1つの単語全体を表す「表語文字」が生まれた。これなら、人々が各文字の意味す

最初期の文書は、
農産物および工芸品の量や流通を記録するために雇われた
ウルクの職業的書記たちの手で作成された。

シュメール人、筆記を始める 23

粘土板
くさび形文字で書かれたシュメール語。葦の先を粘土に押しつけることでくさび形の印を刻んだ。

るところを知っていれば、より複雑な情報を記述することができる。このやり方の欠点は、音声言語がおびただしい数の単語によって成り立っているため、それらを表すにはおびただしい数の文字が必要になるということだ。これでは、読み書きを習得するプロセスが長く込み入ったものになってしまう。

単語を主要な音声に分割すれば、必要な文字の数を大幅に減らすことができ、習得のプロセスと文法の運用がはるかに易しくなる。ウルクでシュメール人の書記たちが成し遂げた変革は、完全な単語ではなく特定の「音」を表す表音文字を、既存の筆記体系に組み入れたことだ。ただし、これを本格的な筆記法に分類することはできない。なぜなら、本格的な筆記法は、母音と子音の両方で完全な音韻体系が整っていなければならないからだ。とはいえ、最終的に本格的な筆記法へと至るプロセスの端緒だったとする分には、十分合理性があると考えてよい。

シュメールの都市ウルク

最盛期にあたる紀元前2900年頃、5万を超す人口を抱えるウルクは、当時世界最大の都市であり、メソポタミア全域を支配していた。そんな大都市の行政こそが、記録管理の革新を促す

粘土のトークン

ウルクで用いられていた粘土板を使う筆記法は、おそらく粘土の筒を使う会計制度とともに発展したのだろう。物品の一定量を表す表語文字が刻まれた小さな粘土の円盤（＝トークン）が、例えば取引されたヒツジの数や布の量に応じて何枚か粘土の筒に収められ、水で練った粘土で封印された。それとは別に、平らな粘土板にもその取引の内容が記録された。しかし、粘土板に書かれている内容を誰もが読めるなら、粘土の筒もトークンも必要ないということが、次第にわかってきたに違いない。

原動力だったといえる。

初めは木製の尖筆か棒を使い、水で練った粘土の板に印をつけていた。そうした板を天日で干したり窯で焼いたりしたものは、紙や動物の皮をなめしたもの（羊皮紙および子牛皮紙）に書かれた後世の文書よりも、結果的にはるかに長持ちしている。

現在、メソポタミアその他の地域の古代都市の多くで、発掘調査によって巨大な書庫が見つかっており、なかには数千枚もの粘土板を蔵しているものもある。

筆記の進化

ウルクで最も初期の粘土板が作られたのは、紀元前3400年頃のことだ。粘土板に刻まれた文字は、会計制度を記録する目的で使われ、最初はヒツジや布など取引の対象を直接的に表すような文字だったが、徐々に単純化されてゆく。取引が成立するたびにいちいちヒツジを描くのではなく、尖筆で二、三の溝を彫るだけでヒツジを表せるようにという工夫だった。やがて、文字はさらに抽象化が進んで、一段と書きやすくなり、そうした様式化された文字のみが使われる表語筆記の体系が整った。

このシンプルな体系から、完全な単語ではなく「音」を表す抽象的な文字の使用への飛躍は、ひょっとしたら異形同音異義語（発音は同じだが、つづりと意味が異なる語）を表すのに同じ文字を当てたことがきっかけだったかもしれない。そしてやがて、それらをいくつかまとめることで、まったく異なる単語を生み出すようになった。文字は対象ではなく「音」を表すという原則の成立である。

こうして表音文字による筆記法が出現するのだが、ウルクにおいては、この方法で作られた単語は表語文字に完全に取って代わったわけではなく、併用された。

くさび形文字

紀元前3000年頃、メソポタミアにおけるウルクの影響力はすでに衰えの兆しを見せていたが、ウルクで生まれた筆記法は周辺の都市国家にも普及していた。紀元前2500年頃になると、さまざまな言語の文書が「くさび形文字」と呼ばれる文字で粘土板に刻まれていた。シュメール地方の北に隣接する地域で使われたアッカド語も例外ではない。アッカド語はシュメール語に比べてメソポタミア地方で使われていた他の諸言語との関係が近く、多くの人々にたやすく理解できたため、シュメール語よりもはるかに広く使われるようになった。

筆記の方法も変わり、文書は葦の先を粘土板に押しつけ、くさびの形をした印をつけること

で作成されるようになった。くさび形文字は、以後1500年にわたって使われ続ける。この間、表音文字だけでなく表語文字も多少は使われたのだが、それでも、これが本格的な筆記法の始まりであることは、広く認められている。

くさび形文字は紀元前1000年頃から、よりシンプルなフェニキア文字に少しずつ取って代わられた。フェニキア文字はわずか20個ほどの文字からなり、当初は母音こそ欠いていたが、すべてが表音文字だった。今のレバノンの海岸地方を故郷とするフェニキア人は航海術に長け、地中海全域を覆う広大な交易網を築いた。そのため、彼らの筆記法は地中海地方の広範囲で採用された。

古代ギリシャ語もフェニキア文字を使い、母音を加えた。これにより、音声言語と同じ「音」を再現するために必要な文字言語の容量が大幅に増した。この文字はやがてギリシャからローマに伝わり、そこで、こんにち私たちの多くが使っている形に整えられたのである。

必要こそが革新の原動力

筆記の進化は、シュメールからフェニキアを経てギリシャ・ローマに至る直線的経路によってたどれるような単純なものでは全然ない。しかし、今から4000年以上も前、増える一方の情報を処理するために会計手法を簡素化しようとしたシュメールの書記たちの決断は、最終的に本格的な筆記法へとつながる道を歩み出した転機と見ることはできる。

専門家のなかには、フェニキア文字はエジプトの象形文字から「原シナイ文字」と呼ばれる文字を経由して発達したものであり、くさび形文字とはなんの関係もないと主張する者もいる。もしそれが真実なら、完全な表音文字による筆記へと至る進化のプロセスは、シュメール語とは無関係ということになる。

ただ、仮にくさび形文字が筆記の歴史においては"進化の袋小路"だったとしても、はるかな昔にシュメールの書記たちが下した決断の価値は、ほとんど損なわれない。なぜならそれらは、必要こそが革新と変化の大いなる原動力であることを物語るものだからだ。

象形文字

エジプトの象形文字が、少なくともシュメール語の筆記と同じくらい古いと考える学者もいる。彼らのなかでは、象形文字が独自に生まれたのか、それともエジプトとメソポタミアの接触および二者間で起きた文化の伝播の結果なのかについて、議論が続いている。

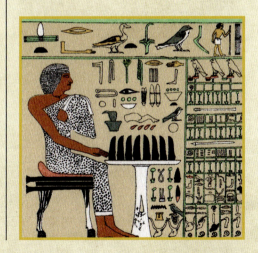

今から4000年以上も前、
会計の手法を簡素化しようとしたシュメールの書記たちの決断は、
筆記が新たな方向性へと初めて歩み出した転機と見ることはできるだろう。

26 逆境だらけの人類史──英雄たちのあっぱれな決断

エジプトとヒッタイト、平和条約を結ぶ

紀元前1259年頃

背景：二大帝国が数百年にわたり覇権を争う
主役：エジプトのファラオ、ラムセス2世とヒッタイトの王ハットゥシリ3世
功績：互恵的な平和条約が締結された

国連の安全保障理事会は、対話と外交を通じて加盟国の平和と安全を維持すべく努める。そうした努力が実を結ばない場合、紛争介入のさらなる手段──制裁（通常は関係国間の貿易制限）の発動、平和維持軍の派遣、あるいは直接的な軍事行動──にお墨つきを与える権能を持つ。

ニューヨークにある国連本部の、安保理事会が開かれる会議場のすぐ外の壁には、とある粘土板の複製が掛けられている。紀元前1259年頃に古代エジプトのファラオ、ラムセス2世とヒッタイトの王ハットゥシリ3世の間で交わされた平和条約を、くさび形文字で記したものだ。

原本は1906年、かつてのヒッタイト帝国の首都でトルコ中央部に位置するハットゥシャの発掘調査で見つかった。その内容はエジプトの神殿の壁に刻まれた銘文とも一致し、知られている限り、現存する世界最古の平和条約と考えられる。粘土板の複製は1970年にトルコ政府から国連に寄贈された。

安保理の会議場のすぐ外という目立つ場所に掛けられているのは、おそらく、議場に入る各国の外交官たちに感銘を与えるため、そして、交戦国同士の和平交渉が非常に長い歴史を持つことを示すためだろう。今から3000年以上も前にエジプト人とヒッタイト人が、かくも思慮深いやり方で和睦を交わす決断を下したのであれば、私たち現代人に同じことができないはずはあるまい──この粘土板は、そう教えてくれているのかもしれない。

覇権を争う二大帝国

かつてヒッタイトについてはほとんど知られていなかったが、首都ハットゥシャの遺跡が発見され、発掘調査によって大規模な建物や巨大な城壁が掘り起こされると、さまざまなことが

> 今から3000年以上も前にエジプト人とヒッタイト人が、
> かくも思慮深いやり方で和睦を交わす決断を下したのであれば、
> 私たち現代人に同じことができないはずはあるまい。

ラムセス2世
エジプトのアブ・シンベルにある巨大な岩窟神殿は、ラムセス2世が自分の名を不朽のものにするため、またカデシュの戦いを記念するために建設した。

明らかになった。この遺跡で見つかった1万点を超える粘土板には、ヒッタイト社会の数多くの側面が詳しく記されており、また外交文書や近隣諸国との関係について書かれた手紙も含まれている。

紀元前1500年頃、ヒッタイトはすでにアナトリア半島の本拠地から打って出、メソポタミア北部とレバント地方（現在のシリア、レバノン、イスラエル北部にまたがる地域）を占領していた。このうちレバント地方の一部はかつてエジプトの支配下にあり、そのためヒッタイトとエジプトの間で長く紛争が続いた。

争いが最高潮に達したのが、紀元前1274年頃に起きたカデシュの戦いである。その5年前にファラオの座に就いていたラムセス2世は、ヒッタイトに奪われた領土を回復する試みの一環として、ヒッタイト王ムワタリ2世（ハットゥシリ3世の兄）の軍勢と雌雄を決すべく、自ら軍勢を率いて戦場に向かった。その後の合戦の結果を、ラムセス2世はエジプト側の大勝利と吹聴したが、実際は双方が決め手を欠き、戦いは膠着状態に陥った。

その後15年以上にわたり、比較的小規模な軍事衝突が何度も繰り返されたが、エジプトもヒッタイトも決定的な優位を得ることはできなかった。こうした小競り合いが延々続いたことが背景となって、両陣営は敵対関係に終止符を打つ和平交渉に踏み切った。

条約締結への道

紀元前1267年頃、ハットゥシリ3世がムワタリ2世の王子で自分の甥にあたるムルシリ3世を追放し、自らハットゥシャで王位に就いた。国内外で王位継承の妥当性を示したいハットゥシ

リ3世は、善隣外交に努める。ヒッタイトの書庫からは、ハットゥシリ3世が一帯の統治者たちと交わした書簡が数多く見つかっている。

しかし、いくら本人が「即位は正当だった」と主張したところで、すべての臣民がハットゥシリ3世を自分たちの王として受け入れたわけではなかった。また、当時帝国の東の国境ではアッシリアが勃興しつつあり、ハットゥシリ3世としては南の国境でエジプトとの争いが増えるのだけは避けたかった。

一方、エジプトでは少々事情が違っていた。ラムセス2世の王位を脅かす要素は国内に見当たらず、それどころか彼は「史上屈指の偉大なファラオ」という呼び声が高かった。歴代ファラオの伝統にのっとり、ラムセス2世もまた自らの評価をさらに高め、後世に名を残すべく、莫大な費用がかかる巨大建造物の建設事業に乗り出していた。

しかし、ヒッタイトと交戦状態が続いていることで、人的・物的資源の負担がかさんでいたし、また、レバント地方におけるアッシリアの台頭が潜在的な脅威であることもラムセス2世はよくわかっていた。だから、このファラオが平和条約という考えに思いのほか前向きだったとしても、まんざらおかしくはない。

問題は、彼がカデシュの戦いで大勝利を収めたと吹聴してしまったことだ。15年もたってから、おめおめと和睦の提案など持ちかけることができるだろうか？　カデシュの戦いが実はそれほど上首尾には終わらなかったと認めない限り、それは到底不可能に思えた。

相互利益

この平和条約がどのようにして結ばれたのか、正確なところはわからない。しかし、どうやら話を持ちかけたのはハットゥシリ3世のようだ。その結果成立した協定は、当時の外交辞令を駆使して書かれ、こんにちの国家間の協定に特徴的な「兄弟愛」と「恒久平和」の理想がうたわれていた。

この条約を結ぶに至った動機が、双方に相互利益をもたらす実際的な決断だったことに疑いの余地はほとんどない。あれこれの美辞麗句に混じって、互いの領土を侵略しないことと、どちらかが第三国（はっきりとは書かれていないが、アッシリアを指す）から攻撃された際にはもう一方が加勢することを定めた条項が存在するからだ。

この平和条約の文言は、双方が自国に大きな意味のある勝利として提示できるように工夫されてもいた。ラムセス2世は「ヒッタイトの方から和睦を乞うてきたのだ」と主張でき、ハットゥシリ3世は「世界で最も力を持つ偉大なる

チャリオットの戦い

ヒッタイトとエジプトが激突したカデシュの戦いは、チャリオット（馬に引かせた古代の戦車）による史上最大の戦闘だったと考えられている。投入されたチャリオットの数は、両軍合わせて6000台にも及ぶ。戦後、ラムセス2世によってエジプト側の大勝利と吹聴され、国内の数多くの神殿の壁に合戦の模様が記された。しかし、どうやらラムセス2世は自軍の成果を誇張したようだ。エジプト軍は戦略的に重要なカデシュの町を陥れることはできなかったからだ（ただ、ヒッタイトによるそれ以上の侵攻は押しとどめている）。

平和条約
1906年にトルコで発見されたエジプトとヒッタイトの平和条約の原本（イスタンブール国立考古学博物館所蔵）。

ファラオを相手に対等の協定を結んだ」と自画自賛することが可能だったのである。

信頼関係

　条約が発効してから長きにわたり、エジプトとヒッタイトは格別友好的ではないにせよ、良好な関係を維持し、双方がそれぞれ相手に邪魔されることなく、それぞれの関心事を追求できた。定期的な書簡のやり取りによって接触が保たれ、条約発効から13年後にはハットゥシリ3世が娘の1人をラムセス2世にこし入れさせた。この娘は大勢のきさきの1人となり、「グレート・ロイヤル・ワイフ」（ファラオの第1王妃に与えられる称号）と呼ばれるようになった。

　紀元前1237年前後にハットゥシリ3世が世を去ると、その後も両国間の平和は保たれたものの、ヒッタイトはアッシリアおよび「海の民」と総称される外敵の脅威にさらされ、衰退の道をたどり始める。ヒッタイトがエジプトにとってもはや脅威となり得なくなったため、ほどなくして、条約の内容がほとんど意味をなさなくなった。

　紀元前1200年頃、首都ハットゥシャが放棄され、20世紀初頭にこの都の遺跡が見つかるまで、ヒッタイトは歴史の表舞台から完全に姿を消す。一方、エジプトもアッシリアと海の民から脅かされていた。ヒッタイトよりもはるかに長く命脈を保ったとはいえ、やはり衰退に向かっていた。ラムセス2世がその治世において現出せしめた国力と国威は、二度と取り戻すことができなかった。

　現代の外交官たちがふと足をとめ、国連の壁に掛けられた粘土板をじっくり眺めるならば、紛争がどれほど長く激しいものであろうと、敵対する国同士が講和を話し合うことは決して不可能ではないとわかるはずだ。ただし、条約が効力を持つためには、お互いに利益のある内容でなければならない。世界各地で紛争の絶えない今、エジプトとヒッタイトの人々が下した決断には、私たちが前に進むための手本とする価値があるのではないだろうか。

　エジプト人とヒッタイト人はそれほどお互いを好いていなかったかもしれない。しかし最後には、少なくとも平和に共存する道を見つけたのである。

成立した協定には、
こんにちの国家間の協定に特徴的な
兄弟愛と恒久平和の理想がうたわれていた。

30 逆境だらけの人類史——英雄たちのあっぱれな決断

アテネ市民、民主政を選ぶ

紀元前508年

背景：アテネが僭主政期を脱し、社会が変わり始める
主役：アテネの市民たち
功績：人類史上初めて民主的な政治制度が導入された

ゲティスバーグの演説で、エイブラハム・リンカーンは自ら抱く民主政府の理想像を明確に示した。彼の言葉によれば、それは「人民の、人民による、人民のための」ものでなければならないという。1776年に独立宣言に署名したアメリカ合衆国建国の父たちにはっきりと言及したリンカーンは、ことによると、世界初の民主国家と知られる古代アテネの存在にも暗に触れていたのかもしれない。

歴史家のゲリー・ウィルズは、リンカーンのゲティスバーグ演説と、古代アテネの政治家ペリクレス（紀元前495年〜同429年）がペロポネソス戦争（アテネとスパルタの戦争）のさなかにおこなった追悼演説との類似点を指摘している。リンカーンがペリクレスの演説から着想を得たのかどうかを確かめるすべはない。なにしろ、ワシントンからゲティスバーグに向かう列車の中で何を話すか考え、思いつくまま封筒の裏に書きとめたことをうかがわせる報告さえあるのだ。

真相はどうあれ、当時、南北戦争後を見越し、アメリカの再生と"新しい自由の誕生"を待望していたリンカーンが、民主政の起源を想起させる演説をおこなったという話は、とてもしっくりくる。ゲティスバーグ演説が民主政の大切さを力強く、かつ雄弁に思い出させるものだったことは間違いない。民主政とは、市民が自分たちのことを、自分たちで決められるシステムである。それは、古代アテネのように個別具体的な事案について直接投票する形であれ、こんにちの民主主義国家のほとんどがそうしているように、選挙で代表者を選ぶやり方であれ、本質的には変わらない。

[今から87年前、われわれの父祖たちはこの大陸に新しい国を誕生させました。
それは自由の精神に育まれ、
すべての人間は平等に作られたという理念に捧げられた国でした。
——エイブラハム・リンカーン、1863年11月19日、ゲティスバーグにて]

人民による支配

「デモクラシー」の語源はギリシャ語で「人民」や「大衆」を意味する「デーモス」と、「権力」や「支配」を意味する「クラトス」にあり、合わせて「人民による支配」という意味になる。一般に、人類史上初となる本格的な民主政体は、紀元前508年にアテネの政治家クレイステネスが確立したものだとされている。それゆえ、このときをもって民主政の始まりとすることが多い。

クレイステネスが手がけた諸種の改革は、アテネの政治家ソロンによる民主政導入の試み（紀元前594年前後）を下敷きにしているように見える。ソロンがこの事績でめったにたたえられないのは、彼が導入した制度はアテネの僭主となったペイシストラトスによって廃止され、数年しか持たなかったからだ。これに対してクレイステネスが打ち立てた民主政はほぼ200年、アレクサンドロス大王の時代が訪れるまで続いた。この期間は、多くの者が「西洋文明発祥の地」と認める古代アテネの黄金期と重なる。

クレイステネスが導入した民主政には、アテネ社会の抜本的な改革が含まれていた。それまで市は貴族の子弟が率いる4つの部族に分割されていたが、これを改め、市と郊外を10のエリアに分け、より平等な代表制を敷いた。この「10部族制」の基礎となったのが、現代の選挙区に相当する行政単位「デーモス」である。代表制の趣旨は、僭主政の温床となってきた貴族階級の影響力を減ずることにあり、それを部族の特定の個人よりも自分たちのデーモスに忠実であるようアテネ市民を促すことで実現しようとしていた。

クレイステネスの民主政は、民会、五百人評議会、民衆裁判所の3機関を通じておこなわれた。民会はアテネの市民権を持つ成人男子であれば、誰でも参加し、投票することができた。五百人評議会は各デーモスからくじで50人が選

クレイステネス
民主政の生みの親、クレイステネスの胸像。現代の彫刻家アンナ・クリストフォリディスが制作したもの。本人が生きていた時代につくられた像は、存在しないと思われる。

> ### チャーチルの演説
>
> 　民主政が完璧であるかのように、あるいは賢明であるかのように振る舞うことは誰にもできません。それどころか、民主政は最悪の政治形態といわれてきました——これまでに試されてきた、それ以外のあらゆる政治形態を除いて、ですが。しかしそれでも、わが国には広く醸成されている空気があります。民衆が、途切れることなく支配しなければならないという空気です。そして、憲法上認められたあらゆる手段で表明される世論が、人民の主人ではなく下僕である大臣たちの行動を形づくり、導き、制御しなければならないという空気です。
>
> 　　　　　　　ウィンストン・チャーチル
> 1947年11月11日、英下院での演説より

ばれ、計500人で運営された。民衆裁判所は法的な問題を裁定する機関で、やはり各デーモスからくじで選ばれた陪審官数百人で構成されていた。

　戦争と平和に関わるような重要課題は民会が扱った。民会は月に1度、アテナ全市を見わたせる丘、プニュクスの広場で開催された。この広場は、およそ6000人を収容できたと推定される。民会では、どの市民も発言する権利があり、議決は挙手によっておこなわれた。というと、いかにも民主的に聞こえるが、実際のところ、3万人を数えるアテネの全市民が出席することは不可能だった。民会の議題を決めるのは、五百人評議会の仕事で、評議会は他に、日常的な都市行政に必要な種々の決定をおこなった。

　評議会と民衆裁判所の構成員をくじで選ぶことにしたのは、選挙だと金持ちや有力者が有利になるからだ。彼らは忠誠心に訴えかけたり賄賂を渡したりすることで、有権者に影響を及ぼすことができる。その点、くじ引きは誰がどう見ても公平だし、社会のあらゆるセクションから代表者を集めることができた。ただし、評議員や民衆裁判所の陪審官は、紀元前457年前後にペリクレスが制度を刷新するまで無給だった。従って、時間の余裕がある人々ほど有利だった。

限定的な民主政

　このように、すべての市民が意思決定プロセスに参加できる直接民主制は、一見、限りなく完璧に近い制度のように思える。また、実際、この制度のおかげで、アテネは長期にわたって安定し、繁栄を謳歌することができた。

　しかし、市民と見なされたのはアテネの人口のわずか20パーセントにすぎず、女性や、アテネ以外の場所で生まれた者にはなんの権利も認められなかったことも事実である。また、アテネの繁栄は奴隷制度の上に成り立っていたが、いうまでもなく奴隷には一切の権利が与えられなかった。そもそも、奴隷がすべての労働を担うからこそ、市民たち——少なくとも、奴隷を所有できるほど裕福な市民たち——は民会に出

「デモクラシー」の語源はギリシャ語で「人民」や「大衆」を意味する「デーモス」と、
「権力」や「支配」を意味する「クラトス」にあり、
合わせて「人民による支配」という意味になる。

席する時間を持てたし、民主的な権利を自由に行使できたのである。平等の概念は確かにアテネの制度の中核をなしていたかもしれないが、それが適用されるのは——20世紀の小説家ジョージ・オーウェルの言葉を借りれば——"より平等な"者たちだけだったといえる。

投票権と普通選挙が制度の中核をなす現代のリベラルな民主政と比較して、アテネの実験的民主政を「不完全」と裁断するのは酷かもしれない。古代アテネの人々が成し遂げたことを一刀両断する前に、歴史を振り返ってみるとよいだろう。女性にも選挙権を認める完全な普通選挙が世界で初めて法制化されたのは、1928年、イギリスでのことである。また、アメリカ合衆国憲法に人種的少数派も含め、すべての人に選挙権を保障する公民権法が書き込まれたのは、1965年になってからだ。そしていうまでもなく、民主政など全然存在しないか、たとえ存在しても独裁政治を正当化するために利用されてきた国が、現在も世界中に腐るほどある。

「民主政が良いものだ」という前提に立てば、アテネ版民主政を今も続く果てしない道のりの第一歩と見なすことは、あながち的外れではないだろう。アテネの民主政は確かに完璧ではなかったかもしれない。けれどもそれは、私たち現代人の一部が享受している民主政も同じである。少なくとも、アテネ市民は自分たちのことを自分たちで決めることができた——もしうまくいかなくても、誰かのせいにはできないのを承知で。

アテネ
プニュクスから眺めたアテネ市街。古代アテネの市民はこの丘に集まって民主的な権利を行使した。

シッダールタ、悟りを求めて旅立つ

紀元前6世紀

背景：1人の若者が旅に出かけ、人間の苦しみを見る
主役：仏陀ことゴータマ・シッダールタ
功績：仏教が創始される

　ゴータマ・シッダールタの生涯に関する最古の記録は、彼が生きていたと考えられる時代から400年以上もたった紀元1世紀に書かれたものだ。従って、たとえそれらがシッダールタの暮らしたインド北部地方の口承の伝統によって語り伝えられた、もっと早い時代の説話の数々に基づいているとしても、のちに"目覚めた者"を意味する称号で「仏陀」と呼ばれるようになる人間の、正確な人物像を描き出すことを本当に意図したものかどうかはわからない。

　むしろ、仏陀の生涯を神話化したものである可能性も否定できない。いわば、何世代にもわたって脚色され、当時まさに生まれつつあった「仏教」という信仰に形を与える、さまざまな重要エピソードが強調されている。

　そういった重要エピソードの1つで、仏伝で詳しく語られるのは、29歳の若者が何不自由ない暮らしを捨てて托鉢僧となり、他人の施しで命をつなぎ放浪する決断を下した経緯である。それは彼の将来の道筋をまるっきり変えてしまう決断だった。これを機に、シッダールタは悟り（霊的覚醒）への道を歩み出し、また、その後、説法を通じて仏教の中核をなす教義を確立することになる。

恵まれた暮らし

　シッダールタはヒマラヤ山脈の麓（現在のネパール南部）の町ルンビニーで生まれたといわれている。いくつかの仏伝では、父親は釈迦族

> 彼の決意は固かった。
> いつも自分に目をかけてくれた父、幼い息子、優しい人々、
> そして自らが有するこのうえない栄華にもきっぱりと背を向け、父の都邑を後にしたのだった。
>
> ——『ブッダチャリタ』
> （1世紀にインドの仏僧、馬鳴がサンスクリット語で著わした叙事詩。
> 知られている限り最初期の仏伝の1つとされる）より

の王で、シッダールタは王太子だったとされる。しかし、釈迦族の共同体に王族がいたことを示す証拠はほとんどなく、シッダールタの生まれは王族ではなく裕福な貴族だったとするのが通説になっている。

それはともかく、シッダールタはルンビニーにほど近いカピラバストゥで育ち、何不自由ない幼少年期を過ごした。父親の保護の下、外界から守られ、生きることの苦しみなど少しも味わわずに済んでいた。

そんな暮らしを続けて、29歳になったとき、シッダールタは一人旅に出かけるようになる。そこで、彼は生まれて初めて病人や死にかけている人々を目にし、人間の苦しみという現実をいきなり突きつけられたのである。

> シッダールタは生まれて初めて
> 病人や死にかけている人々を目にし、
> 人間の苦しみという現実を
> いきなり突きつけられたのである。

仏陀の立像
1世紀に制作された仏陀の像。パキスタン北部のガンダーラで出土（東京国立博物館所蔵）。

出家

この世が苦痛に満ちていることに気づいたシッダールタに、大きな心境の変化が起こった。それまでの快適な暮らしに飽き足りなくなり、初めて息子が生まれても、少しも喜べなかった。人は誰もが悲しみを抱えて生き、やがては年老いて死ぬ。自分の愛する人々もまた、そういう運命を免れないのだと思うと、他のことは考えられなかった。

そんなとき、また旅に出たシッダールタは1人の托鉢僧と出会い（当時、インド北部を放浪する托鉢僧が大勢いた）、自分も托鉢僧となり、人間という存在の根幹に巣食う苦しみを取り除く方法を探そうと決断する。いくつかの仏伝によると、その夜シッダールタは見納めのつもりで、妻と生まれたばかりの息子の寝顔を眺めたという。ぐずぐずとどまれば未練が生まれ、自分をこの暮らしにつなぎとめている家族を含む一切合財を捨てる覚悟が揺らいでしまうとわかっていたからだ。

それまでの生き方を続けることに耐えられないシッダールタは、想いを断ち切るように家を出た。

四聖諦

　宗教学者で作家のカレン・アームストロングは、"Buddha（仏陀）"と題した2004年刊行の著書のなかで、四聖諦について簡単に説明している。

　「これら4つの真理の筆頭は、人の一生は苦しみであるということだ（苦諦）。2つめは、この苦しみの原因は執着であるということ（集諦）。3つめの聖諦として、仏陀はこの苦しみから逃れる道として涅槃が存在する（滅諦）と説き、最後に、自分は苦悩が滅した涅槃の境地に至る道筋（道諦）を見つけたと主張した」

悟り

　その後の6年間、シッダールタは禁欲に耐え、修養に打ち込む暮らしを送る。世俗的な楽しみを拒否し、インド北部を広く旅しては、多くの導師（行者や哲人）に教えを乞うた。おかげで瞑想の技術は熟達したものの、それは彼の探し求める覚醒へと導いてはくれなかった。

　捨て鉢になったのか、シッダールタはより禁欲的な生き方に挑み、ほとんど食べものを口にしなくなる。飢え死にする寸前で、それも正しい道ではないと気づいて一命を取りとめるが、依然として探索を諦める気にはなれなかった。

　結局、野放図な贅沢三昧でもなく、かといって断食のような極端な禁欲でもない、その2つの真ん中を行く道、いわゆる「中道」が正しいのではないかとシッダールタには思えた。

　そんなあるとき、シッダールタは幼いころ、父に連れられ、春に穀物を植える前におこなうくわ入れの儀式を見にいったことを思い出した。1人にされたシッダールタ少年は木陰に腰をおろし、われ知らず瞑想状態に入っていた。思い返してみれば、あのときの気持ちはこれ以上ないくらい穏やかかつ幸せで、と同時に、頭脳は完全に覚醒し、深い省察が可能だった。

　シッダールタはそれを再現すべく、独り静かに瞑想できそうな樹木を探した。そこで、己の内側に見つけた中道という新しい方法を実践するのだ。やがて、ふさわしい場所を見つけたシッダールタは、悟りを開くまでそこにとどまった。

　シッダールタが見つけたのは、とある菩提樹（インドボダイジュ）の木陰の、人目につかない場所（現在のインド、ビハール州の町ブッダガヤの一隅）だった。瞑想を始めて最初の夜、シッダールタは人間の苦しみのさまざまな原因を完全に理解し、その苦しみを克服する方法を知ることで、悟りの境地に至ったという。以来、ブッダガヤは仏教徒にとって最も重要な巡礼の地となり、そこに今も根を張る菩提樹は、シッダールタがその木陰で悟りを開いた木の直系子孫だと信じられている。

　ともあれ、仏陀となったシッダールタは、それから7週間、同じ菩提樹の根方に座り、これから何をなすべきかについて考えを巡らした。そして自ら「四聖諦」と呼ぶ真理を人々に教え

シッダールタは独り静かに瞑想できるような樹木を見つけようと決めた。
そこで、己の内側に見つけた「中道」という新しい方法を実践するのだ。

菩提樹
チベットの歳若い仏教徒たち。シッダールタが悟りを開いたとされる菩提樹がすぐ近くにあるブッダガヤにて撮影。

ることにする。これは「初転法輪」と呼ばれる最初の説法で説いた教えである。この四聖諦（36ページのコラムを参照）は、仏教の中核をなす基本的な教えを形成し、仏陀はその後の45年の人生を、引き続きインド北部を旅しながら、四聖諦を議論し、説明し、練り上げることに費やした。

困難な道

現代人の目から見ると、個人的な悟りを探求するために妻子を捨て、それまでの生活を投げ打つというシッダールタの決断は、身勝手極まりなく映るかもしれない。いうまでもなく、彼の妻が夫の決断をどう思ったかについては、どの仏伝も触れていない。

もっとも、仏陀の生涯の詳細を額面通りに受けとるべきではないのかもしれない。家族とともに過ごす快適な暮らしを続けるか、それとも人間の苦悩を終わらせる手立てを探し求めるためにそういう生活を捨て去るか。この二者択一を迫られたとき、シッダールタがより困難で不確かな道を選んだことは確かなのだ。

以上を鑑みるに、仏陀と同じ道を歩もうとする者は誰であれ、その道行きが決して生易しいものではないことを覚悟しなければならない。また、悟りを開くためには個人的な犠牲を払わなければならないだろうことも、あらかじめ知っておくべきだ。

それでも、仏陀は大いなる決断を下すことにより、自分自身の生き方を変えたばかりか、のちに何百万という人々の生き方を変えてしまう信仰体系を創始したのである。

アショーカ王、戦争を放棄する

紀元前262年頃

背景：征服戦争を始めた張本人が、悲惨な結果に嫌気がさす

主役：アショーカ王とマウリヤ朝の民

功績：非暴力と寛容に基づく王朝が誕生し、仏教が普及した

紀元前3世紀半ばに、アショーカ王の下、最盛期を誇ったマウリヤ朝は、インド亜大陸のほぼ全域を統一し、その支配領域はこんにちのアフガニスタンとイラン東部にまで及んでいた。紀元前268年前後に即位したアショーカは歴代の王の方針を踏襲、軍事遠征と帝国建設に精を出し、武力や威嚇によって版図を広げていった。

それから8年。アショーカは重大な決断を下したようだ。外征と植民地化をやめ、それ以上の戦争行為を放棄することにしたのである。以後、非暴力と寛容という仏教徒の手法を支持し、今でいう伝道師さながら、帝国に仏教を広めることに力を入れるようになった。

アショーカは以前侵略しようと考えていた国々に使者を送り、完全に平和的な手段を用いて仏教の教えを広めようとした。アショーカについて、また彼が好戦的な征服王から平和の使徒に転向した経緯について、私たちが知っていることの大半は、アショーカの死後何世紀ものちに書かれた仏典に基づいている。

もっとも、彼の存命中に作成された1次資料が、まったくないわけではない。帝国中に散逸しながら、こんにちまで残ったそれらは「アショーカ王の法勅（ほうちょく）」と呼ばれ、ほとんどが石柱や岩肌に彫られた碑文の形をとる。多くはダルマ（法）——自然の理（ことわり）と道徳律を説く仏教の教え——の概念に関する内容で、「いかにして善き生を生きるか」という命題に取り組んだものもあれば、どうしたら仏教の原理原則に沿う形で帝国を経営できるかという、アショーカの個人的な関心事をつづったものもある。

ただ、いくつかの法勅を読み解くと、ア

アショーカ王の帝国はインドにかつて存在した最大の帝国であり、
それほどの大きさの国は、2000年以上の時を経て
イギリス領インド帝国が成立するまで現れなかった。

ショーカがなぜ非暴力の原則の採用という、当時としては急進的で前代未聞の（少なくとも、王や帝王に限っては歴史上ほとんど例を見ない）決断を下すに至ったのか、その理由が見えてくる。

マウリヤ朝

マウリヤ朝は、アショーカの祖父で無名の存在から将軍に成り上がったチャンドラグプタが、紀元前322年頃、インド東部マガダ国に興ったナンダ朝の王を廃して打ち立てた王朝である。帝国を掌握するとすぐに、チャンドラグプタは西隣諸国に対する攻勢を開始する。これは、アレクサンドロス大王がギリシャとペルシャの軍勢を引き揚げ、将軍たちに統治を任せて去ったあとに生じていた力の空白につけこんだものだった。紀元前323年にアレクサンドロス大王が死ぬと、この地域は混乱期に入り、それに乗じてチャンドラグプタは一帯を平定、マウリヤ朝の版図を西に拡大し、ペルシャとの国境まで迫った。紀元前298年前後、チャンドラグプタの息子ビンドゥサーラが王位を継ぎ、父親の拡大政策を継続。南の領域を併合し、インド亜大陸の相当部分をマウリヤ朝の支配下に収めた。

仏典によると、ビンドゥサーラは多くの妻をめとり、百人の息子を産ませたという。アショーカは帝都パータリプトラ（現在はインド、ビハール州の州都パトナ）で、ビンドゥサーラの若ききさきの子として生まれた。王子たちのなかでは年少ということもあって、いずれ帝位を継ぐべき皇太子とはまったく見なされていなかった。しかし若くして有能な知将という評価を得ると、まだ10代のうちに父帝の命で各地の反乱鎮圧に遣わされている。

紀元前272年、ビンドゥサーラが世を去ると、その長男で帝位継承者と目されていたスシーマがたまたまパータリプトラを留守にしていたのをいいことに、22歳のアショーカは自ら即位を宣言してしまう。スシーマは帝都に戻ったところを殺害されたといわれる。帝

摩崖勅文
グジャラート州ギルナール山で発見されたアショーカ王の摩崖（まがい）勅文。ブラーフミー文字で書かれている。

位に就いたアショーカは異母兄弟を一人残らず殺したが、同じ母親から生まれた弟だけは手にかけなかった。この弟はすでに修行僧となっており、兄の地位を脅かす恐れがなかったからだろう。

無慈悲王アショーカ

統治を始めたころ、アショーカは情け容赦のない暴君だった。敵対勢力を片っ端から弾圧しては、征服戦争によって帝国の領土拡大を図ったため、ついたあだ名が「無慈悲王アショーカ」だった。帝位に上ってから8年後、アショーカはインド東海岸の国、カリンガを攻めることにする。その顛末(てんまつ)は、「アショーカ王の法勅」の中でも屈指の知名度を誇る摩崖勅文第13条に記されている。以下、チャールズ・アレン著"Ashoka: The Search for India's Lost Emperor（アショーカ インドの失われた帝国を探して）"より引用する。

> 天愛喜見王(てんあいきけんおう)（アショーカが自ら名乗った尊称）は灌頂(かんじょう)即位の式から8年後にカリンガ国を征服した。15万人が移住を強いられ、10万人が殺され、さらに大勢が死亡した。カリンガ征服後、天愛喜見王は「ダルマ（法）」に強くひかれ、ダルマへの愛慕、ダルマの教えに対する愛着を感じるようになった。今や天愛喜見王はカリンガ征服について深い後悔を感じている。

カリンガで大勢の人々を虐殺し強制移住させた後、アショーカが示した悔恨に嘘はなかった

獅子柱頭
サールナートにあった「アショーカ王の塔」の1つを13世紀に復元したもの。4頭の獅子がアショーカ・チャクラ（アショーカ王の法輪）を戴いている。

ようだ。40年にも及ぶ統治の残りの期間、彼はそれ以上の軍事行動を手控えた。地域で圧倒的な武力を誇っていたにもかかわらずだ。その気になれば、インド亜大陸で未征服の地域（亜大陸南端部。今でいうケーララ州およびタミル・ナードゥ州）を服属させることはたやすかっただろうが、どうやらその気はいっさい見せなかったらしい。

アショーカ王の治下、仏教が広く普及したため、
彼を仏教史上、仏陀に次いで2番めに重要な人物と見なす者もいる。

輪廻転生

インド国旗の中央に描かれた輪は、永遠の輪廻転生を表すシンボル「アショーカ・チャクラ」である。「アショーカ王の法勅」には、このシンボルが添えられたものが多い。アショーカ王の獅子柱頭の基部にも、このシンボルが彫られている。獅子柱頭は、もともとサールナートにあった石柱の頂に据えられていた4頭の獅子の像である。サールナートの近くには、仏陀が初めてダルマを説いた町ワーラーナシーがある。この獅子柱頭を図案化したものが、1950年、独立間もないインド共和国の国章に選ばれた。以来、通貨や切手、パスポート、政府庁舎にあしらわれるなど、インドのほぼすべての公式シンボルに使われている。

新しい手法

アショーカが仏教に帰依した正確な時期は定かでないが、以来、彼はダルマの教えを熱心に実践する。すなわち、寛容と慈愛の精神に基づいて民を統治するだけでなく、狩りをやめ、菜食主義者になるなど、新たに芽生えた憐れみの心を生きとし生けるものすべてに向けた。これは、こんにちでもインド亜大陸の多くの地方に存在する姿勢であり、仏道を歩む者に通じるだろう姿勢の始まりでもあった。

この新しい手法は非暴力を旨としていたかもしれないが、だからといって消極的なものではまったくなかった。アショーカは仏教の布教に際して武力や威嚇に訴えなかったが、帝国の内外に仏教を広めるためであれば、その2つ以外のありとあらゆる手段を用いた。

例えば長男のマヒンダをスリランカに遣わし——仏教徒が書いた年代記によれば——まず王と王妃を改宗させ、それからセイロン島のより広い地域にも教えを根づかせたという。同様の使命を帯びた者たちが各地に派遣され、インド北部はおろか、はるかに広い地域に仏教を普及させた。アショーカ王を仏教史上、仏陀に次いで2番目に重要な人物とする人々がいるゆえんである。

仏教史上の重要人物

アショーカは紀元前232年に72歳で世を去り、孫のダシャラタが跡を継いだといわれている。そのころすでに王朝は衰退期に入っており、徐々に解体が進んだ末、50年後、最後の皇帝が暗殺されて完全に瓦解した。アショーカの功績はいつしか忘れ去られ、2000年というもの、ほぼ思い出されることはなかったが、19世紀に入ってから彼の時代の研究が始まり、再び脚光を浴びた。

解明が飛躍的に進んだのは、ジェームズ・プリンセプ（1799～1840年）の功績によるところが大きい。イギリスの学者で東インド会社に勤めていたこともあるプリンセプは、「アショーカ王の法勅」が記述されているブラーフミー文字を解読した。これにより研究者たちはアショーカ王の治世に石柱や岩肌に刻まれた文章を解読できるようになり、そうやって手に入れた情報を、仏典にある、それまで神話上の存在と考えられていた王の事績と比較できるようになった。

いったんは人々の記憶から消えてしまったとはいえ、アショーカ王は仏教とダルマの教えを受け入れ、非暴力と寛容の原則を順守したことによって、目に見える成果を後世に残したのである。

ユリウス・カエサル、ルビコン川を渡る

紀元前49年

背景：ユリウス・カエサルが政敵に追い詰められる

主役：カエサル、ポンペイウス、そして共和政ローマの市民

功績：共和政ローマから帝政ローマへと移行した

「ルビコン川を渡る」という表現は、後戻りのきかない道へと歩み出す、その決断を下すことを意味する。「一線を越える」とか「背水の陣を敷く」などともいう。ルビコン自体は、大した障害ではない。アペニン山脈に水源を発して東に流れ下るイタリアの小さな川で、リミニとチェゼーナの間を通ってアドリア海に注ぐ。渡るのは簡単で、それは紀元前49年1月10日も同じだった。そのとき、ユリウス・カエサルは配下の一個軍団を従えてこの川の北岸に立ち、次の一手を決めあぐねているように見えた。

カエサルが迫られていた決断は、どうやって対岸に渡るかということには関係なかった。すぐそばに橋が架かっていたからだ。彼を立ち止まらせ、思案に暮れさせていたのは、この川が象徴するものだった。ルビコン川は、当時カエサルが統治を任されていたローマの属州ガリア・キサルピナ（アルプスのこちら側のガリアの意）と、ローマおよびその周辺の直轄領から成るイタリア本土とを隔てる境界線だったのである。将軍が軍を率いてイタリア本土に入ることは、ローマの法律で明確に禁じられていた。

その禁を、今まさにカエサルは破ろうとしているのであり、彼自身、それがどういう結果を招くか重々承知していた。ルビコン川を渡ることは、カエサル本人はもちろん、彼につき従う者も死罪に問われることを意味していた。従って、もし軍団を率いて川を渡るならば、かつての盟友で今や不倶戴天の敵となったポンペイウスが指揮を取る軍勢を打ち破ってローマを掌握するしかなかった。それができなければ、刑死は免れない。自らの決断の重さにしばらく思いを巡らしてから、カエサルはルビコン川を渡る。ローマ内戦の火蓋が切って落とされた。

それまでの経緯

ガイウス・ユリウス・カエサルは紀元前100年、かつての富と権勢の大半を失った古い貴族の家柄に生まれた。将軍として名を成し、一族に昔日の栄華を取り戻すことを早くから目標に掲げていたようだ。紀元前60年までには、傑出した武将としてローマ軍で頭角を現し、幾多の戦功によって政治家としても脚光を浴びるようになっていた。さらに野望を推し進めるため、カエサルは自分と同じように軍人として成功し、

ユリウス・カエサル
古代ローマの将軍、執政官、独裁官。ルビコン川を渡り、ローマ帝国の成立に至る一連の流れを生み出した。

政治家に転身したポンペイウスおよびマルクス・リキニウス・クラッススと協定を結ぶ。この同盟関係は、のちに第1回三頭政治と呼ばれるようになった。

　放置すれば最大のライバルとなっていたであろう2人と手を結んだかいもあって、カエサルはローマの執政官（コンスル）に選出される。これは、共和政ローマで選挙によって選ばれる公職で最高位に当たる。この選挙においては贈収賄や不正が横行し、またカエサルが執政官の任期1年を務める間、その手法に対する疑念が駆け巡った。しかし、執政官には在任中、たとえ罪を犯しても告発されない特権が与えられている。また、任期満了が近づくと、ここでもポンペイウスとクラッススの助力によって、カエサルには3つの属州の総督権が認められた。すなわち、ガリア・キサルピナ、ガリア・トランサルピナ（アルプスの向こう側のガリアの意で、今のフランス南部を指す）、それにアドリア海を挟んだ東岸のイリュリクムである。属州総督には執政官同様の特権が与えられていたので、カエサルは政敵がどうにかして彼に受けさせようとしていた訴追を免れ続けた。

　複数の属州の総督になることで、カエサルは4個軍団を指揮できるようになった。以後10年にわたり、カエサルはこの兵力を使ってガリア地方の残りを平定、それによって巨万の富を築き、ローマ市民から絶大な人気を博するようになった。紀元前53年にクラッススが死ぬと、ポンペイウスはまだガリアにいるカエサルを出し抜くチャンスと見て、それまで対立していた元老院の政敵たち（いわゆる元老院派）と手を結んだ。ガリア征服を成し遂げたカエサルの国民的人気を重々承知していたポンペイウスは、元老院派と結託し、カエサルを呼び戻すよう元老院に圧力をかける。それまで回避してきた訴追を受けさせようというのである。カエサルとしては意気揚々と凱旋を果たし、再び執政官に任命されるつもりだった。そうなれば今後も訴追を受ける恐れはなくなる。ところが紀元前50年、元老院はポンペイウスが望む通り、カエサル召還の命を発した。もしカエサルがこの命令に従っていたなら、おそらく反逆罪という重罪に問われ、政治生命はいうに及ばず、文字通りの命さえも危険にさらしていただろう。

ルビコン川を渡る際、カエサルはローマを手中に収めて、なおも戦い続けるか、それとも兵も力も失った末 死罪に処せられるかの二者択一を迫られていた。

渡河の決断

　要するに、元老院がカエサルを追い込んだといってよい。ローマの法に従い、将軍としての野心も政治家としての野望も捨て、死刑を宣告されるかもしれない裁きに身を委ねるか、それとも、配下の兵が自分の命令に従い、まだ忠誠を示してくれるうちに、戦って血路を開くか——ルビコン川の堤に立つカエサルが迫られていたのは、明らかにこの二者択一だった。もっとも、一個軍団を引き連れてきたところからして、カエサルの腹は最初から決まっていたようにも見える。

　カエサルはその著書『内乱記』のなかで、ルビコン川を越えたことには触れてさえいない。彼はただ、「ポンペイウスと元老院から不当な扱いを受けたため、第13軍団をガリア・キサルピナのラベンナからイタリアのリミニに進軍させた」とだけ記している。ルビコン渡河をあえて伏せることによって、もしかしたらカエサルは、自分が（軍団を率いてイタリア入りすることで）ローマの法を破ったという事実を——たとえ、同時代人には明々白々だったとしても——認めまいとしたのかもしれない。『内乱記』は、一連の出来事を正確に書き表そうとする試みというよりは、自己正当化のためのものという色合いが濃い。カエサルは、自分をローマに盾突く反乱軍のリーダーではなく、ポンペイウスによる独裁支配からローマを解放する英雄として描いているからだ。

　カエサル率いる一個軍団6000の兵がローマに向かって進軍するなか、ポンペイウスははるかに大きな兵力を有しているにもかかわらず、都を放棄してイタリア南部まで撤退することを決める。カエサルが追撃すると、ポンペイウスは再び戦いを避け、さらにギリシャまで逃れる。これを追う前に、カエサルは腹心のマルクス・アントニウスにローマを任せ、ポンペイウスが別の兵力を配備しているスペインに駒を進める。スペインのポンペイウス軍を鎮定して後顧の憂いをなくした後、カエサルはギリシャに入り、何度かの合戦を経て、紀元前48年、ファルサルスの戦いで決定的勝利を得る。ポンペイウスはカエサルの追撃をなんとかかわし、エジプトに逃れるが、そこで若年のファラオ、プトレマイオス13世の命を受けた刺客に殺された。

凱旋

　ポンペイウスの死によって、内戦はほぼ終息した。カエサルはなおも抵抗を続けるごく小数の残党を手早く片づけ、投降する者たちにはゆるしを与えた。紀元前46年、ローマに帰還し、今度は凱旋将軍としてしかるべき祝福を受け

ポンペイウスの首級

　カエサルがポンペイウスを追ってエジプトにやってきたとき、14歳になるかならないかの若いファラオ、プトレマイオス13世はポンペイウスの首を差し出した。当時エジプトの支配を巡って姉のクレオパトラと争っていたプトレマイオス13世は、ポンペイウスを殺せばカエサルが喜び、強力な後ろ盾になってくれると考えたようだ。だが、カエサルは喜ぶどころか激怒した。ローマの執政官をこともあろうに暗殺し、あまつさえその亡骸を冒瀆するとは何事だ、というわけだ。結局カエサルがプトレマイオスではなくクレオパトラと手を結んだことは、あまりにも有名である。

カエサルの怒り
ベネチアの画家アントニオ・ペッレグリーニ（1675～1741年）作『カエサルに差し出されたポンペイウスの首』

た。その後はローマの独裁官（ディクタトル）となるが、その任期は10年と、従来は非常時に限って必要と考えられていた役職の任期としては、前例がないほど長かった。この新たな権力を使い、カエサルは首都ローマと帝国全土の行政に改革の大なたを振るう。そして紀元前44年の初頭、ついに終身独裁官となり、事実上の王となった。

暗殺

1人の人間がそれほど強大な権力を持つことに反発する者たちは、当然ながら少なくなかった。カエサルの友人マルクス・ユニウス・ブルートゥスを含む60名の元老院議員から成るグループが、カエサル暗殺の謀議を巡らし始める。運命の3月15日、カエサルは元老院で、このはかりごとに加わった大勢の議員たちの手で刺し殺された。下手人のなかには、ブルートゥスの姿もあった。ちなみに、カエサルがいまわの際に何か言い残したとしても、当時の記録には残っていない。「ブルートゥス、お前もか」という有名なセリフは、シェイクスピアによる創作である。

カエサルの遺産は、妹の孫で養子でもある18歳のオクタビアヌスが受け継いだ。この青年は、養父の死後に続発した内乱で、非情さと狡猾さを見せつける。やがて、紀元前31年、宿敵マルクス・アントニウスをアクティウムの海戦で破ると、アウグストゥス・カエサルの名でローマ史上初めての皇帝になり、帝政が始まる。

ルビコン川を渡ったとき、カエサルがローマの最高指導者になろうとしていたかどうかを知るすべはない。ポンペイウスを倒したことで強大な力を手にしたのは確かだが、その力をどうしたら最も有効に活用できるかという悩みは最後まで消えなかった。1つだけ確かなのは、ルビコン渡河によって、カエサルは帝政ローマの成立に至る一連の出来事の口火を切ったということだ。このとき生まれたローマ帝国は、さまざまに形を変えながらも、以後1500年もの長きにわたって命脈を保つことになる。

パウロ、ダマスコへの道で回心する

紀元32〜36年

> 背景：厳格なユダヤ教徒らが、異端とされたキリスト教徒を迫害する
> 主役：聖パウロと原始キリスト教の信者たち
> 功績：キリスト教が大宗教に発展する

聖パウロの生涯について私たちが知っていることは、もっぱら新約聖書の使徒書簡および『使徒言行録』の記述に基づいている。書簡は、パウロが地中海地方の各所に建設した教会に書き送った手紙である。パウロが自分の実人生の細部について記すのは、手紙で俎上に載せている神学的問題と何がしかの関わりがある場合だけであり、従って、彼の生涯の全体像は、この資料からは見えてこない。

一方『使徒言行録』は、第3の福音を著わしたルカによって書かれたと伝えられる。ルカはどうやらパウロと面識があったようで、パウロに関するさらなる情報を提供してくれる。ただ、ルカの記述には、使徒書簡と正確に一致しない箇所もあり、パウロの生涯に大きな空白がいくつも残されている状況は変わらない。パウロがダマスコに向かう途中、復活したキリストの幻影を見て回心したというエピソードは、使徒書簡で2回、『使徒言行録』で3回、合わせて5回言及されている。これは、パウロ自身もルカも、それがパウロの生涯の転機と見なしていたことを示す。

この出来事自体は、使徒書簡でも『使徒言行録』でも奇跡的な現象として描かれており、仮にそうした解釈を受け入れるなら、パウロはキリスト教に改宗する決断を下したのではなく、そうするようイエスに促されたことになる。このときパウロとイエスの間でどのような言葉が交わされたにせよ、その後どうすべきかについてパウロが下した決断は、大きな結果をもたらすことになった。なぜならそれは、キリスト教が取るに足りないカルト集団から大宗教へと変貌を遂げる、その礎を築いたからである。

タルソスのサウロ

使徒書簡と『使徒言行録』から得られる断片的な情報が正確なものだとするなら——宗教学者のなかには異論を唱える者もいるが——少なくともパウロの前半生について、私たちは多少の手がかりを得ることができる。パウロはキリスト生誕の1年ないし2年後、ローマ帝国の支配下にあったギリシャの都市タルソス（現在はトルコ南部の町）で、裕福なユダヤ人家庭に生まれた。当時はサウロというユダヤ名で呼ばれていた可能性が高い。タルソスはテント作りの町

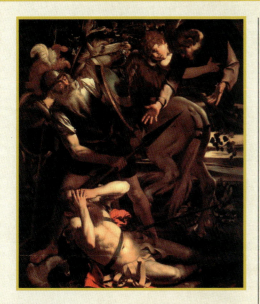

カラヴァッジオが描いたパウロ
カラヴァッジオ（1571〜1610年）作『聖パウロの改宗』。ダマスコに向かう途上でパウロが天啓を受けた瞬間を描いている。

として知られ、パウロの父親はそのテント職人だった。パウロが父親の仕事を継いだと考えることは合理的だろう。タルソスはまた学問の盛んな町でもあり、ギリシャ語の会話と読み書きができたパウロは、どうやら生まれ育った町で相当に高い教育を受けたと考えられる。若きパウロがエルサレムに出る前、高名な学者でユダヤ律法学の権威ガマリエルの下で学んだ可能性も否定できない。

パウロは、回心する前はパリサイ人だったことを告白している。パリサイ人とは、モーセの律法の厳格な解釈を守ることに熱心だったユダヤ教徒の一派だ。当時のユダヤ教は、新しい過激思想がいくつも生まれるなか、日ごとに増しつつある変革への圧力にさらされていた。そうした過激思想の最たるものがイエスの主張で、パリサイ人から見れば異端（既存の信仰に帰依しない者）以外の何ものでもなかった。イエスに直接会ったことはないとパウロは言うが、キリストが磔刑に処されたとき、エルサレムにいた可能性はある。また、パリサイ人である以上、キリスト教最初期の殉教者の1人である聖ステファノが石打ちの刑に処された場に立ち会っていたかもしれないし、他のキリスト教徒迫害にも加担していただろう。そもそもパウロがエルサレムからダマスコに向かおうと思い立ったのも、キリスト教徒迫害の一環だった。ダマスコに逃げ込んだキリスト教徒を見つけては捕まえ、鎖につないでエルサレムに連れ戻すことが、その目的だったのである。

道中で

ダマスコに向かう道中、パウロは突如まばゆい閃光を目にし、一瞬で視力を失い、地面に倒れ伏した。と同時に、復活したキリストが現れ、パウロをその場でキリスト教に改宗させた。イエスはパウロになぜキリスト教徒を迫害したのか問い、ダマスコで道が示されるだろうと告げた。果たしてダマスコにたどり着いたパウロに、イエスを信じるアナニヤという男が近づいてくる。アナニヤもまたこれに先立って幻影を見ており、パウロが主の御名を広める者に選ばれたことを知っていた。相手がキリスト教徒の迫害者であることを知っていたにもかかわらず、アナニヤは閃光で失明したパウロの目を見えるようにしてやり、イエスの教えを説いてから洗礼を施した。

> ダマスコに向かうパウロの前に
> イエスの幻影が現れ、
> その場でキリスト教に改宗させた。

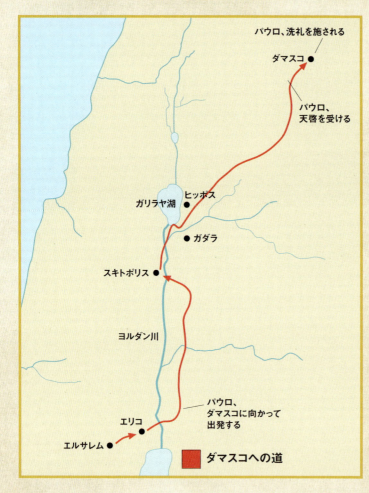

ダマスコへの道
パウロがエルサレムからダマスコを目指してたどったと思われる経路。彼が回心したおおよその場所も示した。

推測するのが精一杯である。

伝道活動
　パウロの足取りが再びはっきりたどれるようになるのは、紀元45年前後のことだ。そのころ彼は伝道活動を始めている。人々をキリスト教に改宗させ、各地に教会を設立するため、ローマ帝国領内を広く旅して回った。その途中で3度の難船に遭い、またキリスト教を信仰しているという理由でたびたび投獄されたことを、パウロは記録にとどめている。彼が説いて回ったのは、救いの道はモーセの律法を通じてではなく、キリストの刑死と復活のなかに見いだされるという信念に基づく神学理論、いわゆる「新しい契約」である。パウロは原始キリスト教会の重要人物たちと、長時間に及ぶ議論をたびたび交わした。とりわけ有名なのは、ペテロを論難したアンティオキア事件だろう。そのなかでパウロは、非ユダヤ教徒もユダヤ教徒同様教会に受け入れるべきだと主張し、また、男児の割礼や食事の禁忌に関する律法は、より開かれた信仰を目指して緩和すべきだとも訴えた。

空白の数年間
　その後の10年間のパウロの行動については、よくわかっていない。ただ、アラビア半島を旅して回り、エルサレムにも足を運んだようだ。エルサレムでは、やはり原始キリスト教会の発展に大きく寄与することになるもう1人の使徒、ペテロに会見。また、やがてエルサレムのキリスト教会の指導者となるヤコブにも会っている。パウロがいわゆる「空白の数年間」に何をしていたのか、かろうじてうかがい知ることができるのはそんなところだ。おそらくキリスト教について学び、理解を深めていたのだろうと

使徒書簡は紀元50年前後に書かれたもので、各地の教会から寄せられる問い合わせに対するパウロの回答から成る。現存する最古のキリスト教文書というだけでなく、キリスト教神学の土台を形成したことで名高い。書簡のなかでパウロは普遍性の原則を発展させ、すべての教会はその原則のなかで同じ中核的信仰を守った。そのおかげで、初期キリスト教はいくつもの小さな宗派に分裂せずに済んだのである。従って、パウロはローマ帝国の津々浦々に布教し、非ユダヤ人も信徒として受け入れただけでなく、原始キリスト教の方向性に途方もない影響を及ぼしたといえる。それはユダヤ教から分離し、一個の独立した宗教になることだった。キリスト教は律法と排他主義に基づくユダヤ教と一線を画し、信仰と包摂の原理に基づく新しい宗教へと脱皮を遂げたのである。

キリストの幻影

パウロが見た幻影とキリスト教への回心を合理的に説明しようという試みが、長年にわたり繰り返されてきた。何かの急病か、てんかんの発作に襲われたのだとする説もある。他方、パウロがキリスト教徒を迫害する役割に幻滅し、おそらくは殉教者ステファノの死に対する罪悪感が引き金になったのだろう、前非を悔いてその埋め合わせをする手立てを探していたのだ、という見方もある。天啓が奇跡だったにせよ、そうでなかったにせよ、回心してからのパウロが新たな信仰に全身全霊を捧げたことは間違いない。

世界宗教

パウロの死については、聖書に言及されていない。紀元65年頃ローマで死去したと伝えられるようになったのは、後世のことだ。たとえパウロが人知れず世を去ったのだとしても、原始キリスト教会の組織と教義に与えた影響は計り知れなかった。彼の回心が奇跡の賜物であろうとなかろうと、キリスト教会への帰依とその後の行動は、人類史上屈指の大英断に数えられるだろう。もしパウロの熱意と献身がなかったら、キリスト教は今のような世界宗教に発展を遂げることはなかったかもしれないのだから。

大聖堂
サン・パオロ・フオーリ・レ・ムーラ大聖堂の内部。この聖堂は、パウロの亡骸が眠ると考えられている地に建立された。

一説によると、パウロはローマ皇帝ネロによるキリスト教徒迫害の渦中に巻き込まれ、殉教を遂げたという。

コンスタンティヌス帝、キリスト教徒になる

紀元306～337年

背景：キリスト教が少数派の宗教として迫害される

主役：コンスタンティヌス帝とその生母、およびローマ帝国のキリスト教徒

功績：キリスト教が公認され、やがてローマ帝国の国教となる

キリスト教は、その草創期の大半を通じて、ローマ帝国では純然たる少数派の宗教であり、キリスト教徒は国を挙げて迫害する対象だった。ところがコンスタンティヌス大帝（272年頃～337年）の治下で、キリスト教会の運命は180度変わる。紀元313年発布のミラノ勅令で公認されただけでなく、やがて帝国全土で最も有力な宗教となり、それが数十年間続くのである。この一大変化をもたらしたのは、コンスタンティヌス帝のキリスト教への改宗だったと考えられている。だとすると、それは宗教の歴史上、個人が下した最も偉大な決断の1つだったといえるだろう。なぜなら、コンスタンティヌス帝の改宗によって、キリスト教がこんにちのような世界的な大宗教に発展する諸条件が整ったからである。

キリスト教への改宗

改宗の経緯は定かとはいい難い。コンスタンティヌス自身はのちに、紀元312年の「ミルウィウス橋の戦い」がきっかけだったと述懐している。一説によると、兵士たちから空に十字架の印を見たとの報告を受け、盾に十字の紋章を描かせたところ、戦いを制することができたという。もっとも、この勝利を記念して建設され、今もローマのコロッセオ近くに立つコンスタンティヌス凱旋門には特にキリストを連想させる象徴や図像が見当たらないことから、この話の信ぴょう性を疑う意見もある。また、コンスタンティヌスが実際に洗礼を受けたのは紀元337年のことで、ミルウィウス橋の戦いから25年が過ぎている。これは、彼がいつ改宗したにせよ、その事実を公表するのが当時は政治的に得策でなかったか、あるいは、彼がキリスト信仰に入れあげていたというのは死後のでっちあげにすぎず、実はそれほど熱心な信徒でなかったかのどちらかであることを示しているといえるだろう。もう1つ、コンスタンティヌスを産んだときすでに信徒だったと思われる生母ヘレナによって、幼少期にキリスト教信仰を吹き込まれたとする説もある。だとすると、成人してから

> キリスト教を公認することで、ミラノ勅令はローマ帝国史上最大の宗教改革を始動させた。

のもっともらしい改宗劇などなかったことになるが、キリスト教徒だと知られたら被っていただろう差別を恐れ、皇帝の座に就くまで信心を胸に秘め、公にしなかったのだと考えられる。

権力闘争

コンスタンティヌスはローマの属州モエシアのナイッスス（現セルビアのニシュ）に生まれた。父親のコンスタンティウスはローマの将軍で、ディオクレティアヌス帝時代に頭角を現した。紀元293年、いわゆるテトラルキア（帝国を東西に分割し、それぞれを2名で統治する仕組みで、正帝にはアウグストゥスの称号が与えられ、副帝はカエサルと呼ばれるようになった

凱旋門

コンスタンティヌス凱旋門は「ミルウィウス橋の戦い」の勝利を祝うため、ローマに建設された。後ろに見えるのはコロッセオ。

た）の一翼を担うことになる。ディオクレティアヌスから副帝に任命されたコンスタンティウスはガリア、ブリタンニア、ヒスパニアを含む西ローマ帝国（帝国の西半分）を治めた。紀元306年にコンスタンティウスが世を去ると、息子のコンスタンティヌスが新たな副帝に押し立てられる。そのころすでにディオクレティアヌスは退位しており、将軍たちの間では権力闘争が繰り広げられていた。

西ローマ帝国におけるコンスタンティヌス最大の敵は、西の正帝を自称するマクセンティウスで、両者はローマ市の北でティベリス川に架かるミルウィウス橋で雌雄を決する。この戦いでマクセンティウスは溺れ死に、コンスタンティヌスが西ローマ帝国全土を治める正帝となった。全ローマ帝国の単独支配を争う相手は、ついに東の正帝リキニウスだけになったのである。もっとも、コンスタンティヌスとリキ

ニウスの関係は比較的良好で、紀元313年にミラノで会談している。リキニウスはコンスタンティヌスの妹をきさきに迎え入れ、コンスタンティヌスとともにミラノ勅令に署名した。ディオクレティアヌス帝の治下、キリスト教徒迫害は以前にもまして激しかっただけに、ミラノ勅令は途方もない方向転換だった。勅令はあらゆる宗教の信徒に信教の自由を認めていたが、キリスト教にだけ特別な配慮を見せている。すなわち、単に公認を与えただけでなく、ディオクレティアヌス帝時代に没収した教会財産の返還に関する規定も設けられていたのである。

新ローマ

ミラノ勅令後も、東ローマ帝国ではリキニウスが依然としてローマの異教を崇めていた。キリスト教徒は迫害こそ受けなくなったものの、

特権めいたものは何一つ与えられなかった。それとは対照的に、コンスタンティヌスは西ローマ帝国におけるキリスト教の普及に積極的に取り組み始め、支配下の各都市に教会堂を建設する計画に着手。その一環として、現在はサン・ピエトロ大聖堂が建つローマのバチカンに初めて教会を建立した。一方、リキニウスは紀元320年までにキリスト教徒の迫害を再開しており、これは事実上、コンスタンティヌスの権威に対する挑戦だった。結果、内戦が起き、324年クリュソポリスの戦いを制したコンスタンティヌスが、全ローマ帝国の統治者となった。

その翌年、コンスタンティヌスは帝国の首都をローマからギリシャの都市ビザンティウム（現トルコのイスタンブール）に移すことに決め、大規模な新城壁や公共の建物、教会堂をはじめとする大掛かりな建設計画をスタートさせる。紀元330年には初期の計画の大半が完了し、祝賀式典とともに新しい帝都は船出を果たした。その際、建設者をたたえて、都の名称をビザンティウムからコンスタンティノープル（コンスタンティヌスの都の意）に変更している。

国教化

コンスタンティヌスがキリスト教に改宗したのは正確にいつか、聖パウロのときと同じやり方で特定することは難しい。しかし、いくつかの証拠が示す通り、実はそれが"改宗"ではなく、もともと抱いていた信仰の告白にすぎなかったとしても、キリスト教にとっての重要性はいささかも減じない。ミラノ勅令でキリスト教を公認し、信教の自由を認めたことが契機となり、やがてテオドシウス帝（347〜395年）による国教化につながるのである。

ミルウィウス橋
紀元312年、コンスタンティヌスとその最大の敵マクセンティウスが雌雄を決した合戦を描いたフレスコ画。マクセンティウスはこの川で溺れ死んだ。

本当に信仰していたのか？

　紀元337年、コンスタンティヌスは己の死期が近いのを悟ってからようやく洗礼を受けた。このことは、彼のキリスト教徒としての信心に疑いを投げかける大きな理由となってきた。コンスタンティヌスは本物の改宗者ではなく、キリスト教の普及に努めたのは単に全ローマ帝国の掌握という大目標に都合が良かったからにすぎない、と主張する人々もいる。彼らに言わせると、コンスタンティヌスがそもそもキリスト教を選んだのは、何よりもまず、一神教だからということになる。テトラルキアという統治システムを廃して独裁を確立し、帝国を単独の皇帝と唯一神の国にしたいというコンスタンティヌスの野心に、キリスト教はうってつけだったのだ、と。これに対しては、仮にコンスタンティヌスが名ばかりのキリスト教徒だったとしたら、わざわざ洗礼を受ける理由はなかったし、膨大な時間と予算をつぎ込んであれだけたくさんの教会を建設する必然性もなかったのではないか、という反論が成り立つだろう。

　ミラノ勅令が発効したとき、ローマ帝国内のキリスト教徒の数は全人口の10パーセント程度にすぎず、そのほとんどは下層階級の人々だった。それを考えると、貧しい少数派の人々が信仰する宗教を多数派のそれよりも優遇することで、コンスタンティヌスが政治的に得るものはほとんどなかったといえる。帝国全土に教会堂を建設したことをはじめとする行動の多くは、ただのポーズではなく、どう見ても正真正銘の信徒のものだ。西ローマ帝国が滅んだのは紀元476年とされているが、そのころまでにはキリスト教はヨーロッパにしっかりと根づいていた。一方の東ローマ帝国（ビザンティン帝国）は、西ローマ帝国滅亡後さらに1000年もの間キリスト教国として永らえ、イスラム教を奉じるオスマン帝国によって首都コンスタンティノープルが陥落させられるまで、命脈を保った。

外に向かって開く

　コンスタンティヌスの行動が確固たる信心に基づいていたことに疑いの余地はない。ミラノ勅令を発布するという彼の決断は、キリスト教会史上最大の決断の1つに今なお数えられるだろう。ミラノ勅令がなければ、絶え間ない迫害の脅威にさらされていたキリスト教は、なすすべもなく廃れていたかもしれない。聖パウロがキリスト教をユダヤ教の少数分派から別個の新しい宗教に脱皮させたとするなら、コンスタンティヌスはキリスト教を外に向かって開き、こんにち最も広く信仰されている宗教（信徒の数は全世界でおよそ22億人と推定される）に至る道筋をつけたといえるのである。

ジョン王、マグナ・カルタに署名する

1215年

背景：君主による、とどまるところを知らない暴政が続く
主役：ジョン王と、イングランドの諸侯および自由民
功績：こんにちの憲法で保障されるような個人の権利と自由が初めて表現される

　マグナ・カルタはラテン語で「大憲章」を意味する。その最初の形は、ジョン王とイングランドの諸侯が慎重に交渉した末に合意した内容を記した文章だった。諸侯はジョン王の治政を横暴と考え、その重税にも耐えかねて造反した。マグナ・カルタは1215年6月15日に制定され、ロンドン郊外、テムズ川河畔のありふれた野原ラニーミードで国王が調印した。

　マグナ・カルタは長い間、世界で最も重要な文書とされてきた。史上最も偉大な憲法文書であり、議会政治の礎石であると。しかし、後になって認められたマグナ・カルタの重要性は、制定当時の1215年、自明というには程遠かった。この合意の内容が、発効からわずか3カ月で破られてしまったのだからなおさらだ。そもそもマグナ・カルタは、君主としての国王の責任を規定し、イングランド国王によって承認された最初の憲章ですらなかった。それよりも百年以上前の1100年、ヘンリー1世が戴冠の際に自由憲章を発布している。これはマグナ・カルタに直接つながる先駆的憲章であり、君主が自らの責任を書面で表明する行為の先駆けとなったものといえる（もっとも、彼らは決まって後からそれらを無視するのだが）。

憲法改正の端緒

　では、なぜマグナ・カルタは特別なのか？　それは、イングランド君主の臣民が、自分たちの王に王権の限界を認めさせることに成功した最初の例だからである。マグナ・カルタによって、国王はいわゆる"自由民"の自由を尊重す

> 自由民ならば誰であれ、同輩の合法的な裁定と国法によってでなければ、
> 逮捕、監禁、差し押さえ、法外措置、追放、またいかなる方法による侵害も被らないこととする。
> 朕が直接間接を問わずその者に対して不利益を与えることもない（第39条）。
> 朕は何人に対しても正義と司法を売らず、
> また何人に対してもそれらを否定したりそれらの実現を妨げたりしない（第40条）。
>
> ──マグナ・カルタより、1215年

プランタジネット朝の王
ジョン王を描いた18世紀の挿絵。即位間もない1200年頃の姿。

ることを義務づけられた。自由民は王命だけでは罰せられず、たとえ罪に問われても、国法の適正な手続きによらなければ訴追されなくなった。ただ、マグナ・カルタは女性と子どもの権利については触れておらず、また対象を自由民に限定することで、農奴を明確に除外していた。農奴とは、奴隷労働と大差ない強制労働に縛られた人々で、当時イングランドの成人男子のおよそ70パーセントを占めていた。

さまざまな欠陥を持ちながらも、マグナ・カルタはイングランド史（そしてのちにはイギリス史）における憲法改正の端緒と見なすことができる。それはやがて、現在の代表民主政となって結実するのである。といっても、ジョン王はマグナ・カルタに記された諸条件を、渋々のんだにすぎない。従って、本章で取り扱う歴史的英断は、自分たちに及ぶ王の支配力を制限

したい諸侯が集団で下したものといえる。むろん、彼らにこうしたやり方で反旗を翻す決断をさせた主たる動機は、自分たちの損得勘定だったのかもしれない。しかし、諸侯の思惑がなんであれ、マグナ・カルタ以降、君主と臣民の関係性が変わったことは確かだ。そして、一度改革の扉が開かれたら最後、二度と元に戻ることはなかったのである。

ジョン王

ジョンはプランタジネット家の初代イングランド王ヘンリー2世とアリエノール・ダキテーヌ（英語ではエレノア・オブ・アクイテイン）の末子として生まれた。ヘンリー2世とアリエノール・ダキテーヌの婚姻によって両者の領土が合併、フランス南西部からスコットランド南部にまで及び、イングランド全土とウェールズおよびアイルランドの広大な地域を包摂する帝国が形成された。1199年、兄リチャード1世（獅子心王）の客死を受けて即位したジョンは、戴冠後、唯一王座を脅かす存在だった従兄弟のブルターニュ公アルテュール1世（アーサー・オブ・ブリタニー）の支持者たちを相手に、フランスで長く、戦費のかさむ戦争を始める。アルテュール1世は1203年、ジョン王の軍に捕えられ、以来消息が知れない。彼の身に何があったのかは知る由もないが、ジョン王の命で殺されたと考えるのが妥当だろう。ただ、ライバルを亡き者にしても戦争は終わらず、次の数年で、ジョン王はフランス内の知行をほぼすべて失っ

マグナ・カルタの原本は4点しか現存しない。1297年の写本は2007年にニューヨークで競売に付され、2100万ドル（約24億円）で落札された。

自由民

マグナ・カルタのいくつかの条項は個人の自由に関するもので（54ページに引用した文章もその1つ）、人身保護令状（逮捕された者は誰であれ起訴され、法廷で証拠を開示されなければならないとする要請）に関する諸法の先駆けといえる。教会の自由とロンドンの自由民の自由に関する別の2つの条項も、今のイギリスの法令集に残っている。

てしまう。その後何度も失地の奪回を試みるも、1214年までにはフランス王フィリップ2世が国土の大部分を手中に収めていた。

イングランド諸侯

フランスで生じる莫大な戦費は、イングランド諸侯が不満を募らせた主たる理由の1つだった。ジョン王は戦費を賄うため、すでに彼らから取れるだけの金を搾り取っていたのだからなおさらだ。イングランド北部の諸侯を特にいら立たせたのが、軍役代納金だった。これは、貴族が軍役の免除と引き換えに納めなければならない一種の税である。しかも、それすら数多くの税のうちの1つにすぎず、さらにジョン王はあの手この手で戦費を調達しようとし、遠慮なく金をむしり取ったため、反発が高まった。特に北部諸侯は、フランスでの終わりの見えない戦争によって得るところなどほとんどなかった

にもかかわらず、大金を負担させられていた。そうした情勢下で、戦いに敗れたジョン王がフランスから帰ってくると、王に対する反発が噴き出し、公然たる謀反に発展した。

大憲章

1215年1月、諸侯は集まり、ジョン王に代わって玉座に座るべき明らかな候補はいなかったため、新しい王を立てる代わりに、自分たちの要求を一覧にして今の王に認めさせることに決める。新たな賛同者が加わるにつれ、彼らの大義に勢いが出てきた。5月、兵を率いてロンドンに入った諸侯は、戦う必要もなく、自由民の手で首都に迎え入れられた。ジョン王にとっては悪夢のような展開であり、今や王座を失うことがはっきりと現実味を帯びてきていた。これ以上の負け戦は許されなかったのと、兵を集めるまでの時間稼ぎをするため、ジョン王はラニーミードで諸侯と和解の交渉に臨んだ。

内戦

マグナ・カルタの最も重要な条項の1つは、ジョン王の振る舞いに目を光らせ、きちんと誓約を守らせるため、25人の諸侯から成る委員会（二十五人委員会）を設置することを認める条項だ。これは王権に対する直接的な脅威だったので、ジョン王は憲章に署名してほどなく教皇インノケンティウス3世に訴え出て、憲章を丸ごと無効にしてもらおうとする。この憲章は神から授けられた王権をないがしろにするものであり、自分は脅されて署名したにすぎないというのが理由だった。教皇がジョン王の請願に応

諸侯はジョン王が嫌とは言えない状況にあることをよくわかっていたので、
マグナ・カルタの内容はヘンリー1世の自由憲章よりはるかに踏み込んだものとなった。

ラニーミード
テムズ川越しに見る草地。ここでイングランドの諸侯がジョン王と会談し、マグナ・カルタが調印された。

えたため、「第一次バロン(＝諸侯)戦争」と呼ばれる内戦がイングランドで勃発、戦いは翌年まで続いた。

1216年10月18日、ジョン王は赤痢で死去し、9歳の息子がヘンリー3世として即位した。摂政として幼王を補佐するウィリアム・マーシャル卿は広く尊敬を集める人物で、すぐさま大憲章を復活させ、内戦を終息させた(ただし、二十五人委員会の設置に関する条項は削除した)。

自由と法

マグナ・カルタそのものは発効後わずか数週間で無効にされてしまったが、王権を制限するという原則はすでにしっかり根づいており、それが君主から(選出議会という形の)人民へ次第に権力が移行するという長期的な結果につながった。大憲章の影響は、やがてイングランドの外にまで広がる。例えば合衆国憲法修正第5条は、「何人も……法の適正な手続きなくして生命、自由、財産を奪われない」と定めているが、この表現はラニーミードで調印された文書の条項にその淵源をたどることができる。また、マグナ・カルタはアメリカ独立革命の際、英本国のくびきを逃れようとする独立派に精神的なよりどころを与えたともいえる。なぜなら、彼らはマグナ・カルタの内容が英王室による不当な内政干渉(と彼らが見なすもの)から自分たちを守ってくれると考えたからだ。マグナ・カルタがこんにちなおアメリカでたたえられているゆえんである。

マグナ・カルタは——たとえその内容よりも、むしろそれ自体が象徴しているものによるところが大きいとしても——こんにちなお重要な文書である。王権に制限をかけることで、イングランドの諸侯は自由の原則を打ち立てた。そして、この原則は今も力を持っている。近年、イギリスの政治家たちはテロの容疑者を起訴せずに拘留できる期間を28日から42日に延長しようとしたが、マグナ・カルタに源流を持つ個人の自由という考え方に基づく反対論にさらされた。個人の自由と不当拘留の禁止という基本原理は、マグナ・カルタの制定当時に企図されたものではないかもしれない。いわば、予期せぬ産物というやつだ。けれども、それらのために戦う値打ちは、今も昔も変わらない。

メディチ家、銀行を開く

1397年

背景：硬直したキリスト教に挑戦する気運が盛り上がる

主役：メディチ家と、いわゆるフィレンツェ・ルネサンスを担った芸術家たち

功績：史上最も偉大な芸術作品のいくつかが生まれる諸条件が整う

ルネサンスという大きな文化興隆において、古代ギリシャの学問が再発見され、思想と表現の自由に重きを置くヒューマニズム（人文主義）という急進的な新思潮が、キリスト教会の硬直した代わり映えのしない教義への挑戦を始めた。こうした動きはイタリアの都市国家フィレンツェで始まり、15世紀半ばにレオナルド・ダ・ヴィンチやミケランジェロといった偉大な芸術家の作品によって、やはりフィレンツェで最盛期を迎えたと、この時代を研究する歴史家のほとんどは見ている。しかし、ルネサンスが始まったのは正確にはいつか、また、なぜミラノやベネチアのような他のイタリア都市国家ではなくフィレンツェで産声を上げたのか、という問いに関しては、意見が分かれる。才能に恵まれた人々がこれほど大勢1つの都市に集まったことを、単なる偶然として片づける説もないではない。また、ルネサンスを14世紀初頭、詩人ダンテと画家兼建築家のジョットに代表される芸術家たちによって始められた、緩やかな文化発展だと見る向きもある。

別のある学派は、ルネサンスの始まりを1401年という特定の時期に絞っている。この年、フィレンツェの織物輸入業者ギルドがサンタ・マリア・デル・フィオーレ大聖堂の洗礼室に取りつける新しいブロンズ扉のデザイナーを探すため、コンペを開催した。激しい競争の末、ロレンツォ・ギベルティがフィリッポ・ブルネレスキを破って優勝したのだが、この説によれば、その過程でフィレンツェの芸術界にコンペ文化が持ち込まれ、その後フィレンツェの芸術家たちは裕福なパトロンを捕まえようと互いにしのぎを削るようになったのだという。だが、

15世紀、すでにフィレンツェはヨーロッパ有数の商業都市に発展を遂げており、イタリアで最も裕福な銀行家が暮らしていた。

こうした3つの説明には共通する欠点がある。それは、芸術家個人の創造性にばかり目を向け、彼らが芸術活動をおこなっていた当時の社会状況をほとんど完全に無視していることだ。

フィレンツェ

15世紀、すでにフィレンツェはヨーロッパ有数の商業都市および金融都市に発展を遂げており、土地を所有する貴族階級だけでなく、イタリアで最も裕福な商人や銀行家が暮らしていた。貴族にせよ成り上がりの商人にせよ、裕福であることを表現する方法の1つが、芸術を後援することだった。この時期の大半を通じてフィレンツェを牛耳った一族は、銀行業とその他の商業活動で巨万の富を築いたメディチ家で

> ### 都市とパトロン
>
> ルネサンスが起きた理由は多岐にわたり、それぞれ深い。都市の成長と中世後期の商業活動の活発化に関連づけることもできるし、芸術家のパトロンになるような有力資本家の台頭や、経済と芸術の双方に影響を及ぼした技術発展も絡んでいるだろう。
>
> ——ノーマン・デイヴィス著『ヨーロッパ』（1996年）より

ある。「彼らの金がルネサンスを始動させた」と言うと、さすがに言い過ぎだろうが、「彼らによる芸術の後援活動のおかげもあってルネサンスの花開く下地が整った」と言うのは大げさでもなんでもない。そしてそれは、1397年に始まった。その年、当時貧しくはないにせよ裕福とは程遠いフィレンツェのとある一族の当主、ジョバンニ・ディ・ビッチ・デ・メディチ（1360年頃～1429年）が、ローマの銀行で働きながら貯えた金を元手に故郷で銀行を開くという決断を下したのである。

メディチ銀行

ジョバンニ・ディ・ビッチは、ギベルティとブルネレスキが争った例のコンペの審査員の1人である。これはつまり、自分の銀行を開いてからわずか4年で、ジョバンニは早くもフィレンツェの紳士録に名を連ねていたことを意味する。芸術の後援活動をすることで得られる利益にメディチ家が初めて気づいたのも、このときかもしれない。つまり、後援活動を通じて銀行の財力を宣伝すれば、より多くの人々にメディチ銀行のサービスを使いたいと思わせるこ

コジモ

コジモ・デ・メディチの肖像。フィレンツェの銀行家で芸術に造詣が深く、後援活動に力を入れた。

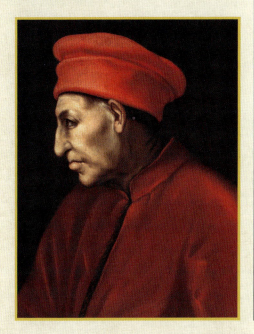

とができる、というわけだ。そうした商機を見いだし、生かすことができたからには、ジョバンニはさぞや目端の利くビジネスマンであったかのような印象を与えるに違いない。それは間違いではないが、ただし、現代の投資銀行家の多くと異なり、ジョバンニには山っ気がまったくなかった。その代わり、優れた商慣行を守り、広くイタリア全土およびヨーロッパ中の主要商業都市に網の目のように張りめぐらせたツテを頼みにした。

フィレンツェの銀行が成功すると、ジョバンニは事業の拡大に乗り出し、ローマをはじめ、いくつもの都市に支店を開設する。この時代で最も裕福だった機関といえば、これはもう圧倒的にカトリック教会、もっといえば、ローマの教皇庁だった。教皇庁はヨーロッパ内外のカトリック教会から集まる租税に加え、「免罪符」の販売（犯した罪に対する教皇のゆるしを買うという仕組みで、当時から賛否が割れていた）などを通じた収入があり、それらを合わせた莫大な歳入を自由にできた。

半面、教皇庁はこの時期、混乱をきたしており、少なくとも4人の人物が教皇に立候補していた。1402年、ジョバンニは大胆にも彼らの1人に巨額の融資をおこなう。相手はバルダッサレ・コッサという個性的な人物で、信心のほども怪しく、海賊行為で荒稼ぎした金を使って枢機卿の地位を買ったともいわれていた。ジョバンニはこの男に賭け、それは1410年に報われる。バルダッサレが教皇に選出されてヨハネス23世を名乗り、メディチ銀行を教皇庁御用達としたのである。

コジモ・デ・メディチ

教皇御用達となったことで、メディチ銀行は一躍ヨーロッパ銀行業界の先頭に躍り出た。教皇から支払われる手数料で大富豪になったジョバンニは、長男のコジモに教皇庁の口座管理を任せる。コジモはまだ20代前半だったが、父親に負けず劣らず目端が利くところを見せた。「教皇に仕える銀行家」という"箔"がついたことで、ヨーロッパ各国の王室も含む新たな顧客が次々に引き寄せられてきた。空前の業容拡大と、一族のその他の商業的利益および投資収入が合わさって、メディチ家はヨーロッパで最も裕福な一族となった。1415年、コンスタンツ公会議で3教皇鼎立に終止符が打たれ、ヨハネス23世が退位させられた後も、「忠実で信頼できる銀行家」という評価によって、メディチ家は教皇庁御用達の地位を保持し続けた。

莫大な富を得たジョバンニだったが、生涯慎重居士で通し、財力をひけらかしたり浪費に走ったりはしなかった。コジモもそういう父親の姿勢に倣ったが、1429年にジョバンニが他界すると、銀行の利潤だけでなく、自分の個人的関心も追求し始める。ジョバンニが芸術の後援活動をあたかも1つの商取引のように扱ったのに対し、コジモは芸術そのものに対する造詣がはるかに深かったようだ。自身が所蔵していた美術品を一か所に集めるとともに、ドナテッロやフラ・アンジェリコといった大勢の若手芸術家のパトロンとなるだけでなく、ヨーロッパ内外の原本写本の収集にも手を染め、フィレンツェに建設した大図書館に古典古代や人文主義の文献を収蔵した。コジモはまた建築にも魅せ

メディチ家はフィレンツェ・ルネサンスを始めたわけでも、促したわけでもない。
ただ、金銭的な後押しは惜しまなかった。

られ、私邸パラッツォ・メディチをはじめとする数々の建物を建て、サンタ・マリア・デル・フィオーレ大聖堂のドーム建設をブルネレスキに依頼した件にも関わった。ちなみにこのドームは、ルネサンス建築の精華として、こんにち広く認められている。

　フィレンツェの政治は厄介で手に負えない。だから決して関わるな——死の床に就いたジョバンニはコジモにそう忠告したといわれている。けれどもコジモは父の遺訓にそむき、その後およそ300年にわたってフィレンツェとトスカーナ大公国を支配する"メディチ王朝"の始祖となった。

偉大なるロレンツォ

　芸術の後援は、1464年にコジモが泉下の人となった後も、長らくメディチ家のこだわりであり続ける。なかでも最も有名なのは、コジモの孫で「イル・マニフィコ（偉大な人）」と呼ばれたロレンツォ（1449～92年）の芸術支援である。彼はレオナルド・ダ・ヴィンチとボッティチェリのパトロンであり、また、10代のミケランジェロを私邸に住まわせ、フィレンツェの彫刻家の工房に見習いとして通わせた。

　ロレンツォが世を去ったのは1492年だが、その数年前からすでにメディチ銀行は傾き始めていた。一族がフィレンツェから追放され、取引が完全に停止したのは、ロレンツォの死からわずか2年後である。当時フィレンツェ政府に仕えていた政治思想家、ニコロ・マキャベリによれば、メディチ銀行破綻の原因は、一族が商人ではなく王侯として振る舞うようになったからだという。本業の商売をおろそかにしたため、ひとたび危機に見舞われるや、あっけなく総崩れをきたしてしまったのだと。

　もっとも、桁外れの富を有していたメディチ

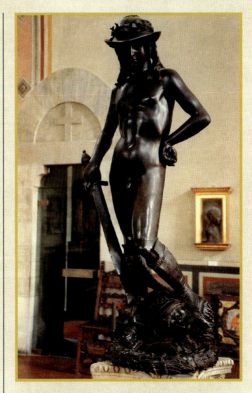

ドナテッロのダビデ像
コジモ・デ・メディチの依頼でドナテッロが制作したダビデ像。現在はフィレンツェのバルジェロ美術館に収蔵されている。

家は、銀行業が破綻してもさほどの影響は受けなかった。実際、16世紀を通じて、一族からは4人の教皇と2人のフランス王妃を輩出している。ただ、彼らの名声は、一にも二にもフィレンツェ・ルネサンスにおいて芸術活動を後援したことにある。当時、芸術家たちはほとんどの場合注文を受けて制作していた。そして、その大半はメディチ家の誰かによる依頼だったのである。それを考えると、1397年にジョバンニ・ディ・ビッチが起業に踏み切ったことは、確かに偉大な決断の1つに数えられなければならない。なぜならそれは、芸術の歴史を大きく変えたからである。

グーテンベルク、聖書を印刷する

1450年頃

背景：ひと山当てたい起業家が、金もうけに失敗し、借金を抱える
主役：ヨハネス・グーテンベルクとその仕事仲間、そして、マインツおよびストラスブールの出資者たち
功績：書籍の印刷が始まる

活版印刷術の発明は、歴史上の重要な技術革新の1つに数えられる。あまりにも大きな意義を持つため、それを開発したヨハネス・グーテンベルク（1400年頃〜1468年）の名をとって「グーテンベルク革命」と呼ばれるほどだ。彼の発明がいわゆる「知識の民主化」にどれだけ寄与したかは、いくら強調しても、しすぎることはない。それによって学問と情報が選ばれた少数者だけの特権から、誰もが利用できるものになったのだから。ヨーロッパに刊本（＝印刷された書籍）が現れる前、書物は筆者人が手で書き写すという、時間と労力のかかる作業で生み出されていた。当然、非常に高価なものとなり、それらを所有できるのは、ごく少数の金持ちと教会に限られた。

グーテンベルクの発明以降、活版印刷術は瞬く間にヨーロッパ全土に普及した。大部数を刷ることが可能になったため、書物は大幅に値下がりし、従来よりも多くの人々が手に入れられるようになった。その結果、人文主義というルネサンス期の過激な新思潮と、それに呼応する古典古代の学問の再発見が、たちまちヨーロッパを席巻、哲学や科学をはじめとする諸分野の知見が長足の進歩を遂げた。

残念なことに、グーテンベルクがどのような生涯を送ったのか、詳しいことはわかっていない。彼について判明しているごくわずかな情報の出どころは、いくつかの公式文書と、彼が関わった何件かの裁判記録に、ほぼ限定される。そのため、彼の仕事のやり方を再現しようとす

> われわれは諸々の発明の力と効能と結果に注目しなければならない。それらは他でもない、古代人には知られていなかった例の3つのもの——すなわち、印刷、火薬、羅針盤において最も明瞭に示される。というのも、この三者は世界全体の様相と状態を変えてしまったからだ。
> ——フランシス・ベーコン『ノヴム・オルガヌム』（1620年）より

れば、もっぱらそうした資料の解釈に頼るほかない。ただ一ついえるのは、グーテンベルクによる活版印刷術の発明が幾多の決断の賜物であり、活版印刷がその後もたらした多大な影響を考えれば、そうした決断の多くが人類史上屈指の英断に数えられるということだ。もっとも、グーテンベルクに関する情報は少ないので、そうした決断がいつ、どこでなされたのか特定することは不可能に近い。従って、これから述べることは、彼が活版印刷という技術を編み出すに至った経緯を私たちなりに想像し、それをごく大まかにたどったものにすぎない。本章ではまた、グーテンベルクが印刷した書物のなかで後世最も広く世間に知れ渡ることになる、いわゆる「グーテンベルク聖書」についても取り上げ、彼がいかにしてその発行を決断したのか、背景を探る。

ヨハネス・グーテンベルク

　グーテンベルクは1400年頃、ライン川沿いの町マインツ（当時は神聖ローマ帝国の、現在はドイツ南西部の都市）で生まれた。当時マインツでは、グーテンベルク家のような貴族的な有力者層と商工ギルドに属する商人および職人が激しく対立していた。そうした争いがもとで、一家は、グーテンベルクの母親が地所を持つエルトヴィレに何度となく避難する羽目になった。若きグーテンベルクは金細工と貨幣鋳造を

印刷の父
1400年頃に生まれたヨハネス・グーテンベルクは活版印刷機の試作版を開発。これは革命的な技術革新となった。

学んだと考えられており、また、テューリンゲン州の名門エアフルト大学に籍を置いていた可能性もある。1418年からの学生名簿に「アルタヴィッラのヨハネス」という名前があり、アルタヴィッラはエルトヴィレのラテン語読みだからだ。もっとも、ヨハネスは当時ありふれた名前だったから、これも推測の域を出ない。

その後15年間、グーテンベルクが何をしていたかは知られていない。1434年、すでに30代半ばになっていたグーテンベルクの足取りが、ストラスブール（現フランス東部の町）で再浮上する。婚約をほごにしたとして、女性から訴えられたのである。その裁判の結果は不明だし、そもそもグーテンベルクが生涯に結婚したことがあるかどうかも定かではない。ただ、数年後に起こされたもう1件の裁判の記録が、彼がストラスブールで何をしていたかについて、多少なりとも手がかりを与えてくれる。

グーテンベルクはどうやら、「魔法の鏡」（磨いた小さな金属の板に宗教的図像を刻印したもので、聖遺物から放たれる厳かな光を捉えることができると考えられていた）を大量生産する方法の開発に関わっていたらしい。ドイツの都市アーヘンを訪れる巡礼者に売りさばき、大もうけするつもりだったようだが、このもくろみは巡礼の延期によってあえなく頓挫してしまう。問題の訴訟は、この計画に出資した一団が、グーテンベルクに出資金の返還を求めて起こしたものだった。記録によると、グーテンベルクは鏡の製造工程を任されていたようで、鏡に刻印するためのある種のプレス機（加圧機）を使

グーテンベルク聖書
グーテンベルク聖書の1ページを拡大した写真。文章を印刷した後、挿絵が描き加えられた。

用していたらしい。それによって、短時間で大量に鏡を製造できるのだった。

裁判がおこなわれている間、グーテンベルクは出資者たちの損失を埋め合わせるため、彼らにある秘密を打ち明ける約束をした。どんな秘密だったのかは謎のままだが、活版印刷機の試作版に言及していた可能性はある。時は1444年。グーテンベルクは活字を使った印刷機の開発に取りかかる決断を下したのかもしれない。しかし、この決定的瞬間以降、彼の足取りはぱ

グーテンベルクが成し遂げた偉大な技術革新は、
既存の技術をいくつか組み合わせてプレス機を作り、
それから印刷工程の部分を開発したことだった。

たりと途絶え、その後の4年間、どこで何をしていたかまるでわからなくなる。

印刷機

1448年、グーテンベルクはマインツに戻り、印刷所を開業するために資産家ヨハン・フストから融資を受けていた。彼が成し遂げた偉大な技術革新は、既存の技術をいくつか組み合わせてプレス機を作り、それから肝心要な印刷工程の部分を開発したことだ。プレス機そのものは、ワイン作りで使われた、ブドウの粒の上から板を押しつけて搾汁する機器と大差ない。その半面、グーテンベルクは——おそらく試行錯誤の末——紙とインクに必要な均質性と、柔らかい革製のタンポで叩きながら活字面にインクを塗る手法は独自に開発している。

活字面自体は、一つひとつの小さなブロック（印刷業界では「ソート」と呼ぶ）で構成された。ソートの製法は硬貨を鋳造するやり方に似ている。まず、専門の熟練工が、必要な文字の形を刻んだ特製のパンチ（父型）を作る。次に、このパンチで字母（活字の鋳型）に打刻する。それから字母に合金が満たされ、ソートが鋳造される。出来上がったソートは、上面に個別の文字の形をした出っ張りがあり、これらを枠内に並べて、印刷したいページの単語や文章を組むことができた。これが有名な「活字」であり、一度使った後は、一つひとつのソートにばらし、新たに別のページの単語や文章を組むことが可能だった。この活字を、プレス機とソートを作るために自身が導入したさまざまな新機軸と組み合わせて使ったことこそが、のちにグーテンベルク最大の発明とされ、やがて知識の普及に大革命を起こすことになるのである。印刷技術は、グーテンベルクが最初に使ってから何世紀もたつ間に洗練され、改良が重ねられた。

しかし印刷工程の本質的な部分は、蒸気機関を動力にした輪転印刷機の登場によって印刷が産業化される19世紀半ばまで、ほとんど変わらなかった。

最初、グーテンベルクは1枚1枚の文書を刷るために印刷機を使っていた。書物の印刷に移行するのは、後になってからのことだ。彼が刷った印刷物には日付が記されていないため、正確な年代順をはっきりさせるのは難しいが、最初に印刷した書物は、どうやらラテン語の文法書と思われる。おそらく学校や大学で彼自身が使っていたのと同じような文法書だっただろう。この商売は大してもうからなかったらしい。というのも、1451年に利息の不払いでフストから訴えられたからだ。フストは貸した金を回収する代わりに、融資の額を増やした。おお

書物の印刷

グーテンベルクの印刷機。プレス機によってページ全体が均一に加圧されるので、インクのかすれや染みを防ぐことができた。

かた「次の計画で商売が上向く」とグーテンベルクに説き伏せられたのだろうと思われる。

美しい聖書

聖書を印刷するという発想がどこから生まれたにせよ、1つだけ確かなことがある。それは、大仕事になることは予想できただろうということだ。ラテン語の文法書が26ページだったのに対し、グーテンベルクが仕上げた聖書は最終的に2巻1275ページに達した。グーテンベルクはフストから借り入れた金で2つめの印刷所を開設し、従業員を増やした。その数、30名に上った可能性がある。次の3年間で、彼は聖書をおよそ180部刷った。うち150部は紙に、残りの30部は子牛の皮をなめした上質皮紙に印刷した。

それは驚異的な偉業であり、印刷機の途方もない潜在能力を示すとともに、紛れもなく美しい書物を生み出した。180部は完売したが、それでもグーテンベルクは借金を返せず、1455年、またしてもフストに訴えられる。結局この裁判に負け、全事業の権利を押さえられてしまった。フストは義理の息子でグーテンベルクの元雇い人の1人、ペーター・シェッファーと共同で、印刷所の経営に乗り出す。フストはグーテンベルクが苦労して事業を立ち上げ軌道に乗せるまで待ち、その将来性を見極めた上で我がものにしたのだろうか。その可能性は大いにある。しかし、その点を割り引いても、グーテンベルクが「商売人としては大したことなかった」という印象は拭えない。彼は確かに技術革新の偉大な担い手であったかもしれないが、借入金の残高を返済額が上回ることは、生涯ついになかったのである。

プロジェクト・グーテンベルク

フストとシェッファーは1457年、大がかりな版本としては2冊めとなる書物を発行する。これは旧約聖書の「詩篇」を印刷したもので、『マインツ詩篇』と呼ばれる。奥付に発行日と発行

神の言葉

グーテンベルクが聖書を印刷するという決断を下した背景はわからない。しかし、歴史家ジョン・マンは『グーテンベルクの時代 印刷術が変えた世界』(原書房)のなかで、ニコラウス・クザーヌス(1401～64年)に触発された可能性を指摘している。クザーヌスは神聖ローマ帝国の枢機卿で、当時、聖書のテキストを統一する運動を推し進めていた。また、「神の言葉(＝聖書のこと)」をもっと幅広い層が触れられるものにしたいと望んでいた。印刷された聖書があれば、この2つの目標を達成するのに役立っただろう。もっとも、クザーヌスとグーテンベルクに面識があったかどうか不明だし、クザーヌスが印刷機の存在を知っていたかどうかも定かでない。従って、クザーヌスがグーテンベルクの計画に霊感を与えたと断言することは不可能だ。

グーテンベルクは1468年にこの世を去る。
生前、活字の発展に果たしたその途方もない貢献を認められることは一度もなかった。

功績をたたえて
ドイツの都市マインツに立つヨハネス・グーテンベルクの記念像。自ら印刷した聖書の1冊を抱えている。こんにち、グーテンベルクはその偉業によって世界中の人々に記憶されている。

者2人（フストとシェッファー）の名前が記されていたが、グーテンベルクの名前はどこにもなかった。その後もグーテンベルクは印刷事業に関わり続けるが、本に名前が載ることもないまま、1468年にこの世を去る。生前、活字の発展に果たしたその途方もない貢献が認められることは一度もなかった。

　こんにち、状況はがらりと変わっている。実際の容貌がわかっていないにもかかわらず、グーテンベルクの彫像がマインツに建てられた。同地にはまた、ヨハネス・グーテンベルク大学（通称マインツ大学）がある。彼に捧げられた数多くのオマージュの1つとして、世界初のデジタル・ライブラリー（電子図書館）は「プロジェクト・グーテンベルク」と名づけられた。グーテンベルク聖書の現存する48セットは、すべて世界各国の大きな図書館に所蔵されており、売りに出される可能性はないが、かつて印刷されたなかで最も価値の高い書物だと考えられている。

　仮にグーテンベルクを商売の実績だけで評価するとしたら、印刷機を開発し聖書を刷るに至ったさまざまな決断は、致命的な誤算だったとしかいいようがない。けれども、その後世界中に及ぼすことになる影響を考えれば、それらの決断は間違いなく人類史上指折りの大英断に数えられるだろう。

68 逆境だらけの人類史──英雄たちのあっぱれな決断

フェルナンドとイザベラ、コロンブスを支援する

1492年

背景：困難かつ危険なシルクロードに代わる交易路が求められる
主役：ジェノバ生まれの船乗りとスペインのカトリック両王
功績：ヨーロッパが"新世界"に到達した

1492年10月12日、クリストファー・コロンブス（1451〜1506年）はカナリア諸島から西進すること5週間にして、ようやく水平線に1つの島影を認め、そこをサン・サルバドル島と名づけた。コロンブスは東インド諸島に属する離れ小島を発見したと確信し、ヨーロッパから中国および日本に至る通商路の開拓という悲願を達成したと思い込んだ。もしそれが正しかったなら、コロンブスと彼の探検航海に出資した人々は巨万の富を得ていただろう。もちろん、今では周知の通り、コロンブスの航路計算はまったくもって不正確で、彼が上陸したのはバハマ諸島を形成する多くの小島の1つにすぎなかった（どの島かは定かでない）。これに先立つ7年間、コロンブスは航海に必要な支援を得るため、各国の王室に働きかけた。最初はポルトガルのジョアン2世、その次はスペインのカトリック両王──アラゴン王国のフェルナンド2世とカスティーリャ女王のイザベラ1世である。そんなふうに苦労を重ねてきただけに、自分がずっと間違っていたと認めるのはコロンブスにとって難しかった。

反証が次々に積み上げられていくのを尻目に、コロンブスは自分があくまでヨーロッパからアジアまで航海したのであって、"新世界"（南北アメリカ大陸は間もなく、そう呼ばれる

> 両陛下はキリストの教えを奉じるカトリック教徒として、
> また聖なるキリスト教信仰の愛護と普及に努めたもう方々として（中略）
> 私ことクリストーバル・コロン（クリストファー・コロンブスのスペイン語読み）を
> 先述のインディアス諸地方へ遣わし、かの地の人々とその国土、国情などを見聞した上、
> 彼らをわれらが聖なる信仰に帰依せしめる方法を調べるようおぼしめされ、
> 私に対し、従来の東回りの陸路ではなく、これまで人の通ったことがあるかなきかも定かでない
> 西回りの航路にて赴くよう仰せつけられました。
>
> ──コロンブスの航海日誌、序文より

3隻の船
1492年、コロンブスの歴史的航海に参加した3隻の船。左からサンタ・マリア号、ピンタ号、ニーニャ号。

ようになる）に偶然たどり着いたわけではないという確信を生涯失わなかった。その後に起きた新世界への入植は、先住民にとって災難以外のなにものでもなかったことは確かだが、己の野心を追求するというコロンブスの最初の決意と、それを後押しするというフェルナンド2世とイザベラ1世の決断――たとえ成功の見込みが薄いとわかっていたに違いないにせよ――、今となっては人類史上最も大きな決断の1つに数えられなければならない。

クリストファー・コロンブス

　コロンブス自身が書き残した史料によれば、彼の前半生についてわかっている数少ない事実の1つは、10歳で初めて海に出たということだ。1451年、コロンブスはイタリアの都市国家ジェノバで織物職人の息子に生まれた。ジェノバは当時、大規模な海軍と、地中海地方の内外に及ぶ広範な海洋交易網で知られており、若きコロンブスは域内を広く旅して回った。いくつかの伝記によれば、コロンブスは遠くアイスランドまで船で旅したことがあるという。アイスランドに行ったことがあるなら、そこで、レイフ・エリクソンというバイキングの物語（サガ）を耳にしていてもおかしくはない。エリクソンは、コロンブスより500年早く西に航海し、現在のカナダのニューファンドランド島沿岸部あたりに「ヴィンランド」という入植地を築いた人物である。

　1476年、コロンブスはすでにポルトガルのリスボンに移り住んでいて、弟2人と商売を成功させ、フェリパ・モニス・ペレストレリョと結婚していた。フェリパの父、バルトロメウ・ペレストレリョは貴族で探検家というだけでなく、コロンブス同様ジェノバ出身で、ポルトガ

クリストファー・コロンブス

セバスティアーノ・デル・ピオンボ（1485年頃～1547年）による肖像画。本人の死後13年を経た1519年の作品。生前のコロンブスを描いた肖像画は見つかっていない。

インド諸島に到達する通商交易路を見つけるため、大西洋を西に向かう探検航海を敢行したい」と売り込んだことは事実だ。15世紀末、中国とヨーロッパを結ぶ複数の陸上交易路（まとめてシルクロードと呼ばれる）は、すでに困難かつ危険なルートとなっており、種子、絹をはじめとする生地、その他の商品を極東から輸入するという巨大な商業的可能性が狭められていた。もし陸路に代わる海上ルートがあるなら、それを支配する者は高収益の交易を独占できる。コロンブスの雲をつかむような話を、ポルトガル王が一笑に付さなかったのは、そうした背景があったからだ。ジョアン2世は顧問たちを集めて諮問委員会を設置、提案の将来性を吟味させた。

ジョアン2世がコロンブスの提案を却下したのは、地球は平らだという思い込みのせいだとする説もあるが、それは正確とはいえない。コ

ル王ジョアン2世につながる人脈があった。

　コロンブスが西回りの航路という着想をどこから得たのか、私たちにはわからない。本当にアイスランドのサガからだったかもしれないし、まったく別な契機があったのかもしれない。ただ、1485年、彼がジョアン2世を訪ね、「東

ロンブスを支援しないと決めた本当の理由は、むしろ正反対に近い。世界の主要な海洋国家の一画を占めたポルトガルでは、地理と航海術の知識が発達していた。だからこそジョアン2世の顧問たちは、コロンブスによる計算が——いくら西回りといっても——ポルトガルから中国までの実際の距離を著しく過小評価しているという、のちに正しかったことが判明する結論に達したのである。「補給基地から補給基地までの距離が到底船でたどり着けるものとは思えない」というのが彼らの見解であり、その助言に従って、ジョアン2世はこの話を断った。当時のポルトガルは、むしろアフリカ大陸を回り込んで極東に至る航路(いわゆるインド航路)の開拓に強い関心を抱いており、夢物語にしか思えない無謀な計画を支援するよりも、より現実的で達成される見込みが高い案に集中することを選択した、というのが実際のところだろう。

アメリカ州

コロンブスが計算したポルトガルと中国の距離は、まったくもって不正確だった。彼が最終的に発見した大陸は、本人が上陸したと言い張ったようなアジアの東のはずれなどではなかった。コロンブスはそうと知らず、のちに「新世界」あるいは「アメリカ州」と呼ばれることになる陸塊を見つけていたのである。アメリカという名称は、おそらくフィレンツェの探検家アメリゴ・ヴェスプッチの名にちなむ。ヴェスプッチは16世紀初頭、新世界が実は旧世界とは全然別の陸地であるばかりか立派な大陸であり、アジアの一部ではないことをはっきりさせた人物である。

カトリック両王

コロンブスに「自信のない男だった」という印象はない。実際、ジョアン2世に断られたからといってあっさり諦めず、同じ提案をスペインの2人のカトリック君主のもとに持ち込んだ。アラゴン王国のフェルナンド2世とカスティーリャ女王イザベラ1世は1469年に結婚、この統合は、今のスペインという国が生まれるきっかけとなった。2人は自分たちが治める国を完全なキリスト教国にするという長期計画に取り組んでおり、カトリック教会の正統な信仰を守る役割を担う裁判所として、スペイン異端審問所を設立した。コロンブスが謁見を許された1485年当時、2人はスペイン南部アンダルシア地方でムーア人と交戦していた。イベリア半島におけるイスラム国家最後の牙城グラナダを攻略するためである。最初、フェルナンド2世とイザベラ1世はコロンブスの提案に対し、ポルトガル人と同じ対応をした。諮問委員会を設け、計画の利点を吟味させ、「成功の見込みは極めて小さい」という結論を聞いて、却下したのである。一方で、2人はコロンブスを追い払うようなまねはせず、アラゴンとカスティーリャのどこでも好きなところに無料で滞在することを許

コロンブスは7年間、各国の宮廷に働きかけ、ようやく探検航海に乗り出すのに必要な金銭的支援を手に入れた。

可した。おそらくそこには、いくら見込みのない企画でも、スペインと競合する他国に持ち込まれては面白くないので、それを防ぐ意図があったのだろう。

　コロンブスは提案に法外な要求を盛り込んでいた。発見した土地の総督に任ぜられることと、「大洋の総督」の称号を授かることだ。これらがかなえば、スペイン王宮で最も位の高い人々の仲間入りが果たせる。フェルナンド2世とイザベラ1世に支援を断られてからの数年で、コロンブスはもっと巧妙な手を使うようになった。自分の提案の優れている点を粘り強く説明することで、王室の顧問たちを味方にしていく作戦に出たのである。彼はどれだけ安上がりに計画を始動できるかを強調するとともに、キリスト教の教えを海外に広めるまたとない機会にもなると力説した。後者など、教化活動に熱心なカトリック両王の興味をそそること、ほぼ間違いなしの戦術といえる。それでも、コロンブスの提案が通るまで7年の歳月を要した。しかも——同時代の史料によれば——提案が受け入れられたのはひとえに、コロンブスがわずか3隻の船と100人の人員しか所望しなかったからだという。そしておそらく、コロンブスが生還し、約束の称号を要求する可能性は極めて低いと思われていたからでもあるだろう。

　これらに加えて、1492年初頭、フェルナンド2世とイザベラ1世がついにグラナダ攻略に成功していたという事情もある。おそらく、コロンブスが最初に謁見したときよりも2人は機嫌が良かっただろうし、スペイン統一が成就し、国内が平定されたからには、王国の拡張という計画により前向きだったとしても不思議はない。いくつかの史料によれば、イザベラ1世はなおもこの話に乗り気でなく、コロンブスを宮廷から追い払ったのだが、フェルナンド2世に命じられた近衛兵が追いかけ、連れ戻したのだという。いずれにせよ、カトリック両王はついにコ

西回りの航路でアジアを目指すというコロンブスの決断が、実際は南北アメリカ大陸への植民活動につながった。

ロンブスを支援することに決めた。コロンブスは契約の細部を詰めるため、顧問たちと交渉に入る。何度か話し合いがおこなわれた末、1492年の4月、ようやく両者が合意に達し、サンタフェ協約が結ばれた。これはスペイン王がコロンブスに対し、極めて好意的な諸条件を認めた文書だった。

コロンブスの凱旋

新世界から持ち帰った財宝を献上するコロンブス。ライムンド・デ・マドラーソ・イ・ガレタ（1841〜1920年）作。

新世界

　最初の探検航海を成功させた後、コロンブスはさらに3回「インディアス」——彼は"新世界"をそう呼んだ——に赴いた。新たにスペイン領となった地で総督を務めるも、1500年、暴政の罪を問われ、解任されている。それは、スペイン異端審問所を開設したフェルナンド1世とイザベラ2世の基準に照らしても、目に余る暴政だった。コロンブスの死後、遺族がスペイン王を相手取り長期に及ぶ訴訟を起こしている。サンタフェ協約に基づいてコロンブスに与えられるべき新世界植民地の収益の10パーセントを、自分たちによこせというのだった。しかし、提督を罷免された時点でコロンブスは収益の取り分に対する権利を失った、とスペイン王は反論。これが認められたため、結局、1536年、遺族に称号と新世界の領地を与えるという内容で両者は和解した。

　コロンブスが下した決断は並外れた勇気の賜物であり、ある程度向こう見ずでなければ到底できないものだった。なぜならそれは、今では間違っていたことが証明されている計算に基づいて、未知の世界に船をこぎ出すことを意味していたからだ。一方、スペインのカトリック両王が決断した理由は、大した投資も要らず、それでいて万が一にも成功した場合は、途方もない見返りが得られるとわかっていたからだ。自分たちの決断が、極東に至る新しい通商交易路の発見などではなく、まさかヨーロッパによる南北アメリカ大陸の植民地化の手始めになろうとは、双方知る由もなかったのである。

ザルム伯、
ウィーンに踏みとどまる

1529年

> 背景：オスマン帝国の大軍勢がウィーンに迫る
>
> 主役：スレイマン大帝、オーストリア大公フェルディナント1世、ザルム伯ニコラウス、オスマン帝国軍、ウィーンの守備隊
>
> 功績：オスマン帝国によるヨーロッパへの侵攻が、ウィーンの城壁で食い止められる

1529年9月の下旬、オスマン帝国の偉大なるスルタン（イスラム王朝の君主の称号）、スレイマン大帝は、その数10万とも、時に30万ともいわれる軍勢を率いてウィーンの城門にたどり着いた。ウィーンは当時、神聖ローマ帝国皇帝カール5世の弟でオーストリア大公のフェルディナント1世が治めるハプスブルク領の事実上の首都であり、同時に、ドナウ川に臨む戦略上の要衝を占めていた。もしここがイスラム国家オスマン帝国の手に落ちるようなことがあれば、スレイマンが欧州キリスト教圏の心臓部に駒を進める道が開けてしまう。身の危険を感じたフェルディナント1世は北方の都市プラハに逃れ、ウィーンの守りを市民と小さな守備隊の手に委ねた。

守備隊はスペインとドイツの傭兵から成り、よわい70を数えるザルム伯ニコラウスが指揮を取っていた。ウィーンの兵力は全部合わせても2万程度であり、状況を考えれば、降伏するのが最も賢明な道だっただろう。しかし、ウィーンの人々は都をやすやすと明け渡すことを潔しとせず、あくまでも戦う覚悟を決めた。

2つの帝国の対立

オスマン帝国は、テュルク系諸部族が西へ移動し、中央アジアからアナトリアに入り込んだ結果勃興した勢力で、キリスト教正教を奉じるビザンティン帝国の覇権を揺るがした。ビザンティン帝国は、14世紀初頭にはすでに完全崩壊の段階まで弱体化していた東ローマ帝国の名残

[
ライン川の岸辺に勝利の記念碑を建てるまで矛を収めるつもりはない
——そうスレイマンは豪語した。

——パトリック・バルフォア（第3代キンロス男爵）著
"The Ottoman Centuries: The Rise and Fall of the Turkish Empire
（オスマンの世紀　トルコ帝国の興亡）"（1977）より
]

スレイマン1世
イタリアの巨匠ティツィアーノ(1488年ごろ～1576年)が描いたスレイマン大帝の肖像画。1529年、大帝率いるオスマン帝国軍はウィーン攻略に失敗している。

ともいうべき存在で、オスマン帝国はそのヨーロッパ領を侵食、1453年には「征服王」メフメト2世がついに首都コンスタンティノープルを陥落させた。以後、オスマン帝国は領土の併呑を繰り返して版図を拡大、当時屈指の強大さを誇る帝国に成長を遂げる。中東と北アフリカの大半を支配し、地中海地方東部も押さえ、バルカン半島の重要都市ブダ(のちにドナウ川対岸の町ペストと合併し、現在のハンガリーの首都ブダペストとなる)およびベオグラードを獲得していた。

このとどまるところを知らない進撃により、オスマン帝国はハプスブルク帝国の国境線に迫る。スレイマン大帝が重々承知していたように、オスマン軍は正教を奉じたかつてのビザンティン帝国の領土を真っすぐ突き進み、いよいよ西欧カトリック圏内に入り込んでいたのである。その結果生じたオスマン、ハプスブルク間の緊張は19世紀まで持続し、1918年、第一次世界大戦の終結によって両帝国が解体されるまで、本当の意味では解消しなかった。

ハプスブルク家はもともと、今のスイスに起源を持つ貴族だった。この家系からヨーロッパ各国の君主が輩出し、1273年以降は神聖ローマ帝国の皇帝も生まれた。神聖ローマ帝国はその最盛期、北海沿岸の低地帯から北フランス、ドイツ全土、北イタリア、さらにはポーランドとオーストリアに至る中央ヨーロッパの相当部分を覆った。皇帝カール5世はスペイン国王も兼ね、ヨーロッパのみならず新世界と極東にも領土を有する広大な帝国を支配した。1519年、神聖ローマ帝国皇帝に選出された際、カール5世はオーストリアのハプスブルク草創の地を弟のフェルディナントに委ねた。ここは、独立国ハンガリー王国とともに、神聖ローマ帝国をスレイマン大帝のオスマン帝国から隔てる、一種の緩衝地帯となった。

オスマン帝国の侵攻

この時期、ハプスブルク家が直面していた脅威はオスマン帝国だけではない。カール5世はフランスのフランソワ1世と絶えず争っていた。これは領土争いであると同時に、私的な遺恨による争いでもあった。当時、フランスは周囲を敵に囲まれていた。スペインのハプスブルク家、イタリア、北海沿岸の低地帯、そして北西のイングランドである。こうした四面楚歌の状況がフランソワ1世をしてスレイマン大帝と結ばせ、1526年、両者が同時にハプスブルクの領土を攻める結果となった。フランソワ1世は北イタリアで戦端を開き、スレイマン大帝はフェ

> ウィーンを死守するというザルム伯ニコラウスの決断は、
> ヨーロッパ史に大きな影響を与えることになる。

ルディナント1世をハンガリーから追い出すべく侵攻を開始した。1526年8月、モハーチの戦いでオスマン軍が決定的な勝利をあげたことにより、スレイマン大帝はハンガリー南部に属国を作ることができた。これが3年後、当時ハンガリーの首都だったブダの獲得につながる。

包囲戦

ハンガリーを手に入れたスレイマン大帝は、より大きな目標に照準を合わせた。ウィーン攻略である。もし成功すれば、フェルディナント1世による潜在的脅威を取り除き、カール5世と神聖ローマ帝国全土を直接脅かすことができるようになる。ところが、1529年のオスマン帝国の遠征は、その年の5月、スレイマン大帝自ら軍勢を率いてコンスタンティノープルを進発した瞬間からケチのつき通しだった。最も深刻な障害をもたらしたのが悪天候である。降りしきる雨のせいでブルガリアとハンガリーを通り抜ける行軍は遅々として進まない。領内で抵抗らしき抵抗にも遭わず、ブダはあっけないほど簡単に落ちたにもかかわらず、ウィーンに向けて進軍を開始できたのはようやく9月の半ばになってからだった。そのころまでには道という道がぬかるみ、重い攻城砲を牽いてゆくことができなかったのが痛い。もし攻城砲があったら、それほど堅牢でもないウィーンの城壁に突破口を開けるのは簡単だっただろう。

こうした悪条件を差し引いてもなお、ウィーンを攻めるなら今が頃合いのように思えた。カール5世はフランスとの戦いに手いっぱいで、フェルディナント1世から援軍の要請を受けていたにもかかわらず、弟を孤立無援のまま放置していた。しかし、仮にスレイマン大帝がウィーンの守備隊もブダと同じように早々と投降するものと高をくくっていたなら、その期待は見事に裏切られる。確かにフェルディナント1世は敵前逃亡したかもしれないが、ザルム伯ニコラウスはそれほど甘くなかった。年こそ取っていたが、百戦錬磨の武将であり、覚悟のほどが違ったのだ。スレイマンはラインの川岸に勝利の記念碑を建てるなどとうそぶいているらしい。ザルム伯としては、神聖ローマ帝国のまさに心臓部で、そんなまねを許すわけにはいかなかった。

包囲戦が始まるまでのわずかな時間で、ザル

守備隊

ウィーン防備の任に当たったのはスペインとドイツの傭兵から成る混成部隊で、よわい70を数えるザルム伯ニコラウスを指揮官に戴いていた。その数は十重二十重と都を取り巻くオスマン軍に比べてはるかに少なかったが、彼らは全員が職業軍人であり、大軍相手にもひるまなかった。また、守備隊には別働隊としてドイツの傭兵ランツクネヒトも加わっていた。彼らは雇われの槍兵で、勇猛に戦い、どんな劣勢も跳ね返すことで知られていた。

ム伯は都の防備を強化するために打てるだけの手を打つ。城壁を補強し、城壁外の建物が射線を妨げないよう焼き払った。オスマン方は攻城砲がないため城壁の下に坑道を掘り進めるしかなかったが、ウィーンの守備隊は掘削で生じる振動から場所を特定し、市内に侵入しようとする試みをことごとく挫いた。ザルムはまた、守備隊の規模を実際よりもはるかに大きく見せかけ、また、今にもフェルディナント1世が援軍を連れて駆けつけるかのように装った。本当は援軍が来るあてなどなかったのだが、この偽装に加え、いくら攻めても芳しい戦果があがらないことと、小止みもしない土砂降りの雨がオスマン軍の士気を萎えさせた。その結果、スルタンも包囲戦開始からわずか2週間で、最後の総攻撃を仕掛ける決意を固める。もしそれが不首尾に終われば、今回の攻略は諦めるという意味だった。この総攻撃の間、ウィーン方は士気の低いオスマン軍に甚大な損害を与える。たまりかねたスレイマン大帝はついに攻撃中止を命じ、コンスタンティノープルまでの長い道のりを退却していった。

ハプスブルク家の延命

オスマン帝国はその後も何度かウィーンの征服を試みている。なかでも1683年におこなわれた第二次ウィーン包囲が有名だろう。しかし、いずれも都の攻略には失敗しており、結局、オスマン帝国のヨーロッパにおける国境線の限界は、ウィーンの城壁が画することになった。ウィーンを放棄せずに戦うという決断によって最も直接的な利益を得たのはフェルディナント1世だが、自身は一切戦いに加わっていない。実際に戦うことを決め、それによって最も褒めたたえられるべきザルム伯ニコラウスは、この包囲戦で負傷し、翌年にそのときの傷がもとで

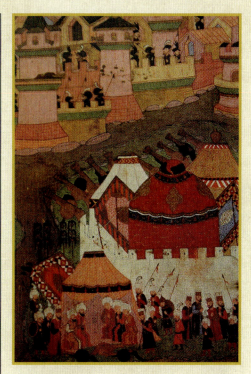

ウィーン包囲戦
オスマン帝国側が描いたウィーン包囲戦の模様。手前はスルタンの幕営。

死んでいる。

結果的にザルムは命という代価を支払ったわけだが、彼の決断はその後のヨーロッパ史に多大な影響を与えることになる。ハプスブルク朝がその後400年以上オーストリアで永らえることができたのも、スレイマン大帝がヨーロッパの心臓部に拠点を築くという所期の目的を果たせなかったのも、ザルム伯の決断があればこそだ。もしウィーンを落としていたら、おそらくスレイマンはライン川に到達するという野望をかなえていただろう。そして、仮にオスマン帝国が神聖ローマ帝国を滅ぼしていたら、中央ヨーロッパの人口の大部分がイスラム教に改宗していたかもしれないのである。

78　逆境だらけの人類史──英雄たちのあっぱれな決断

コペルニクス、『天球回転論』を世に問う

1543年

> 背景：カトリック教会が革新的な科学理論に反感を持つ
> 主役：ニコラウス・コペルニクスとゲオルク・ヨアヒム・レティクス
> 功績：人々が思い描いていた宇宙の姿が180度変わる

1510年頃、当時30代後半のニコラウス・コペルニクス（1473〜1543年）は、自ら解明した太陽系のモデルについて短い論文を書いた。それは地球を含む惑星が、太陽の周りを公転するというものだった。のちに「太陽中心説」と呼ばれるようになるこのモデルは、古代ギリシャの天文学者プトレマイオス（90年頃〜168年頃）以来の、地球が宇宙の中心を占めるという常識（天動説）を揺るがすものだった。コペルニクスはこの論文をごく少数の知り合いだけに送り、「数理的裏づけを添えた、もっと長い論文を執筆中だ」と打ち明けている。

その後の20年間、コペルニクスはこの長い論文の作成に取り組んだが、内容を知った人々から「本にして出すべきだ」と勧められても、首を縦に振らなかった。そんなコペルニクスを翻意させたのは、ゲオルク・ヨアヒム・レティクスという25歳の数学者だったと思われる。1539年、レティクスはコペルニクスを訪ねて説得し、出版を承知させた。結果、1543年、著者の死の間際に上梓された『天球回転論』は、科学史における画期的な書物となる。16世紀から17世紀にかけては、近代科学の基本的な諸原理が確立され、ケプラー、ガリレオ、ニュートンといった人々の手で大きな進歩が成し遂げられた、いわゆる「科学革命」の時代だが、『天球回転論』はその幕開けを告げるものだった。自身の論文を出版するというコペルニクスの決断は、天文学に対する私たちの理解を180度変えてしまっただけでなく、科学全体を変容させる結果をもたらすことになる。

革命児

コペルニクスは、どの角度から見ても"革命児"という印象を与えない。ましてや、科学の世界に一大革命をもたらすような人物には、一見したところ見えないのである。なにしろ、40年間、カトリック教会の司教座聖堂参事会員の地位を保ち、その間は、ほぼポーランド北東部の町フロムボルク（16世紀当時はバルミア司教領だった、大聖堂のある都市）で隠棲するという堅実ぶりなのだ。出身はポーランドの都市トルン。そこで1473年、ドイツ語を話す裕福な商家に生まれた。10歳になるかならないかのときに父親を亡くし、その後は母方の叔父ルーカ

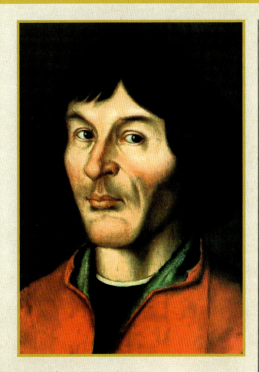

ニコラウス・コペルニクス
作者不詳の肖像画。コペルニクスはフロムボルクで、太陽中心説を唱える最初の短い論文を執筆した。

ス・ヴァッツェンローデに育てられる。この叔父はやがてヴァルミア司教となり、コペルニクスを聖堂参事会員に取り立ててくれた。おかげでコペルニクスは成人してから死ぬまで、お金には困らなかった。叔父は教育費も出してくれたため、コペルニクスはヨーロッパ各地の大学で学んでいる。クラクフ、ボローニャ、パドバといった大学に通い、法律や医学をはじめ、さまざまな分野をかじるが、学位は取っていない。今でいうモラトリアム学生の走りで、あれこれと目先を変えながらも、現実世界で生業に就くことを避けていたという印象を受ける。もっとも、大学から大学へと渡り歩いている間に、当時の数学と天文学の権威たちと面識を得ており、両分野について、独学ながら相当突っ込んだ勉強をしたらしい。

30歳でようやく教会法（カノン法）の博士号を取ったコペルニクスは、祖国に戻り、バルミアで叔父の補佐役兼侍医として働くようになる。ヴァッツェンローデはこの甥にバルミア司教の座を継いでほしかったようだが、本人にはほとんどその気がないように見えた。実際、コペルニクスが司祭として務めた形跡は見つからない。これは教会の出世階段を上ろうと思うなら、まずは踏まなければならなかっただろう手続きである。

1512年に叔父が他界すると、比較的辺ぴで静かな町フロムボルクに引っ込み、聖堂参事会員の特権として屋敷と使用人が与えられた。コペルニクスはまた、聖堂の敷地内に塔を買い、そこを天文台に改造している。といっても、望遠鏡が発明される前の時代だったので、観測に用いる機器はしごく原始的なものだけだった。それはともかく、太陽中心説を説いた例の短い論文は、このころに書かれている。ということは、フロムボルクに移り住む決断をしたのは、天文学の研究に本腰を入れ、より多くの時間をそれに注ぎ込むためだったと推測できる。

> **すべての天球は、
> あたかもすべてのものの真ん中に存在するかのような太陽の周りを巡り、
> それゆえに、宇宙の中心は太陽の近くに存在する。**
> ——ニコラウス・コペルニクス著『コメンタリオルス（小論）』（1514年）より

天球回転論

　その後の20年間、コペルニクスは聖堂参事会員としての務めを果たす傍ら、天体観測を続け、のちに『天球回転論』と題して出版することになる論文を書き進めた。静かで快適な暮らしを送っていたようで、波乱といえば、ときおりフロムボルクの女性と浮名を流して教会とトラブルを起こしたことぐらいだ（家政婦の1人にも手を出し、彼女が結婚した後も関係を続けたらしい）。ヨーロッパ各国の大学に通っていたときに知り合った天文学者や数学者らとは定期的な交流を続けており、そこから彼の研究内容が学界で知られるようになった。おそらくそれが、ビッテンベルク大学で学究生活を送っていた若きレティクスの耳にも入ったのだろう。彼は大いに興味をそそられ、これほど画期的な説を提唱するアマチュアの天文学者とはいったいどういう人物なのか、直接会って確かめようと、わざわざフロムボルクまで訪ねてくることになる。

　当時ビッテンベルクからフロムボルクまで旅することは、レティクスにとって大変なことだった。というのも、彼はルター派であり、宗教改革運動の立役者マルティン・ルターその人がかつて教壇に立った大学の関係者だったからだ。案の定、カトリック王国であるポーランドへの入国を許されないなどの困難に見舞われながらも、1539年、レティクスはフロムボルクにたどり着いた。コペルニクスには相当に良い印象を与えたと見え、弟子入りを許されている。コペルニクスが弟子を取ったのは、それが最初で最後だった。レティクスはコペルニクスの太

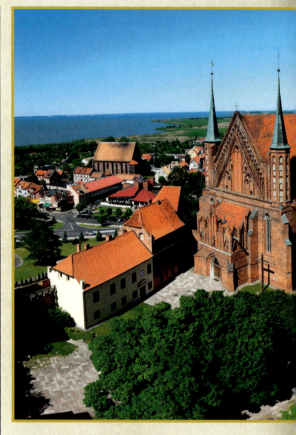

フロムボルクの聖堂
1512年、フロムボルクに移り住んだコペルニクスは、聖堂の敷地内に建つ塔の1つを天文台として使った。

陽中心説を短く要約したものを、1540年に出版する。これが好評を博したことが、コペルニクスの背中を押したのかもしれない。彼は自分で論文を出版することを初めて検討する。出版を渋っていたのは、「他の天文学者たちにどんなふうに受けとめられるかが心配だったからだ」

コペルニクスが研究の成果を出版したとき、
天文学者たちは30年以上待たされた数理的裏づけを歓迎した。

の11月、脳卒中で倒れ、一説によると、『天球回転論』の初版を受け取った後、息を引き取ったという。実をいえば、出版直後の反応は薄かった。教会は案の定「聖書の教えに反する」と批判し、出版を歓迎したのは、30年以上待たされてようやく太陽中心説の数理的裏づけを知ることができた一部の天文学者たちぐらいだった。しかし、死後50年以上を経て、コペルニクスの仕事はその価値に見合った注目を集めるようになる。ヨハネス・ケプラー（1571〜1630年）による惑星の運行に関する研究と、ガリレオ・ガリレイ（1564〜1642年）による天文学上の発見とが、コペルニクスの太陽中心説へと、はるかに広い読者層の関心を呼び起こしたのである。

『天球回転論』
1617年にアムステルダムで出版された『天球回転論』第3版の扉。

と本人は言っているが、それと同時に、カトリック教会における司教座聖堂参事会員という自分の立場についてもおもんぱかった可能性がある。なぜなら、当時のカトリック教会は革新的な科学理論に対して必ずしも好意的な反応を示す組織ではなかったからだ。しかし、出版が遅くなった理由がなんであれ、またレティクスがどんなふうに説得して「今こそ潮時だ」と納得させたにせよ、コペルニクスはようやく論文を世に問う決意を固め、原稿を印刷業者に送った。

科学革命

　出版後、コペルニクスはこの本に対する世間の反応を確かめることができなかった。1542年

デカルト、理性を見いだす

1619年

> 背景：暖炉で暖められた部屋で、デカルトが異様な夢を見る
> 主役：デカルト
> 功績：世界について考えるための新しい方法が産声を上げる

「近代思想の祖」と呼ばれるルネ・デカルト（1596〜1650年）が生涯になした仕事は、400年近くを経た今なお、広く学ばれ、議論されている。そのなかでデカルトは、哲学という学問を自分で一から構築し直そうとした。それには、宗教の教義が思考に課していたもろもろの制約から哲学を解き放ち、アリストテレスをはじめとする古代ギリシャの哲人たちの教えにこだわる旧弊から遠ざけてやらなければならない。そうすることで、理性と観察のみに基づく探求の基本的手法を確立する。それは、人間が経験するあらゆることについて、超自然的あるいは霊的な説明に頼らない手法だった。デカルトが出発点としたのは、哲学の言葉で最もよく引用される「コギト・エルゴ・スム（我思う、故に我在り）」という命題だった。これは、もし自分が存在していることを疑う能力があるなら、その疑うという行為そのものが、まさに、その人の存在を証明している、という考えである。この原理は、デカルトに「疑いようのない確かなこと」に基づく思考法の構築を始めるための絶対的な確信を与えてくれた。そして、それによって、当時発展し始めたばかりの科学の諸分野に対し、哲学的土台を提供したのである。

デカルトは哲学の探求を始める前に、自然科学と数学の分野で数々の重要な貢献をなしている。光学において屈折の法則（光が異なる物質

> 私はこの世に存在するさまざまな仕事を吟味し、そのなかから最良のものを選ぼうと考えた。
> そして、私としては、今やっている仕事を続けるに如くはないという結論に達した。
> すなわち、一生をかけて自分の理性を向上させ、自分で定めた方法に則って、真理の認識という領域において可能な限りの進歩を果たすことである。
>
> ——ルネ・デカルト著『方法序説』（1637年）より

デカルト、理性を見いだす

そもそも彼がどういう理由でそれほどまでに遠大な企図に乗り出したのかに光を当て、特に「知の探求に生涯を捧げる」という決断を下した背景を探る。デカルト本人の記述を信じるなら、その決断は、彼の思想とは相いれない、ある種の幻視体験の賜物だったのである。

前半生

デカルトはフランスの小さな町ラ・エーで、裕福な地主の家に生まれた。ちなみにこの町は1967年、デカルトと改名している。イエズス会のラ・フレーシュ学院で学んだ後、デカルトはポワティエ大学に進み、高等法院の評定官を務める父に倣って法曹になろうと法律学を修める。大学を卒業して1年後の1618年、オランダのブレダに赴き、オラニエ公マウリッツ・ファン・ナッサウ率いる陸軍に入隊しているが、イエズス会の学院で教育を受けたカトリック教徒のフランス人が、なぜ新教を奉ずる大公の軍に加わったのか、いまだにわからない。デカルトは一種のスパイだったとする説もある。しかし、そういった説を裏づける証拠はないし、軍事工学を学びたいと思ったデカルトが、できる限り最高の環境で知識を吸収するため、当時高い評価を得ていたオランダの軍隊を選んだ可能性も考えられる。彼の動機がなんだったにせよ、それが不可解な決断だったことに変わりはない。そのころのヨーロッパは三十年戦争前夜という緊迫した状況にあっただけに、なおさらだ。三十年戦争は、主にカトリックを護持する神聖ローマ帝国と新教国連合の間で戦われた、激しくも壊滅的な宗教戦争である。

デカルトが見た夢

ブレダに滞在中、デカルトは数学者で教師のイザーク・ベークマン（1588〜1637年）と知り

ルネ・デカルト
17世紀にオランダで活躍した画家フランス・ハルスが描いたデカルトの肖像画。ルーヴル美術館所蔵。

を通る際、進む方向を変えたり曲がったりする仕組みを解明したもの）を確立したことも、その1つだ。また、座標系を使って解析幾何学の基礎を築いた功績も大きい。3次元の形状を2次元の座標軸に定義するこの手法は、数学を学ぶ者にはグラフ上のXY座標としておなじみのものだ。これはニュートンやライプニッツといった後世の物理学者、数学者による発見にも、極めて重要な役割を果たした。

仮にデカルトがそれらの功績で満足し、哲学的探求にまで手を広げなかったとしても、「17世紀の科学革命における重要人物」という現代の評価は変わらなかっただろう。彼の仕事の全体像がいかに大きなものだったか、うかがい知れようというものだ。しかし本書では、デカルトの業績そのものについて考えるのではなく、

仕事中の哲学者
机に向かって仕事をするルネ・デカルトを想像して描いた1790年の絵。フランスの画家ジャン＝バプティスト・モレの作。

合う。このベークマンから受けた思想的影響は長期に及び、また彼から数学を学ぶように勧められた。翌年、デカルトが初めての本格的な論文を数学の分野で書いたのは、その結果といえよう。1619年までに、デカルトはオランダの陸軍を離れ、今度はカトリック勢力の盟主、神聖ローマ帝国のバイエルン公マクシミリアンの軍に加わっている。理由については、やはりどの説も憶測の域を出ない。

それはともかく、バイエルン公の軍に籍を置いていた1619年11月10日の夜、デカルトはひと続きの鮮明な夢を見る。のちに本人が書いたところによれば、それらの夢が人生の方向性に重大な影響を与え、哲学の探求において大きな飛躍を遂げるきっかけになったのだという。17年後に出版された『方法序説』のなかで、デカルトはこの件に触れている。それによると、当時彼はフランクフルト大聖堂でとりおこなわれた神聖ローマ帝国皇帝フェルディナント2世の戴冠式を見物した後、軍の宿営地があるウィーンに向かっていた。ところが悪天候にたたられ、バイエルンで旅程に遅れをきたしていたという。問題の日、デカルトは「たった1人で炉部屋にこもり、誰にも邪魔されることなく、心ゆ

くまで思索にふけった」。このときの「思索」の内容は、哲学の探求をこれからどのように進めてゆくかという計画に関するものだった。どうやら、それらの考えは、その夜デカルトが見ることになる異様な夢の中に入り込み、自ら立てたさまざまな課題の答えをどうしたら見いだせるかを感得させたように見える。

日中の思索に加え、こうした夢を自分なりに解釈した結果、デカルトはある種の覚醒を経験したような感覚を覚えた。その覚醒体験のなかで、哲学における諸目標を達成するための道が突然目の前に開けたという。正確な時と場所を明らかにしないまま、デカルトは続けて、「その特別な日を境に、哲学の探求に残りの人生を捧げると決めた」と書いている。とりわけ、「疑いようのない確かなことは何か」という問いに、理性と論理を駆使して答えることに打ち込むのだと。

コギト・エルゴ・スム

哲学に身命を捧げると決意してからさほど時を経ずして、デカルトは「コギト・エルゴ・スム（我思う、故に我在り）」の命題に到達したようだ。しかし、それを文章で余すところなく他者に伝える方法を見つけるには、長い歳月を要した。1620年、デカルトは軍隊を去り、9年の間ヨーロッパを旅して回った。やがてオランダに腰を落ち着け、生涯の残り20年のほとんどをそこで過ごす。その地を選んだ理由は明らかにされていないが、当時オランダは寛容な国として知られており、デカルトは自分の過激な新思想に対する反発が比較的少ないだろうと踏ん

鮮明な夢

日中、本人が言うところの「思索」にふけったその夜、デカルトは異様に鮮明な夢を見たといわれている。そして夢の中で、哲学の研究を進める方法が一瞬にしてわかったという。夜中に2度目覚めた彼は、その都度ノートに夢の内容を書きとめ、さらに朝、目覚める直前に見た最後の夢の内容を記録した。デカルトはそのノートを生涯手元に置いたといわれているが、あいにく残っていない。現物を自分で読むなり、その内容を誰かから聞くなりした人たちが書いたものを信じる他、私たちにノートの中身を知るすべはない。

だのかもしれない。

オランダを選んだ理由がなんであれ、こんにちのデカルトの名声がよって来たる2冊の主著、『方法序説』と『省察』が初めて出版されたのは、この時期である。1650年2月、デカルトはストックホルムで肺炎を患い、54歳で不帰の客となった。生前、彼の仕事は——とりわけカトリックを奉ずる国々において——物議を醸したが、それでも、哲学史において根本的な重要性を持つものだという認識は、当時から広く共有されていた。その評価は、こんにちも揺らぐことがない。

デカルトは残りの人生を哲学に捧げ、
とりわけ、「疑いようのない確かなことは何か」と問い続けた。

ニュートン、復学する

1659年

背景：アイザック・ニュートンの母親が、息子の将来を案じる

主役：天才科学者の卵、その母親と叔父、そして彼が通っていた学校の校長

功績：イングランドはリンカンシャーの農園の息子が、自然科学に革命を起こす

アイザック・ニュートン（1643〜1727年）の功績を書き出したら、長く、壮観な一覧になる。数ある業績のなかで最もよく知られているのは、記念碑的著作『自然哲学の数学的諸原理（略称プリンキピア）』で同時に発表された「万有引力の法則」と「運動の3法則」だろう。しかし、ニュートンには数学、光学、物理学、天文学その他、さまざまな分野において、他にも幾多の重要な貢献がある。いまだに史上最も偉大な科学者の1人と広く認められているゆえんである。生前はケンブリッジ大学のルーカス教授職、下院議員、王立造幣局長官、王立協会会長を歴任し、アン女王からナイトの称号を贈られた。

自然科学と数学で傑出した業績を残したニュートンだが、彼にも不得意な分野はあった。それは、イギリスのリンカンシャーにある小村ウールズソープで、生家の農園を経営することである。

若き日のアイザック

同時代の偉大な科学者や思想家の多くと違い、ニュートンの生まれはいたってつましいものだった。16歳のとき、近くの町グランサムでの勉学に区切りをつけ、畑仕事をするため生家に戻った。ところが、この若者はまったく農業に向いていないことが判明する。息子の将来を案じた母親は、ニュートンの叔父に当たるウィリアム・アスキュー、そしてグランサムの学校長ジョン・ストークスに相談を持ちかけた。その結果、いっそのこと復学し、ケンブリッジ大学入学を目指して特別教育を受けるのがよかろ

[
物体に外力がはたらくと、その方向に、
力の大きさに比例した運動の変化（加速度）を生ずる。
——ニュートンによる運動の第2法則（初出は1687年刊行の『プリンキピア』）
]

ニュートンにも不得意な分野はあった。
それは、小村ウールズソープで生家の農園を経営することである。

うという結論が下される。周囲の大人たちは、ニュートンに肉体労働で苦労させる代わりに、頭脳労働で生きてゆく道を示したのである。もっとも、その決断が将来どれほど素晴らしい成果をもたらすことになるか、彼らは知る由もなかった。

生い立ち

ニュートンが生まれた石造りの農家は現在、ナショナル・トラストによって保護され、外観も17世紀のたたずまいが復元されている。古い家なりの趣きはあるものの、「ウールズソープ屋敷」という立派な呼び名とは裏腹に、土地持ちの貴族ではなく成功した農民が住む類いの家屋だったことは、誰が見てもわかる。ニュートンの実父は息子が生まれる3カ月前に亡くなっており、母親のハナはニュートンが3歳のときに再婚した。新しい夫のバーナバス・スミスはこのとき63歳。ハナより40歳近くも年上だ。彼は隣の教区の牧師だったため、安定した収入があった。ハナは幼いニュートンをウールズソープの両親に預けると、バーナバスの教区に転居していった。

母親から実質的に捨てられたことは、ニュートンに心理的な衝撃を与えたに違いないという説がある。生涯未婚を通し、女性と関係を持った形跡すらないのは、特にその影響だと。こうしたアマチュア心理学者たちは、19歳のニュートンがそれまでに犯してきた罪（と彼が考えること）を数えあげた一覧も重視する。この一覧には、継父の家に火をつけると脅したことなどが書かれている。継父との折り合いが悪かった

ことを示す証拠とされるが、バーナバス・スミスはニュートンが10歳のときに他界しており、火をつける脅しの話はおそらくニュートンの誇張だろう。

ハナはスミスとの間に三子をもうけ、再び寡婦になると、子どもたちを連れてウールズソープに戻った。亡夫の遺産の大半を相続したハナは、農園から得られる悪くない収入と合わせて、今や比較的裕福な女性だった。ニュートンは12歳でグランサムのグラマースクールに入学。成績は優秀だったが、カリキュラムに沿った勉強よりも、自分で設定した課題に取り組むほうが好きだった。独りで何かに打ち込むことを好むこの性向は、ニュートンが生涯にわたっ

アイザック・ニュートン
1689年、46歳のときの肖像画。

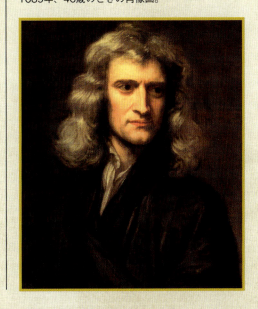

て示すことになる。いずれにせよ、「ケンブリッジ大学で学ぶ資質がある」と校長のジョン・ストークスに思わせるに十分な成績をあげたことは間違いない。実際、同大学への出願を勧めたのはこの校長である。

復学するまで、ニュートンは1年近くを農園で過ごした。そして、自分がいかに農作業に不向きであるかを示すことに余念がないようだった。仕事を放り出して読書にふけるなど当たり前。一度など、グランサムの市場に出かけたはよいが、乗っていった馬を置き忘れ、どうしたものか、くつわとおもがいだけ持って帰ってきたことさえあった。身が入らない野良仕事で時間を無駄にするよりも学校に戻ったほうが有益だ——そう母親を説得することがニュートンの意図だったとしたら、それがうまくいったことは間違いない。

光学
プリズムを使って光の性質を研究するアイザック・ニュートン。

大学生活

ニュートンはケンブリッジ大学への入学を認められ、1661年、19歳でトリニティ・カレッジ（ケンブリッジ大学を構成する学寮の1つ）に入る。ただし、下働きをすることで食費や下宿代が免除される特待免費生（サイザー）としてだった。トリニティ・カレッジは裕福な上流階級の子弟が幅を利かせる学校で、ニュートンは最初なじむのに苦労したようだ。結果として、自分の殻に閉じこもり、カレッジの授業についていくのではなく、自分で計画を立てて勉強するようになる。

ニュートンは決して抜群に優秀な学生ではなかったが、落第したというよく耳にする逸話は、おそらく真実ではない。ただ、学部生として独自の実験に取り組み始めており、試験勉強よりもそちらのほうに多くの時間を割いたようではある。

ニュートンのリンゴ

1665年、ニュートンが学位を取得して間もなく、ケンブリッジ大学はロンドンでいわゆる「大疫病」（ペストの大流行）が発生したことを受けて休校になる。ニュートンはウールズソープに戻り、その後2年間の大半をそこで過ごした。疎開中も独自の実験は続け、特にケプラーによる惑星の運行に関する説を検証することに興味を引かれた。既存の数学的手法では自分が必要とするような計算ができないことに気づいたニュートンは、自ら「流率法」と呼ぶ独自の方法を編み出す。これが、のちに微分積分の基礎を形成した。

ウールズソープの果樹園で木から落ちるリンゴを見て万有引力の法則の着想を得たという有名な出来事も、やはりこの時期に起きている。これはニュートン自身が語ったエピソードであ

ウールズソープ屋敷
リンカンシャーの農家。ニュートンはここで生まれ、引力の理論を紡ぎ出した。

り、まったくの作り話ではないにせよ、それが万有引力発見の重大な契機になったというのは、いくらか誇張を含んでいる可能性が否めない。とはいえ、なぜ月は地球の周りを巡る軌道にとどまっていられるのか——ニュートンがその問いについて考えたのがこの時期であることは間違いない。そして、リンゴを木から地面に落としたのと同じ力（つまり引力）に引っ張られているからだ、という結論に達したのである。万有引力の法則を『プリンキピア』で世に問うことをニュートンが承知するまでに、20年という歳月を要している。これが古典力学の礎石となり、300年以上を経た1916年、アインシュタインの一般相対性理論が発表されるまで、その座を譲らなかった。もし母親が復学させることを決断しなかったら、リンカンシャーの農夫として一生を終えていたかもしれない人物にしては、大した手柄だったといえるだろう。

母親が復学させることを決断しなかったら、
アイザック・ニュートンはケンブリッジ大学に入学を許されることもなく、
リンカンシャーの農夫として一生を終えていたかもしれない。

ピョートル大帝、ロシアを改革する

1698年

背景：政治、社会、科学技術の各分野で、ロシアが西欧諸国に後れを取る

主役：ピョートル大帝、国内外の助言者、そしてロシア国民

功績：ロシアが初めてヨーロッパの列強に名を連ねる

　17世紀末、ロマノフ朝のツァーリ（君主）、ピョートル大帝（1672〜1725年）は一連の改革を実施し、ロシアが生まれ変わるきっかけを作った。大帝の治世が終わるころ、ロシアはもはや中世の王国ではなく、より進んだ西欧諸国とオスマン帝国に、軍事と経済の両面で対抗できるほどの近代国家となっていた。

　ピョートルの野望を阻む最初の大きな障害は、地理的な問題だった。当時のロシアはバルト海もしくは黒海に出るための西側の海港を持っておらず、豊富な天然資源をヨーロッパとの交易で十分に生かすことができずにいた。海上貿易で繁栄を築いた西欧先進諸国と肩を並べるためにも、良質な海港は欠かせない。しかし、バルト海の東半分はおおむねスウェーデンに制海権を握られ、黒海は全域をオスマン帝国が直接——あるいは属国を通して間接的に——支配していた。結果として、ピョートルによるロシア近代化計画は、黒海とバルト海のどちらか一方、または両方に海港を獲得するための支配域の拡大から始めざるを得なかった。

> 大使節団はピョートルの生涯で一、二を争う大きな出来事であり、
> 周囲の者たちを驚かせた。
> ツァーリが外国を周遊するなど、前代未聞だったからだ。
> むろん、戦時に包囲戦を指揮するため、
> あるいは敵軍を追撃するために国境を越えたツァーリは、
> 過去にもわずかながらいた。
> しかし、平時には皆無だった。
>
> ——ロバート・K・マッシー著『ピョートル大帝 その生涯と世界』（1980年）より

ピョートル大帝
フランスの画家ポール・ドラローシュが描いたピョートル大帝の肖像（1838年）。ピョートルは1721年から「大帝」の称号を用いた。

大使節団

1695年、ピョートルは、オスマン帝国の支配下にありアゾフ海（黒海の内海）への出口を押さえているアゾフの要塞を奪おうと試みた。陸路による最初の遠征が失敗に終わり、戦術の見直しを迫られると、ピョートルはロシア海軍創設のために艦船の建造に取りかかる。その後、陸からのさらなる攻撃と黒海からの砲撃によって、アゾフを奪うことはできた。しかし、残りの黒海海域は依然としてオスマン帝国に押さえられていたため、使い勝手の良い商港が喉から手が出るほど欲しいという状況に変わりはなかった。

必要な領土と領海を獲得するチャンスをつかむためには、陸軍を近代化し、海軍をほとんど一から築き上げなければならない——そう痛感したピョートルだったが、こうした目標を達成するのに必要な専門家が当時のロシアにはいなかったため、軍事技術と造船技術が発達した諸外国に目を向け始めた。そして「大使節団」と呼ばれる大規模な外交使節団を派遣し、広くヨーロッパを回らせることを決意。これには「オスマン帝国と敵対するキリスト教諸国と連携を図る」という目的に加え、「諸外国における陸海の軍制を学べるだけ学ぼう」という意図もあった。

大使節団を率いたのは側近たちだったが、ピョートル自身も変名で同行した（素姓を隠したのは、訪れる国々でいちいち儀礼に煩わされたくなかったからだ）。これは、ロシアのツァーリとしては前例のないことだった。ピョートルの場合、動乱の政治史を有する祖国を18カ月も留守にして戻らなかったのだから、まさに前代未聞である。

あいにくと、オスマン帝国に対抗する同盟を組むという外交上の目的は達成されなかった。というのも、そのころヨーロッパ列強は、やがてスペイン継承戦争（1701〜1714年）に発展するさまざまな紛争を抱えていた。互いに戦う準備を整えるのに忙しく、どちらかといえば重要度の低いロシアと結ぶことでオスマン帝国を刺激する気など、毛頭なかったのである。

おおむね失敗に終わったこの外交活動が展開されている間、ピョートルは各国の造船所や兵

ピョートルは「大使節団」と呼ばれる大規模な外交使節団を送り出し、
ヨーロッパ各国を巡遊させた。ピョートル自身もこの使節団に同行している。

器工場、軍事基地を訪ねて過ごした。その結果、物事全般を組織化するやり方が、ヨーロッパ諸国と自分たちとでいかに違うかを、嫌というほど学ぶことになる。例えばオランダ共和国では、東インド会社の造船所に出入りすることを許された。当時、規模においても先進性においても抜きん出ていたこの会社で、ピョートルは4カ月間にわたり、実際の造船作業に携わっている。

ロシアの近代化

1698年夏、ピョートルは帰国を余儀なくされる。陸軍の一部が反乱を起こしたからだ。しかし、ロシアに帰り着くころ、反乱はすでに迅速かつ容赦なく鎮定されていたため、ピョートルは外遊中に計画していた多くの改革を実行に移

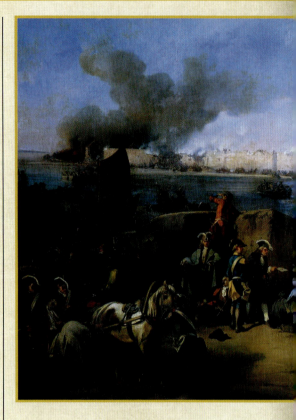

すことができた。大規模な艦船建造計画がスタートし、イギリスやオランダを模範とする新海軍の建設が進められた。一方、陸軍は、当時最強と目されていたプロイセンとスウェーデンの陸軍に倣って再編された。

ピョートルは外遊中にさまざまな分野の専門家を大勢雇い入れていた。彼らがモスクワにやって来て、ロシアという国を上から下まで近代化する仕事に取りかかった。軍事顧問のみならず、技師、科学者、建築家をはじめ、ありとあらゆる分野の専門家が招かれていた。全体計画の一部として、モスクワに住む人々は西洋式の衣服を身に着けることを奨励された。これがやがて、ピョートルによる「あごひげ税」の導入という珍事につながることは、あまりにも有名である。

> ### あごひげ税
>
> ロシア社会を近代化するために設計した抜本的な改革の一環として、ピョートルは「あごひげ税」を導入した。ヨーロッパ周遊中、きれいにひげを剃った西欧人を見て感銘を受けたピョートルは、ロシア人も見習うべきだと考えた。あごひげ税を納めた者は、その証しとして銅か青銅でできたトークンを持ち歩かなければならなかった。このトークンは、片面にロシアの国章である双頭の鷲が、もう片方の面にはあごひげを生やした口元が描かれ、「納税済み」と「あごひげは不必要なお荷物」という言葉が刻まれていた。

『ノーテボリ包囲戦』
アレクサンドル・フォン・コツェブー作。大北方戦争で指揮を取るピョートル大帝の姿が描かれている。

サンクトペテルブルク

　大使節団の唯一の外交的成果だったといえるのは、ポーランドをはじめ、バルト海の権益を巡って覇権国スウェーデンと対立する国々と同盟を結んだことだ。これがきっかけで1700年、大北方戦争が勃発、ロシアはバルト海の東に延びるフィンランド湾に臨む地方を、初めて手中に収めた。この領土の支配権を維持し、かつバルト海への出口というその意義を最大限生かすため、ピョートルは沼沢地が広がる荒れ果てた土地の、湾からおよそ5キロ内陸に入ったところに新しい都市の建設を命じる。ピョートルは雇い入れておいた外国の技師や建築家、都市設計の専門家といった人材を使って、沼地を人の住める場所に変えると、建物の建築に取りかかった。これが、サンクトペテルブルクの始まりである。

　1712年、ピョートルは都をモスクワからサンクトペテルブルクに移す。新都はいつしか、その地理的位置と西欧に学ぼうとする人々の姿勢から、「西欧への窓」と呼ばれるようになった。この都市はまた、イタリア人建築家ドメニコ・トレジーニが建物の多くを設計した美しい町並みでも知られるようになる。

　ロシアを改革し、西欧と交流するというピョートルの決断は、ロシア社会に多大な影響を及ぼし、やがてロシアを地域大国の座に押し上げることになる。一方で、ピョートルは支配領域の大幅な拡大にも着手し、1721年以降は「ロシア帝国」と呼ばれるようになる大国を築いた。たとえ反抗する国民には極めて残忍になり得る君主だったとしても、ピョートルが今なおロシアの最も偉大な指導者の1人として記憶されるのは、こうした功績があったからだ。

　しかし、ピョートルがいかなる改革も近代化も試みなかった制度が1つあった。それはロシアのツァーリ制である。この制度は、以後200年にわたって無制限の力を有する絶対君主制として存続し、1917年のロシア革命でついに打倒されるまで命脈を保った。

> ロシアを改革し西欧と交流するというピョートルの決断は、
> ロシア社会に多大な影響を及ぼした。

植民地人、
独立に賛成する

1776年

背景：北米イギリス植民地の人々が、一方的に課税されることに反感を持つ
主役：トーマス・ジェファーソン、ジョン・アダムズ、ベンジャミン・フランクリンその他、第二回大陸会議に出席した代表全員
功績：アメリカ合衆国が誕生した

1776年7月2日、アメリカ13植民地すべての代表が出席した第2回大陸会議は、賛成12票、棄権1票でイギリス帝国からの独立を宣言することに決めた。このとき、ニューヨーク植民地の代表団は独立に賛成票を投じるための承認を地元議会から受けていなかったため、棄権せざるを得なかった。1週間後、彼らは必要な承認を取った上で投票をおこなう。こうして、やがて「アメリカ合衆国」と呼ばれるようになる国の独立という決断が、全会一致で下された。

投票から2日後、トーマス・ジェファーソンが書いた草稿にいくつか修正が施された後、公式声明である「独立宣言」が大陸会議で採択され、原稿が印刷業者に送られた。この7月4日が、アメリカの祝日「独立記念日」となった。

反乱

イギリスの支配に対するアメリカ13植民地の反乱は、1775年4月19日、レキシントン・コンコードの戦いで始まり、やがてアメリカ独立戦争へと発展した。しかし反乱の根源をたどれば、フレンチ・インディアン戦争（1756～1763年）まで遡ることができる。

主に英仏の間で植民地の権益を巡って戦われたフレンチ・インディアン戦争（七年戦争ともいう）は、両国に莫大な戦費支出を強いた。フランスでは、イギリスに軍事的敗北を喫したこと、そして重い財政負担が経済を逼迫させたことが、1789年の大革命の遠因となった。イギリスはイギリスで、戦争の目的をほぼすべて達成したにもかかわらず、国の借金は2倍に膨らんでしまった。

イギリス帝国を守るための費用は、その後も公共支出の相当部分を占め、巨大な負担であり続けた。やがて政府は植民地からの歳入を増やそうと、新しい税制を導入するに至る。

北米東海岸に広がる13植民地において、初めて英本国から直接課税された1765年の印紙法は

> 独立にまつわる論議の大半は
> フィラデルフィアの酒場の奥の部屋や
> コーヒーハウスで交わされた。

植民地人、独立に賛成する 95

初稿
ジョン・トランブル作『アメリカ独立宣言』。机についたジョン・ハンコックに初稿を渡すトーマス・ジェファーソンの姿が描かれている。

広範な抗議活動を呼び起こし、イギリス商品の不買運動までおこなわれた。植民地からは英本国の議会に代表が選出されていなかったため、植民地人は直接課税するには自分たちの同意が必要と主張、そこから「代表なくして課税なし」のスローガンが生まれた。やがて印紙法は撤廃されるが、1767年、紙やお茶といったさまざまな商品に課される税金は引き上げられたため、より組織化された抗議運動が展開され、また暴徒による騒乱が続発した。イギリスは植民地に駐留させる兵を増強することでこれに対抗。必然的に衝突事件が続発し、抗議運動の側には死者も出た。

ボストン茶会事件

イギリス議会は再び増税を撤回したが、茶税だけは例外とした。そして、1773年、東インド会社に植民地におけるお茶の独占販売を認めると、激しい反発が起きる。その年の12月16日、東インド会社が所有する3隻の船に積まれていた茶箱が、「自由の息子たち」と名乗る抗議集団の手で残らずマサチューセッツ植民地ボストン港の海に投棄された。世にいう「ボストン茶会事件」である。イギリス政府は抗議者たちのもっともな不満を理解するどころか、宗主国の権威を笠に着て、投棄されたお茶の賠償金が支払われるまでボストン港を閉鎖することを決める。続いて、マサチューセッツ植民地に対してさらなる懲罰的措置を講じてゆく。まとめて「高圧的諸法（耐えがたき諸法とも）」と呼ばれるそれらは、植民地の抵抗運動を鎮め、英本国議会の威光に服させることが目的だった。ところが、これがかえって裏目に出る。本国の仕打ちに対し、13植民地では怒りが広がった。多くの植民地人から見れば、自分たちの権利が専制によって侵害されているとしか思えなかったの

ジェファーソン
バージニアを代表して大陸会議に出席したトーマス・ジェファーソンは、起草委員会から独立宣言を執筆する役割を与えられた。

である。要するにイギリス政府の対応は、武力で威嚇して本国の支配を受け入れさせるどころか、植民地人を奮起させ、抗議活動を本格的な反乱へとエスカレートさせてしまったのだ。

2度の大陸会議

1774年9月5日、高圧的諸法に対する直接的な反応として、第1回大陸会議が招集され、フィラデルフィアで開催された。13植民地中12の植民地から送られた計56名の代表が出席（唯一代表を出さなかったジョージア植民地には、先住民との抗争を支援してほしいため、英本国と敵対したくないという事情があった）。その後の数カ月で代表たちが決めたのは、高圧的諸法による諸々の措置が撤廃されない限りイギリス製品をボイコットすること、そして、植民地にわだかまる不満を解消する方法を探る一環として、イギリス国王ジョージ3世に請願をおこなうことだった。代表各人がどう考えていたかはさておき、この段階ではまだイギリスからの独立に向かう動きは示されていない。彼らの望みは各植民地の自治の度合いを高めながらも、イギリス帝国にはとどまれるような合意に達することだった。

第1回大陸会議ではさらに、次回の会議の開催期日を1775年5月10日と定めた。代表たちはそこで、第1回会議の議決の成果、とりわけ国王に対する請願がどのように受け止められたか

を吟味するつもりだった。ところが、第2回会議が開かれるころには、請願どころではないほど事態が進んでしまっていた。すでに述べた通り、同年4月19日にはすでに革命戦争の火蓋が切られていたからだ。植民地側の軍は各地の民兵組織の寄せ集めだったため、効率的に戦える集団に編成する必要があった。そこで、第2回大陸会議で真っ先に決まったことの1つは、大陸軍を創設し、ジョージ・ワシントンをその総司令官に任命したことだった。

1775年8月、イギリスが「反乱と扇動の鎮圧の宣言」を発したことにより、交渉に戻る見込みは完全に失われた。これは、アメリカの抗議者たちを——第2回大陸会議に参加した代表たちも含め——「逆賊」と断じたに等しい。結果として、第2回大陸会議は紛争収拾の方法を見つけるという所期の目的とは裏腹に、自ら戦争を遂行する主体となり、13植民地の事実上の政府となったのである。

独立へ

大陸会議には王党派への共感を抱く代表たちもいて、彼らは植民地がイギリス帝国にとどまることを望んでいた。従って、独立宣言の採択へ至るまでには、決して紆余曲折がなかったわけではない。独立にまつわる論議の大半は公式な議題として俎上に載ることはなく、フィラデルフィアの酒場の奥の部屋やコーヒーハウスで交わされた。そのため、独立宣言に至る正確な経緯を再現することは難しい。しかし、代表たちは何を議論するにせよ、まず自分が属する植民地の議会に諮らなければならなかった。これは事実上、「13植民地のそれぞれがまず独立への賛意を示さなければ、代表が大陸会議で独立に賛成票を投じることはできない」ということを意味していた。

ボストンの弁護士で、長らく独立を主張していたジョン・アダムズは、独立宣言への道を平らにならすための政治工作で鍵となる役割を果たす。1776年6月7日、バージニア植民地代表のリチャード・ヘンリー・リーによって、1つの解決策が提議された。

……これら連合した植民地は自由で独立した国であり、そうあるべき当然の権利を有する。また、これら植民地はイギリス国王に対するあらゆる忠誠義務から解き放たれており、イギリスとのあらゆる政治的結びつきは

従って、世界を治める至高の審判者にわれらの意図の公正さを訴えんがため
大陸会議に集ったわれらアメリカ連合諸邦の代表は、
これら植民地に暮らす善良な人々の名と権威において、
以下のことを厳かに公表し宣言する。
すなわち、
これら連合した植民地は自由で独立した国であり、そうあるべき当然の権利を有する。
また、これら植民地はイギリス国王に対するあらゆる忠誠義務から解き放たれており、
イギリスとのあらゆる政治的結びつきは完全に解消されているか、
または解消されなければならない。

——アメリカ独立宣言の結びから

完全に解消されているか、または解消されなければならない。

ペンシルベニア植民地の代表ジョン・ディキンソン率いる王党派はこの提案に猛反対したが、その後おこなわれた投票で敗北した。これを受け、公式な宣言を起草するために、ジョン・アダムズとペンシルベニアのベンジャミン・フランクリンをはじめとする委員会が設けられる。実際の原稿を書く役目は、バージニアの

生命と自由

　独立宣言の前口上は、最初、ほとんど注目されなかった。「われわれはすべての人が平等に創られ、生命、自由、および幸福の追求といった奪いがたい諸権利を造物主から与えられていることを自明の真理として信ずる」という書き出しは、最もよく引用される英語の文章となり、やがてアメリカ合衆国となる国の気風を一文で見事に要約している。しかし、この文章が当時はほとんどまったく反響を呼ばなかったという事実は、崇高な理想をうたいあげることよりも、独立宣言の主目的（イギリスからの独立を宣言すること）のほうが、はるかに人々の関心を引いていたことを意味しているといえるだろう。

> 独立宣言により、
> 反乱として始まった紛争が
> 全面的な革命へと名実ともに変わった。

トーマス・ジェファーソンに委ねられた。

　その後、数週間かけて第一稿を書き上げたジェファーソンは、アダムズの意見を聞きながら数々の修正を加え、ようやく委員会が満足するものに仕上げた。6月28日には発表の準備が整っていたが、大陸会議はそれを数日「棚上げ」し、全員に賛否を検討するための猶予を与えることにした。果たして7月2日の投票日、ディキンソンはじめ独立に反対する数人が投票を棄権したものの、独立のための議案が採択される。7月4日に出版された完成稿の本文には、ジョージ3世に対する数々の不満が羅列されていた。そのうちのいくつか、例えば「同意なく課税したこと」や「多くの裁判で、陪審制の恩恵を奪ったこと」は、反乱の直接的原因となったものだ。しかし、なかには1つか2つ、国王に対する告発のかさを増すためにねじ込んだとしか思えない、少々突飛な項目もあった。

万人のための平等？

　独立宣言のあらを探そうとする人々がすぐに気づいたのは、女性とアメリカ先住民の権利に対する関心が欠け落ちていることだった。これは文書の性質を考えれば、大きな欠陥といわざるを得ない。さらに、奴隷制度に対する言及も、出版前に最終草案からきれいさっぱり削除されていた。これは合衆国建国の父たち（独立宣言に署名した人々は、のちにそう呼ばれるようになった）が偽善者という非難を浴びる結果を招いた。というのも、独立宣言で個人の平等と自由をうたっておきながら、トーマス・ジェ

最終稿
1776年7月4日に出版されたアメリカ独立宣言。この宣言にはイギリス国王に対する不満の一覧に加え、アメリカ合衆国の建国の精神が盛り込まれていた。

ファーソンを含む署名人の相当数が奴隷所有者だったからだ。この段階で奴隷問題をうまく処理できなかったことが、85年後、アメリカを文字通り真っ二つに割ることになる南北戦争の禍根になったともいえる。

自由で独立した国家

しかし、こうした批判を度外視できるとするなら、独立宣言の採択という出来事の重要性は疑いようがない。宣言のなかで、「アメリカ13植民地はイギリスから分離独立する」という単純明快な意図を発表し、その理由を明らかにしたのである。これにより、本国の圧政に対する反乱として始まった紛争が、イギリスをアメリカから追い出すことを目的とした全面的な革命へと名実ともに変わったといえる。この目的が成就するには、それから8年の歳月を要した。ヨークタウンにおける植民地側の決定的勝利を経て結ばれた講和条約のなかで、イギリスはアメリカ合衆国を「自由で独立した1つの国家」として、正式に認めたのである。

革命の成功と新しい独立国の誕生が確実に意味していること——それは、第2回大陸会議で独立の議案に賛成票を投じたことが、アメリカの政治史における最も重要な決断だったということである。

パリ市民、バスティーユを襲撃する

1789年

> **背景**：1789年夏、パリの空気が沸騰する
> **主役**：暴徒と化したパリ市民、バスティーユ監獄の守備隊、フランス国王ルイ16世
> **功績**：フランス革命が始まる

7月14日のパリ祭（英語圏ではバスティーユ・デイと呼ばれる）は、1789年の同月同日、バスティーユの名で知られる監獄を民衆が襲撃、それによってフランス革命の幕が上がったことを記念したフランスの祝日である。この事件が発端となり、当時目の敵にされていたアンシャン・レジーム（旧体制）が打倒され、王政は廃止、ついに共和政が樹立された。

今ではわずかな名残をとどめるにすぎないが、バスティーユはもともと巨大な要塞兼監獄で、パリ市の東の守りを固めるため14世紀に建造された。暴徒による襲撃の後、建物は解体され、がれきは建材として再利用されるか、革命の記念品にされた。

襲撃に参加したパリの群衆は、建物を守っていた守備隊を制圧したものの、実質的にはごくわずかなことしか達成できなかった。バスティーユはとうに軍事的役割を終えていたし、革命勃発当時、わずか7人の囚人しか収監していなかったからだ。それでもここを占拠したことが重要なのは、バスティーユが王権の象徴になっていたからだ。難攻不落であるはずの要塞を襲撃したことで、単に建物を奪うだけでなく、君主制に挑戦して勝利することも不可能ではないと、暴徒は示したのである。

バスティーユ陥落の知らせは瞬く間にフランス中を駆け巡り、各地で同様の暴動が起きた。国王はすぐにそれ以上パリ市民と対決しないことを決めたが、時すでに遅く、本格的な革命に向けて歴史の歯車は回りだしていた。

パリの群衆

バスティーユを襲撃する決断を下したのは誰か？　ただ1人を選び出し、その個人の責めに帰することは不可能だ。それよりもむしろ、そのときの熱気にあおられ、合理的に考えれば不

バスティーユはいつしか王権の象徴になっていた。
難攻不落であるはずの要塞を襲撃したことで、
君主制に挑戦して勝つことも不可能ではないと暴徒は示したのである。

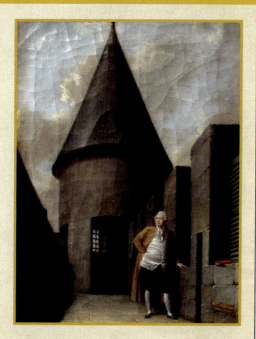

ルイ16世
ジャン＝フランソワ・ガルヌレイ（1755〜1837年）が描いた囚われの国王。ルイ16世の治世で生まれたひどい格差とそれに対する不満が、革命を引き起こした。

べている。彼が言わんとしたのは、18世紀末のフランスはなんらかの形の社会的大変動に向かって、いや応なく突き進んでおり、革命は仮にバスティーユ襲撃によってその火蓋が切られなかったとしても、遅かれ早かれ別のきっかけで始まっていただろうということだ。

ヴォルテールやルソーといったフランスの著述家によって表現された「啓蒙思想と個人の自由」という概念は、当時広く知られ、盛んに議論されていた。この2つはまた、バスティーユ襲撃のわずか6年前、イギリスを追い出すことに成功したアメリカ独立革命の政治理念にも影響を与えている。これらが、当時のフランス経済の悲惨な状況およびルイ16世の治世に対する不満の広がりと相まって、変革を求める気運をフランス社会の大部分に生み出した。国王と政府は改革を幾度となく約束したが、国民の間に募る不満は、そのはけ口をほとんど見いだせずにいた。

七年戦争（1756〜1763年）でイギリスと戦い、次いでアメリカ独立革命を支援したことにより、かつてヨーロッパ屈指の富裕国に数えられたフランスは破産寸前だった。戦費調達のため増税がおこなわれ、ありがちなことに、支払う能力の乏しい層にむしろ多大な負担がのしかかった。貴族層は国王政府への影響力を行使し、国の財政問題によって自分たちが割を食うことはないよう手を打った。国王は国王で、それまで同様、ぜいたくな暮らしを続けた。そんななか、国民の不満を和らげようと、政府は財政危機の打開策を探る目的で「三部会」と呼ばれる議会を招集する。

可能に思えただろう危険な企てを実行することを自発的に決断した群衆の、一連の行動に注目すべきだろう。

ただ結局のところ、いかにしてその決断が下されたかにかかわらず、それによってもたらされた結果は、フランスはもちろん、より広くは世界全体にとって、非常に大きなものとなった。そしてパリ祭が示す通り、現代にもその影響は残っている。

革命に至る道

1850年代、フランスの政治思想家アレクシ・ド・トクヴィルは、フランス革命を振り返って「あれほどまでに必然的でありながら、あれほどまで完全に予見不能だった事件はない」と述

国民議会

三部会がフランス革命期に初めて招集されたのは、1789年5月5日のことである。が、貴族が

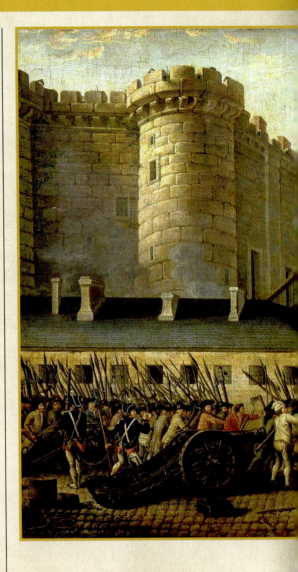

> ### 三部会
>
> 　三部会と呼ばれたフランス政府の総会は、フランス社会を形成する3つの階級の代表者で構成された。すなわち、聖職者（第一身分）、貴族（第二身分）、そして、中産階級に平民と農民を加えたその他の者たち（第三身分）である。とはいえ、第三身分は実のところ、議決にほとんどなんの影響も持たなかった。

議会を牛耳ろうとしていることは、すぐに明らかになる。祖国の経済問題を打開する公正かつ公平な方策が見いだされるのではないかという、中産階級、平民、農民を代表する第三身分が抱いていたであろう幻想は、もろくも打ち砕かれた。

　やがて第三身分の代表は自分たちだけで集まるようになり、同年6月、これを「国民議会」と称した。国王はこの新たに創設された議会を無視しようとしたが、うまくいかないので、議場の扉を施錠し、議員が入れないよう衛兵を立たせた。

　議員たちはやむなく、すぐそばの屋内球戯場に集まり、王権を制限する憲法が制定されるまで解散しないことを誓う。このいわゆる「球戯場の誓い」は、革命初期の重大局面となった。なぜならそのとき初めて、王権が市民の集団による直接的挑戦を受けたからである。

高まる政情不安

　その間も、食料価格の急騰によりパリの情勢は悪化の一途をたどっていた。経済的な困難に

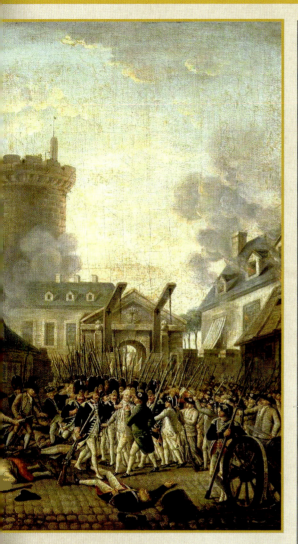

バスティーユ・デイ
『バスティーユ襲撃と司令官ド・ローネー侯爵の捕縛』（作者不詳）。ド・ローネーはこの後、路上で群衆に暴行を受けた末殺された。

加え、過去2年というもの凶作に見舞われたせいで、この年の夏、貧しい人々の主食であるパンの値段は18世紀に例を見ない水準まで高騰した。政情不安が増すにつれ、国王は市内の軍備を増強するよう命じる。投入された兵力には、スイスとドイツの傭兵部隊も含まれていた。支配層にしてみれば、普段からパリに常駐しているフランス衛兵隊は庶民の窮状におおむね同情的ではないかという懸念があった。その点、外国の傭兵たちなら肝心なときにもっと頼りになるし、命令されればフランスの大衆に発砲することもためらわないように思われた。まさに同じ理由でパリ市民から不信を買っていた外人部隊を配備したことは、状況を沈静化するどころか、なおいっそう悪化させただけだった。加えて、7月11日、国王は財務長官ジャック・ネッケルの解任を決める。ネッケルは、第三身分と新たに創設された国民議会を曲がりなりにも支持する姿勢を示した唯一の政府要人だった。

襲撃

7月半ばのパリの情勢は予断を許さないものになっていた。改革を求める声が広まっているところに、不人気も甚だしい、浮世離れした国王による腹立たしい振る舞いの数々が追い打ちをかけ、まさに沸騰寸前の空気を生み出したといえる。「国王が外国人の傭兵部隊を使って強引に秩序を回復しようとしている」という噂がちまたを駆け巡ると、7月14日の朝、病院と傷病軍人施設を兼ねる廃兵院の前に大勢の人々が集まった。そこに大量の武器が貯蔵されているという情報をつかんでいた群衆は、国王の軍隊に対抗するため、武装しようとしていた。廃兵院を守っていたフランス衛兵隊は、地下貯蔵庫に押し入ろうとする群衆を止めようとはしなかった。貯蔵庫ではおよそ3万丁のマスケット

銃と数門の大砲が見つかったが、弾薬はごくわずかしかなかった。暴徒の一部がバスティーユに関心を向けたのは、このときである。できるだけたくさんの武器を集めるという当初の方針に従っただけかもしれないが、皆が自発的にバスティーユに向かったのは、むしろ誰かが放った一声に対する群集心理的な反応か、あるいはさまざまな噂の蓄積によるものだったと考えるほうが自然だろう。

バスティーユを指揮する司令官ド・ローネー侯爵は、暴徒の代表者2名を要塞内に迎え入れ、話し合いに応じた。しかし、正午を過ぎても話はまとまらず、外の群衆は、いくら待ってもなんの進展も見られないことに、急速にいら立ちを募らせた。そのころまでには、フランス衛兵隊を脱走してきた兵士たちも、彼らの味方に加わっていた。

午後の早い時間、群衆は建物の中庭になだれ込み、守備隊とのマスケット銃の撃ち合いが始

厳重な警備

バスティーユには膨大な量の火薬が貯蔵されていた。約80名の退役兵によって守られており、しばらく前からスイスの擲弾兵32人が応援に加わっていた。また、歩いてすぐのところに、フランス陸軍の一個連隊5000の常備兵が駐留しており、彼らがその気にさえなれば、せいぜい1000人程度と推定される暴徒を蹴散らすことはたやすかったはずだ。しかし連隊はその日、あえて最後まで介入せず、傍観を決め込んだ。

||||||||||||||||||||||||||||||||||||||||||||||||||||||||||||||||||||||||||||
襲撃後、国王はパリに戻り、
民衆のシンボルとなっていた
赤白青の三色帽章を着けた。
||||||||||||||||||||||||||||||||||||||||||||||||||||||||||||||||||||||||||||

まる。どちらが先に発砲したかは定かでないが、この銃撃戦は断続的に続いた。やがて午後5時になると、ド・ローネー侯爵が守備隊に銃撃をやめるよう命じ、城門の隙間からメモ書きが差し出される。それには降伏の条件が記されていた。この条件は拒否されたものの、司令官は降伏する。おそらく、それ以上事態が悪化すれば、大勢の死傷者を出す惨事は免れないと思ったのだろう。侯爵は城門を解放するよう命じ、暴徒は城内になだれ込んだ。

その後

襲撃の結果、暴徒側は98名の死者を出したのに対し、守備隊の犠牲は1人だけだった。ただし降伏後、8名が暴徒の手で殺されている。そのなかには、要塞から引きずり出され、路上で暴行された上、刺されて首をはねられたド・ローネー侯爵も含まれていた。

スイスの傭兵部隊を指揮していた士官が生き残り、その後、侯爵を強く非難する報告書を書いている。司令官がいたずらにためらい、言い逃れに終始した結果、難攻不落であるはずの要塞を失ってしまったのだと。バスティーユ陥落後、事態の深刻さにようやく気づいた国王は、わずか数日でそれまでの強硬姿勢を改める。パリ市内外に集結させた部隊に撤収を命じ、ネッケルを財務長官に復職させた上、国王自身もパリに戻り、民衆の象徴となっていた赤白青の三色帽章を着けた。

国民議会は新憲法の起草に着手。そのなかで国王はほとんどすべての権力を剥奪され、立憲

パリ市民、バスティーユを襲撃する 105

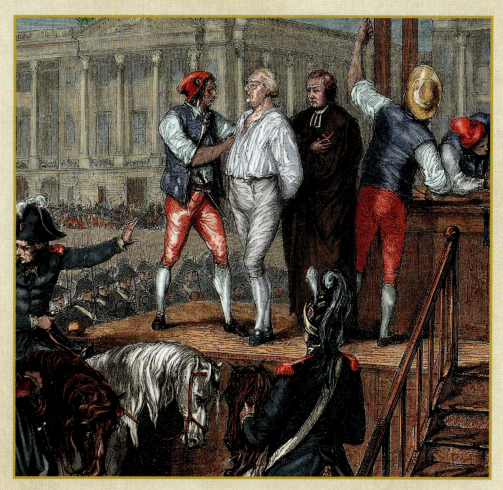

ギロチンによる処刑
1793年1月21日に執行されたルイ16世の処刑の様子を描いた版画。このとき、バスティーユ襲撃から3年半がたっていた。

君主制の象徴になることが定められた。こうしてパリにつかの間の平穏が戻ったが、君主を廃した共和政への移行を唱える急進的な革命家たちが闘争を続けるため街に舞い戻ってくるのは時間の問題だった。従って、バスティーユを襲撃した暴徒の目的が、主として武器弾薬を手に入れるためだったとしても、その結果はヨーロッパ史の大きな転機の1つを始動させることになったといえる。君主の絶対的権力に対する挑戦がこのような形で成功したからには、本格的な革命へと歴史の歯車が回り始めるのを押しとどめるすべは、もはやなかったのである。

アメリカ政府、ルイジアナを購入する

1803年

> **背景**：イギリスとの対立に苦慮するナポレオンが、カリブ海の拠点作りに失敗する
>
> **主役**：トーマス・ジェファーソン、ロバート・リビングストン、ジェームズ・モンロー、ナポレオン・ボナパルト
>
> **功績**：アメリカは破格の安値でルイジアナを手に入れ、国土を倍増させた

アメリカ合衆国によるルイジアナ・テリトリー購入は、1803年4月30日、アメリカ公使ロバート・リビングストンおよびジェームズ・モンローと、フランスの国庫相フランソワ・バルベ＝マルボアとの合意締結により正式に確定した。購入額は1500万ドル。内訳は現金1125万ドルと、アメリカに対するフランスの債務375万ドルの帳消しである。ルイジアナの大半はまだ測量されていなかったため、購入による国土拡大の正確な数字は当時不明だったが、約210万平方キロにも及んだ。こうしてフランスの約4倍の面積を手に入れ、アメリカ国土は倍増した。

リビングストンとモンローがジェファーソン大統領から与えられていた権限は、1000万ドル以下でニューオーリンズ港のみの購入を申し出ることだった。まさかフランスがルイジアナ・テリトリー全体を交渉のテーブルに載せてくるとは予想せず、その場合の指示は受けていなかった。リビングストンらは、フランスの提示価格があまりに好条件なので断る手はないと考え、受け入れることに決めた。この臨機応変な判断によって、彼らは「史上最大の不動産取引」を成し遂げたのである。

ミシシッピ川の西へ

1783年に独立戦争でイギリスに勝利したのち、アメリカは建国時の独立13州から西部へと拡大を始める。拡大は、アパラチア山脈を経て、オハイオ川およびミシシッピ川流域まで及んだ。ここは、ニューオーリンズ港経由の河川による商品輸出入の輸送経路として重要な地域だったが、ミシシッピ川以西の土地は、1800年までスペインが領有していた。

スペインはナポレオン・ボナパルト支配下のフランスと秘密条約を結び、ミシシッピ川からロッキー山脈までの全域すなわち「ルイジアナ・テリトリー」をフランスへ譲渡していた。ただし、ミシシッピ川西岸の一部にはアメリカ人がすでに植民していた。

1801年に大統領に就任したトーマス・ジェファーソンは、ナポレオンがルイジアナをフランス帝国に組み入れるつもりではないかという懸念を直ちに抱いた。そんなことになれば、ア

> ルイジアナ購入により、アメリカは
> １エーカー当たり４セントも出さずに国土を倍増させた。

メリカはそれ以上西へ拡大できないばかりか、ニューオーリンズ経由でミシシッピ川に至るルートはフランスの支配下に置かれてしまう。まだ表向きニューオーリンズを管理していたスペインは、かつてさまざまな機会を捉えてアメリカの船舶をこの街から締め出した過去があったため、ジェファーソンはこの問題への恒久的な解決策を模索していた。ニューオーリンズを力ずくで手に入れるという選択肢もあるが、スペイン、フランス両国と戦争をする羽目になるかもしれない。あるいはイギリスと同盟を結ぶことで、ナポレオンが領有権を得にくい状況を作る手もあった。

しかし、いずれの選択肢も気に入らなかったジェファーソンは、領土購入の合憲性に不安を覚えつつも、ニューオーリンズを現金で買い取る提案をナポレオンに持ちかけることにした。取引成立の場合は、イギリスに同盟の話を持ちかけるつもりだった。1803年3月、ジェファーソンはその後の交渉のためにジェームズ・モンロー（のちの大統領）を、在フランスのアメリカ大使ロバート・リビングストンの補佐役として派遣する。

ナポレオン・ボナパルト

ナポレオンは、アメリカ大陸で新たに手に入れた領土を一切活用できないまま、イギリスと和解しなければならなかった。イギリスには、ナポレオンがアメリカ大陸にフランス帝国を築き上げるのを阻める海軍力があったのだ。1802年3月、アミアン講和条約でその目的は果たされる。しかし、それはつかの間の和約にすぎなかった。

そのころ、すでにナポレオンは、カリブ海に浮かぶサン＝ドマング（現在のハイチ）に拠点を築こうと企てていた。この島をアメリカへの途上の立ち寄り場所にするべく、軍を派遣して奴隷の反乱の鎮圧を図っていたのだ。しかし、島民の抵抗は予想以上に激しく、兵士は疫病にかかって数が激減。結果としてフランス軍は敗れた。これでナポレオンは新世界での野望を捨てたと見られる。カリブ海に拠点を作れず、フロリダにはスペインの属領も残っていたので、ルイジアナの植民地をアメリカからもイギリス

ロバート・リビングストン

在フランスのアメリカ大使。ジェームズ・モンローとともに、ルイジアナ購入の交渉責任者を務めた。

ルイジアナ購入の対象範囲

ルイジアナ購入
ナポレオンがアメリカに売却した土地の範囲は当時不明だったが、この売却によってアメリカの国土は倍増する。

からも防衛することは不可能だとナポレオンは悟ったのだ。

　1803年の春にはイギリスとの対立が再燃の一歩手前に達し、ナポレオンはイギリス侵攻の計画を練っていた（のちにその計画を断念することになるのだが）。侵略軍を準備するには資金がすぐに必要だ。あらためてヨーロッパに重きを置いたナポレオンは、アメリカに対し、断られない条件を提示することにした。

ナポレオンの提案

　アメリカの交渉者に示された申し出は、ルイジアナ・テリトリー全体を1500万ドルで売却するというものだった。リビングストンとモンローはナポレオンの気が変わらないうちにと、独断で受諾を決定した。ジェファーソンにお伺いをたてるには数カ月を要するが、ナポレオンは心変わりしやすいことで有名だったのだ。そして、1803年4月30日、用意が整うと速やかにバルベ＝マルボアと署名を交わし、合意を正式なものとした。

　同年7月4日、この驚くべき取引をジェファーソンは公式発表する。こうしてアメリカは、1エーカー（4074平方メートル）当たり4セントにも満たない金額で、しかも一発の弾も撃つことなしに国土を倍増させた。しかし、この取引が当時のアメリカで広く歓迎されたわけではない。その適法性に関する疑念が浮上し始めてからはなおさらだ。

　実は、ジェファーソンがこの領土を購入する憲法上の権限を持たなかったのと同様、ナポレオンも、それを売却する憲法上の権限を持たなかったのである。また、この取り決めの締結時点ではまだ、フランスはこの土地の権利をスペ

インから正式に譲渡されていなかった。そしてもちろん、この地域に住むアメリカ先住民の各部族がもし意向を尋ねられ、法的助言を受けていたなら、「この土地はそもそも占有権により自分たちの所有物だ」と主張していたかもしれない。しかし、それらのことを立ち止まって考える者は当時誰もいなかった。

ルイスとクラーク

ルイジアナ購入の前まで、ジェファーソンはアメリカ憲法にのっとって行動することにこだわっていた。しかし、自らが地主でもあった彼は、この取引がアメリカにとって桁外れに有利であることがよくわかっていた。そこで本件では、合法かどうかの疑念はさておき、取引をそのまま受け入れることにした。ただしスペインはあまり寛容ではなく、アメリカの主張する領有権の範囲に異議を申し立てた。この取引の対象はあくまでニューオーリンズとミシシッピ西岸の土地に限られ、ロッキー山脈までのルイジアナ・テリトリー全体ではないと強く主張したのである。

購入前からすでにルイジアナ・テリトリーへの探検隊派遣を検討していたジェファーソンは、これを機に数回にわたり隊を派遣する。主な目的は、この新しい領土の経済的、商業的可能性の見極めと測量だった。ジェファーソンは、最も立派な地図を作った国こそがルイジアナの所有権を有利に主張できると信じていたのである。そして1804年5月、アメリカの軍人メリウェザー・ルイスとウィリアム・クラークが率いる探検隊は、ミズーリ川沿いに西を目指して出発した。道中で先住民の各部族と遭遇するが、大部分において友好関係を結んだ。そして領有問題の争点だったオレゴンカントリーを抜けて、さらに西へ進み、太平洋に出た。

ルイジアナ・テリトリーを調査したルイス＝クラーク探検隊は、その後も数回の遠征をおこない、レッド川流域とその南の地域も探検した。こうした遠征を基に作成された地図は、その後スペインとの交渉において領土西側の境界線を確定する際に一役買うこととなる。1819年に締結されたアダムズ＝オニス条約で、アメリカ側の交渉者ジョン・クインシー・アダムズはアメリカとスペインの境界を定めただけでなく、スペインからのフロリダ購入も確実にする。これはアメリカ最大の外交的成功の1つとなった。

> ## ルイジアナに続いて
>
> アメリカ合衆国はルイジアナ購入後も領土拡大を続けた。1840年代には、併合とメキシコとの交渉のプロセスを通じてロッキー山脈西側を手に入れた。また、オレゴンカントリーについてはイギリスと条約を結び、アメリカとカナダの国境を北緯49度線上に定めた。そして1867年には、ロシアに720万ドルを支払い、当時「北極地方の不毛な荒れ地」と考えられていたアラスカの広大な土地を入手し、ルイジアナ購入時に匹敵する面積をアメリカ国土に加えた。ハワイが加わったのは1959年のことだ。ハワイ諸島の住民は、準州にとどまるよりも州に昇格することに賛成票を投じた。これで現在のアメリカ50州がそろうこととなった。

ウィーン会議が「ヨーロッパ協調」を確立する

1814～15年

背景：ナポレオン戦争によりヨーロッパの秩序が崩壊する
主役：列強の外交代表たち
功績：ヨーロッパ諸国が再編され、勢力均衡による平和維持のシステム「ヨーロッパ協調」が確立された

20年以上ほぼ途切れることなく戦争が続いたのち、1814年9月にヨーロッパの列強が一堂に会し、ウィーン会議が始まった。各国の目的は、和平交渉に加え、これ以上の戦争を回避する外交システムを確立することだった。

1792年に始まったフランス革命戦争に続き、ナポレオン戦争が勃発すると、やがて神聖ローマ帝国が解体し、ヨーロッパ大陸の大部分が無秩序な状態となった。ナポレオンは1813年10月、「ライプツィヒの戦い」に敗れ、イタリア沖のエルバ島に追放された。その後フランスは、列強4国――イギリス、ロシア、オーストリア、プロイセン――の連合軍に対して、正式に降伏した。

その直後、対フランスの同盟各国は、この同盟関係を少なくとも向こう20年は継続する旨を条約という形で正式に明言することを決めた。また、長きにわたる戦乱から発生した未解決問題を整理するため、ウィーン会議の開催を決めたのである。

勢力均衡

交渉の結果、ヨーロッパの大部分が再編されることになり、その影響はヨーロッパ大陸のほぼすべての国に及んだ。また、外交的手段で勢力均衡を維持するシステム、すなわち「ヨーロッパ協調」が確立され、列強はもめごとを戦争ではなく交渉で解決できるようになる。ウィーン会議は、長年にわたり多くの批判を集めてきた。その主な理由は、フランス革命の成果として発達し始めた「リベラルで進歩的な政治制度」よりも、君主制の復活を列強が好んだことにある。

とはいえ、交渉による紛争解決がヨーロッパ協調を通じて実現したおかげで、ヨーロッパで

その後、19世紀を通じて主な火種となったのは、
オスマントルコ帝国の衰退に関する問題だった。

は約50年にわたり、新たな大戦の勃発を避けることができた。すべての列強が関わる戦争は、100年後の第一次世界大戦まで起こらなかったのである。全般的にいえば、ウィーン会議で決定したことは、その動機が利己主義だったにもかかわらず、ヨーロッパの平和維持という目的においては有効であり、列強間の外交会議開催の先例を開くこととなった。

ヨーロッパ協調

ウィーンで開かれたこの会議の議長を務めたのは、オーストリアの外相で貴族のクレメンス・フォン・メッテルニヒだった。老練な外交官であり、政治家であり、その後も数十年にわたり、オーストリアの政治とヨーロッパ外交の双方において大きな影響力を持ち続けた人物である。

勢力均衡を保つための会議は、その後も列強諸国の間で開かれた。今では「ヨーロッパ協調」として広く知られているが、当時は「メッテルニヒ・システム(ウィーン体制)」の一環と位置づけられることが多かった。メッテルニヒがこの取り組みの推進役と認められていたからである。保守的傾向を持つことでも知られるメッテルニヒは、君主国や貴族による支配に賛意を示したが、この立場は他の列強3カ国を代表する交渉者たちとぴったり一致していた。

列強の代表者たち

ロシア代表団を指揮した皇帝アレクサンドル1世は、会議の期間中ずっとウィーンにとどまっていた。プロイセン代表団を率いたのは、貴族でプロイセン王国宰相のカール・フォン・ハルデンベルクである。

イギリス代表団のトップは、当初ロバート・ステュアート(カスルリー子爵)が務めていた

ナポレオン・ボナパルト
ウィーン会議が開催されたのは、ナポレオン・ボナパルトがライプツィヒの戦いに敗北し、フランス軍が降伏したのちのことである。

が、途中からアーサー・ウェルズリー(初代ウェリントン公爵)に交代した。しかし、そのウェルズリーも自らウィーン会議を去ることになる。ナポレオンが追放先から逃亡してフランスに戻り、いわゆる「百日天下」が始まったため、打倒ナポレオンの軍事作戦を指揮する必要があったからだ。そこで、イギリス代表団は外交官のリチャード・トレンチ(クランカーティ伯爵)が率いることになる。彼は合意締結までウィーンに滞在した。

フランスは、当初ウィーン会議から締め出さ

れていた。そもそもこの会議が必要となる状況を作った戦争の元凶だからだ。しかし、フランスのシャルル・タレーラン外相の巧みな外交工作の末、のちに参加を許された。そして会議の初期には、ナポレオンの退位後にルイ18世の即位という形でブルボン朝をフランスの王位に復帰させる旨の決定が下された。

合意の成立

当時ヨーロッパには200近い国家が存在したが、そのすべての代表団が正式な協議に加わった。しかし、こうした国々は会議での決定にほとんど影響力を持たなかった。実質的な交渉の大部分は、列強の代表同士による非公式会合で密かに進められていたからだ。国の代表として会議に出席するためウィーンにやって来た大勢の貴族をもてなすため、舞踏会や晩餐会が毎晩のように催され、彼らの多くは討議よりもダンスにいそしんだという。

全参加者が最終合意に署名したのは1815年6月9日、「ワーテルローの戦い」の9日前のことだった。ヨーロッパ諸国再編の主な狙いの1つに、フランスの周囲に独立国家を配置して緩衝地帯を設けることがあった。フランスは、国境をフランス革命戦争開始前にまで戻すことを余儀なくされた。

領土の再編

プロイセンは、北西の国境がフランスと接するラインラント(ドイツ西部のライン川流域)に領土を獲得し、スイスは他国と同盟を結ばない中立性を保証された。サルデーニャ王国は立憲君主国として復活し、フランスの東の国境に接する領土を手に入れた。

北側に目を向けると、オランダ共和国からオランダ王国が誕生したが、フランス帝国に隣接している地域は、のちに分離独立してベルギーとなる。

ポーランドの一部とフィンランドはロシアに与えられ、ポーランドの残りは、かつて神聖ローマ帝国の領土であったドイツのいくつかの小国家とともに、プロイセンに組み込まれた。その他、ドイツに100以上あった国家、公国、大公国は約30の国家に再編され、「ドイツ連邦」として統一された。

イタリアも7つの国家に再編された。それまでデンマークの統治下にあったノルウェーは、その人民に対して何の相談もなく、スウェーデンに与えられた。

新生ヨーロッパ

この和平プロセスが終わるころには、ヨーロッパの地図はほぼ完全に塗り替えられており、大半の新国家は、その大小にかかわらず、絶対(専制)君主または立憲君主国(憲法に定

クレメンス・フォン・メッテルニヒ
ウィーン会議の議長を務めたオーストリアのメッテルニヒ外相。この会議で確立された「ヨーロッパ協調」は、「メッテルニヒ・システム(ウィーン体制)」とも呼ばれる。

められた原則により王室の権限が制限される）の支配下に置かれていた。合意前と変わらなかった列強はイギリスのみである。イギリスの関心は、ヨーロッパの特定の領土よりもイギリス帝国の海外領土に向けられていた。

新たな紛争

列強は、再編の対象となった国々の人民の願いをまったく意に介さず、ヨーロッパ各地に広がった改革欲求の気配も認識できなかったため、やがて各地で新たな紛争が起こることとなる。1830年にはベルギーで革命が勃発し、1848年には、フランスから始まった一連の革命と反乱がヨーロッパ大陸の大部分に広がった。

しかし、こうした革命闘争は大規模な戦争に発展せず、列強5カ国の利害不一致は、たいていの場合、引き続きヨーロッパ協調を通じて解決が図られた。

その後、19世紀を通じて主な火種となったのは、オスマントルコ帝国の衰退に関する問題である。オスマントルコの影響力が減退するにつれ、一部の列強、特にイギリスとロシアは最大の利益を得るべく競い合った。

終焉の兆し

オスマントルコのこうした状況、すなわち「東方問題」を背景にクリミア戦争が起こる。1853年から1856年まで、ロシア帝国が、イギリスおよびフランス率いるヨーロッパ諸国の連合体と戦った戦争だ。この紛争で列強が交渉による解決策を見いだせなかったことは、ウィーン会議で確立された協調システムの終焉の兆しと見なすことができる。

そして、このシステムは1871年のドイツ統一でさらに弱体化する。ドイツ帝国は工業力と軍事力に物を言わせ、ウィーン会議で作られた

目的は達成された

ナポレオン戦争から生じた問題をウィーン会議がいかにうまくさばいたかは、第一次世界大戦終結後の講話条約と比較すればよくわかる。ベルサイユ条約の一環として1919年に講じられた、ドイツに対する厳しい措置は第二次世界大戦の直接的原因の1つとなった。このため、2つの大戦の間の20年を、「単なる戦闘行為の中断期間にすぎない」とする歴史家もいるほどだ。

ヨーロッパの勢力均衡を崩したのである。

列強は、大陸全体での強固な外交関係の維持よりも、国家間の個々の同盟の締結を模索した。こうした同盟が第一次世界大戦を引き起こした唯一の原因だとまではいえないものの、大きな影響を与えたことは確かである。

一定の評価

ウィーンでなされた決定は、そのころすでにヨーロッパに醸成されていた自由主義の気運を考慮に入れていなかったし、多くのヨーロッパ諸国におけるナショナリズムの高まりも予見していなかった。

それでも、王朝君主制を支持しない左翼の歴史家エリック・ホブズボームでさえ、この合意は「理性的で良識ある」ものだったと述べている。これは手放しの是認ではない。ただし当時の状況を考えれば、各国が「理性的で良識ある」行動を取ることは、意見の相違の解消方法として、少なくとも最悪なものではなかったのだ。

カール・ドライス、
駆け足機の発明に注力する

1817年

背景：バーデンでオート麦の価格が上昇する

主役：馬のいらない乗り物を作ろうとした発明家カール・ドライス

功績：現代の自転車の原型となる世界初の人力二輪車が誕生した

　1815年4月10日、過去2000年で最大の火山噴火が、オランダ領東インド諸島のスンバワ島（現在のインドネシア）で起こった。タンボラ山の真下に蓄積された大量のマグマが大爆発を引き起こし、大量の岩屑が大気中に投げ出されたのである。ドイツの歴史家ハンス＝エアハルト・レッシングによれば、この壊滅的な災害と、のちに発明される最古の自転車「ラウフマシーネ」との間には、驚くべき因縁があるという。

　この乗り物が噴火のわずか2年後に発明された点を除けば、ラウフマシーネと噴火を結びつけて考えることには少々無理があるかもしれない。しかし、レッシングの説は筋が通っている。噴火の際に灰とちりが空高く地球の大気中に投げ出されたことで、北半球全体の気候が急速に寒冷化し、1816年は「夏のない年」とヨーロッパで呼ばれることとなった。天候不順で不作となり、一部のヨーロッパ諸国で飢饉が発生し、ヨーロッパ大陸の大部分で食料品の価格が急上昇したのである。

　森林管理の役人で発明家でもあるカール・ドライスは、当時のバーデン大公国（現在はドイツ南西部の州）の都市マンハイムに住んでいたが、そこも例外ではなかった。レッシングの説によると、オート麦の価格が急騰して馬の餌代がかさむようになったことが発端となり、ドライスはかつて数年間取り組んだものの、うまくいかなかった計画を練り直すことに決めたのだという。それは、「馬のいらない乗り物を開発する」という計画だった。以前は四輪車を想定していたのだが、今回は二輪車に的を絞る。ドライスはこれを「駆け足機」という意味で「ラウフマシーネ」と名づけた。

1816年、ヨーロッパでは、オート麦の価格急騰により、
馬の餌代を工面することが困難になっていた。
ドライスがラウフマシーネを開発しようと決意したのは、
これがきっかけかもしれない。

機械工学への傾倒

　カール・ドライスは、1785年4月29日にバーデンの首都カールスルーエで生まれた。男爵である父は、バーデン大公の下で、上級役人として森林管理部の管理責任者を務めていた。大公はドライスの名づけ親だった。バーデン大公国ではシュワルツワルト山地が広い面積を占めていたので、この職務は重要なものだったのだ。

　ドライス自身も、家族の人脈と大公からの引き立てのおかげで1803年に森林局に入局するが、職務に就かず、ふさわしい職位に空きが出るのを何年も待った。その間、彼はハイデルベルク大学で自然科学を学んだ。もし入学前の時点で機械装置に関心を抱いていなかったとしたら、関心が芽生えたのはきっと大学在学中のことだろう。

　学業を終えても、まだ森林局の職位の空きを待つ状況が続いたため、ドライスは、おじの運営する地元の学校で数年間、教職に就くことになった。それは森林管理を専門とする学校だった。さらに2年間待った末に、ようやく職位の空きができた。しかし、このころにはすでに、ドライスは森林管理よりも機械工学に強い関心を寄せていたようだ。

　1812年、ドライスは森林局から満額給与つきの無期限休暇を与えられる。これで、すべての時間を機械装置の設計と製作に充てることができるようになった。

カール・ドライス
発明家カール・ドライスの1820年頃の肖像。この数年後に世界初のラウフマシーネを作る。

駆け足機
カール・ドライスのラウフマシーネの乗り手は、歩いているか走っているかのように、足で地面を蹴って進まなければならなかった。

機械仕掛けの馬
「馬のいらない馬車」がまったく世間の関心を集めなかったために、ドライスは発想の転換を図ったのだろう。その結果、1人乗りの「機械仕掛けの馬」の開発に向かう決断をしたのかもしれない。そして1817年の夏には、ドライスはすでにラウフマシーネの第1号を製作していた。馬車用の小さな木製車輪に金属製のリムを装着したものを2つ、横材でつなぎ、その横材に座席を載せ、前輪の上に旋回軸とハンドルを取りつけて方向転換できるようにした乗り物である。

6月12日、ドライスはラウフマシーネの乗り方を実演してみせた。まるで歩いているか走っているかのように足で地面を蹴りながら、1時間強で15キロ進んだ。その後、若干の調整を加え、翌月にはゲルンスバッハからバーデン＝バーデンまでの50キロを4時間で走破。走行速度は、この距離を普通に歩くときの速さの倍を超えていた。

たちまち引っ張りだこに
この2回の実演はドイツの新聞各紙で広く取り上げられ、たちまちラウフマシーネは引っ張りだことなる。ドライスは発明を売り込む大公特権を与えられたので、彼の発明はバーデン大公国では保護されたが、専売特許は国内に限られていたので、それ以外の地域でアイデアを模

馬のいらない馬車
ドライスは次々と発明をおこなった。1814年には、クランク状のハンドルを乗客が回すことで進む「馬のいらない馬車」に初めて挑戦する。同年、ウィーン会議出席のために集まった貴族の何人かにこの乗り物を披露するも、ほとんど関心を得られなかった。実のところ、関心を持つ者はただの1人もいなかった。

そこでドライスはこのアイデアを棚上げし、他の計画に目を向けた。例えば、紙に穴を開けて楽譜を打つ速記用タイプライターも、ドライスの発明品だ。

人力の機械式車両のアイデアに再び立ち戻ると決断した理由について、ドライス自身は明らかにしていない。だが、1816年冬の飼料不足が理由だったという説に、合理的な説得力があるのは確かだろう。当時のドイツの新聞を見ると、オート麦の価格が高騰している話や、馬の餌代を出せないため仕方なく安楽死させるといった記事が掲載されている。これをきっかけに、ドライスが決断したというのは十分あり得ることだ。

> イギリスでは、ラウフマシーネには「ダンディーホース」というあだ名がついた。目立ちたがり屋のおしゃれな（ダンディーな）男性が主に乗っていたからである。

倣されることまでは阻止できなかった。多くの人々が思い思いのラウフマシーネを作るようになり、大流行はドイツ全土にとどまらず、ヨーロッパの他の地域にも広がる。しかし、元の名前「ラウフマシーネ」は定着せず、この発明品の別バージョンは「ベロシペード」「ドライジーネ」などと呼ばれた。しかし、大流行というものはなんであれ、目新しさが薄れるにつれ熱狂は収まっていく。ラウフマシーネの人気は徐々に下降し、ついには一部の筋金入り愛好者が使い続けるだけになった。

2個のペダル

実のところ、ベロシペードやドライジーネの乗り手は、どことなく滑稽に見えた。新聞から笑いものにされたことや、当時は大半の道路が劣悪な状態にあったことも、人気にブレーキをかけた。このころの道路には深いわだちが多く刻まれていたり、馬車や荷車の通路とは高低差があったりすることが多かった。乗り手が地面を蹴らなくても前に進めるように、ペダルを取り付けることを誰かが思いつくまで50年もかかったのはなぜだろうか。少なくともその理由の一端は、この乗り物の悪評にあったのかもしれない。ペダルをつけるという発想は、今では当たり前に思えるかもしれないが、当時は画期的なアイデアだったのだ。

この方法で自転車を作った最初の人物と一般的に考えられているのは、パリで馬車製作も手がけていたフランス人の鍛冶屋、ピエール・ミショーだ。1868年、ミショーは自分のベロシペードの前輪にペダルを直接取り付け、ペダルをこぐことで車輪を回転させて前に進めるようにした。ただし、そのために操縦が困難になってしまったが、この問題は、チェーン駆動装置を付け加え、前輪ではなく後輪を駆動するようにしたことで解決される。これで、はるかに操縦しやすくなり、車両の重量配分とバランスも改善された。

初めて商業生産にこぎつけた自転車「ローバー安全型自転車」は、1885年にイギリスのコベントリーで作られた。イギリスの発明家で実業家のジョン・ケンプ・スターレーが手がけたもので、現代の自転車の姿をした最初の自転車だ。こうして始まった、1人乗りの「機械仕掛けの馬」の第二次ブームは、年月とともに細かい調整や改良を加えながら、現在も続いているのである。

[
これに乗れば時速6〜10マイルないし12マイルで移動できます
（道路状況やお乗りの方の器用さによります）。
気持ち良い適度な運動で、消化の促進、身体組織の活性化、
軽い病気をお持ちの方の健康増進に効果を発揮。
診察代や薬代、使用人の給料も節約できます。

──1819年6月15日付けの『コネチカットヘラルド』紙に掲載された、
レンタル用ベロシペードの広告より
]

モンロー、不介入主義を表明する

1823年

背景：ヨーロッパによる南北アメリカ大陸植民地化の動きが再燃する

主役：アメリカ合衆国のジェームズ・モンロー大統領とジョン・クインシー・アダムズ国務長官

功績：アメリカの政策の主要原則が確立された

アメリカ大統領が連邦議会の両院合同会議で年次教書いわゆる「一般教書演説」をおこなう伝統は、ジョージ・ワシントンが1期目を務めていた1790年に始まった。独立からわずか2年後のことである。

1823年12月2日、ジェームズ・モンロー大統領（1758〜1831年）はこの機会を利用し、外交政策のとある論点についてアメリカの立場を明確に打ち出した。「ヨーロッパ列強による南北アメリカの新たな植民地化を一切望まない」という姿勢を示すもので、これが、のちに「モンロー主義」と呼ばれるようになる。

さらに、モンローは次のような基本主義を示した。アメリカ合衆国はヨーロッパがすでに建設した植民地の存在を尊重し、どのヨーロッパ諸国の内政にも介入しないが、もしヨーロッパが南北アメリカのいずれかの地域に干渉した場合は、これをアメリカ合衆国に対する侵略行為と見なす、と。

この断固とした声明を出すに至るまでには、11月に何度も閣議が開かれている。ほぼ同じ内容の宣言をイギリスとの共同声明として出すことが検討されていたが、ジョン・クインシー・アダムズ国務長官（1767〜1848年）が強硬に反対していた。アダムズは第2代アメリカ大統領ジョン・アダムズの息子で、2年後にモンローの次の大統領に就任する人物だ。

アメリカ政府は声明を単独で発表すると決めたことで、国際舞台での自国の独立性を主張するとともに、今もなお続いている外交政策の原則を確立した。確かに長い年月の間には、モンロー主義の解釈が論争を呼んだこともある。アメリカ合衆国による中央・南アメリカ諸国への介入を正当化する言い訳として引き合いに出されたこともあった。

それでもなお、この主義主張を表明した当時

アメリカ政府は声明を単独で発表することで、
国際舞台での自国の独立性を主張するとともに、
今もなお続いている外交政策の原則を確立した。

モンロー、不介入主義を表明する 119

ジェームズ・モンロー
モールス符号の考案者サミュエル・モールスが描いた、アメリカ第5代大統領モンローの肖像画。

した「半島戦争」のせいで、スペインは政治的混乱に陥り、ほとんど破綻したも同然だった。新世界の植民地で独立運動が起きたとき、スペインには制圧する力はなかった。

その年の初頭、フランス軍がスペインに進攻し、ブルボン朝の国王フェルナンド7世をスペインの絶対君主に復帰させるよう介入していた。その作戦が成功すると、外交界ではとある噂が立った。スペイン、フランス、ロシアの同盟が、スペイン国王のかつての植民地を南北アメリカでも取り戻すべく、武力行使を計画しているというのだ。

一方、ロシア皇帝ニコライ2世は、北アメリカでのロシア領拡大について声明を発表していた。アメリカとイギリスは北部地域での互いの領土の境界線についてまだ合意に至っていなかったため、ロシアのような第三国の関与で事がさらに複雑化する事態は、両国とも最も避けたいことだった。

イギリスは多くの海上貿易で支配的地位を占めており、商業航路を使う船舶はイギリス海軍の保護下にあった。イギリス海軍は当時、文字通り海洋を支配していたのである。他のヨー

の決断そのものが、アメリカ外交史における優れた決断であったことは間違いない。この国の200年近くに及ぶ外交政策の基盤が、これによって築かれたからだ。

1823年の夏

モンロー主義がこれほど長く存続している理由の1つは、歴史上の特定の時期の影響下で生まれたものでありながら、個別の状況に特定しない言葉で述べられていることだ。

ヨーロッパでのナポレオン戦争終結後にスペインから独立を勝ち取ったラテンアメリカ諸国を、アメリカは1823年夏までに正式に承認していた。ナポレオン戦争中にイベリア半島で展開

秘めた狙い

ジョン・クインシー・アダムズは、声明をイギリスと共同ではなく単独で発表したほうがアメリカの強さを印象づけられるとの見解を述べたとき、自国の利益はもちろん、自分自身の利益にも目を向けていたのかもしれない。1825年の大統領選に出馬する意志を、このころすでに固めていたのだろう。「イギリスの要求をはねつけて、国際舞台におけるアメリカの評判を高めた人物」と印象づけることが、アメリカ国内での彼の知名度を高めたことは確かだ。

ロッパ列強が新世界でこれ以上影響力を高めることは、イギリスの利益にはならなかった。

そこでイギリスは、北アメリカでのロシア領拡大に反対するのと同じく、南アメリカでのスペイン支配復活に強硬に反対していた。その支配がフランスの協力の下で押しつけられる場合はなおさらである。そうなれば、フランスがこの機に乗じて南アメリカでの足がかりを取り戻そうとすることは確実だからだ。

イギリスとアメリカの関係はといえば、1812年の戦争はまだ記憶に新しいものの、過去数年間で改善をみせていた。1823年8月、イギリスのジョージ・カニング外相は、中央・南アメリカのかつての植民地に対する外部からの介入を認めない旨の共同声明をイギリス・アメリカ両国が出すことを提案する。この声明は、関係各国の名前を具体的に挙げない通常の外交辞令で書かれることになっていたが、その目的がフランスとロシアへの警告であることは誰の目にも明らかだった。

アメリカ単独で

モンローはイギリスの提案について、閣僚と討議する前に元大統領トーマス・ジェファーソンと前大統領ジェームズ・マディソンに助言を求める。すると2人とも、カニングの提案に乗るのが賢明だとの意見を示した。

11月7日に内閣がおこなった1回目の討議は、ジェファーソンとマディソンの助言通り、カニングの提案に乗る方向に向かうかに思われたが、クインシー・アダムズの発言で流れが変わった。アダムズは、アメリカ単独で声明を出すほうが、イギリスと共同で出して、その後の取り締まりをイギリス海軍に頼るよりも、アメリカという国の強さを印象づけられる、という見解を述べた。彼はまた、フランスやロシアの脅威は噂ほどではないと確信し、どちらの国もスペインに代わって新世界に介入するつもりはないだろうと考えていた。そうであれば、アメ

[
南北アメリカ大陸は自由で独立した状態を取り、これを維持してきたのであって、今後いかなるヨーロッパ列強からも、植民地化の新たな対象と見なされるべきではない

──1823年12月2日にジェームズ・モンロー大統領が連邦議会に対しておこなった演説の一文。この演説が、のちにモンロー主義と呼ばれる外交政策の原則を打ち出した
]

クインシー・アダムズ
「モンロー主義」は大統領の名を冠しているが、実は主にジョン・クインシー・アダムズ国務長官の手によるものだった。

リカはイギリスと同盟を結ばなくても、自国を危険にさらすことなく、自国の立場を明確にするチャンスがある。イギリスは、アメリカと共同声明を出しても出さなくても、新世界での自国の利益を守ろうとするだろう。

声明

その数週間後、クインシー・アダムズの考えを受け入れたモンローは、連邦議会への大統領演説に盛り込むことのできる声明の起草をアダムズに命じた。従って、最終的な宣言はモンローにちなんで名づけられたものの、声明の大部分はクインシー・アダムズの手によるものだったのである。

モンロー主義の批評家は、ある点にすぐ気づいた。もしヨーロッパ諸国がモンロー主義を無視する道を選べば、アメリカ一国にできることは実際ほとんどない。それでもモンロー主義は、ヨーロッパが執着し続ける「君主制」とアメリカの「共和制」という価値の相違に見られるような、旧世界と新世界の分離を特徴づけた声明として評価されるようになった。

モンロー主義はまた、当時まだ比較的歴史の浅かったアメリカに新しい自信が芽生えたことの現れでもあった。アメリカはその存在を国際舞台で主張し始めていたのである。

ダーウィン、ビーグル号の航海に同行する

1831年

背景：聖職者としての未来を捨てようとするダーウィンの行動に父が反対する

主役：チャールズ・ダーウィン、ジョン・スティーブンス・ヘンズロー、ロバート・フィッツロイ、ロバート・ダーウィン、ジョサイア・ウェッジウッド2世

功績：自然界とそのなかにある私たち人間の居場所について、世間の理解が一変した

1831年8月30日、22歳のチャールズ・ダーウィンが北ウェールズへの地質見学旅行からイングランドのシュルーズベリーにある実家に戻ると、ケンブリッジ大学時代の指導教師の1人ジョン・スティーブンス・ヘンズローから手紙が届いていた。1カ月後に次の航海へ出発するイギリス海軍のビーグル号に、博物学者が1人乗船できることになったと伝える手紙だった。この航海は2年間の予定で、主に南アメリカ沿岸の測量を目的としていた。

ダーウィンに持ち込まれた話は、ロバート・フィッツロイ艦長の話し相手としての同行であり、イギリス海軍の正式な博物学者としての参加ではなかった（通常、その職務は船医に与えられた）。つまり、この立場の者は、誰であれ海軍からの費用支給が受けられないので、身銭を切らねばならない。それでも、これは世界各地で博物学研究に取り組める千載一遇のチャンスだった。ビーグル号は航海の過程で世界中を巡ることになっている。

当時ダーウィンは、イギリス国教会の聖職者になるため、ケンブリッジ大学へ戻って神学の勉強を始めようとしているところだったが、ヘンズローの手紙を読んだ途端に、航海に同行することを決心した。ただ1つ問題があった。父ロバート・ダーウィンに航海の費用を出してもらうため、学業を2年間先送りしても世界中を旅することが賢明な判断だと、父を納得させる必要があったのだ。

大学生活

ビーグル号の航海は、当初予定の2年では終わらず結局5年続いた。こうしてダーウィンは、

この航海のおかげでダーウィンは、
世界中を巡るビーグル号の訪問先で博物学研究に取り組む機会を得た。

ビーグル号

イギリス海軍のビーグル号の版画。ダーウィンは1831年12月、この横帆の2本マストの軍船で、5年間にわたる世界一周の航海に出発した。

しかし、ダーウィンはエディンバラ大学在学中のあるとき、「講義は退屈で、実習授業には吐き気がする」と感じ、自分は医師に向いていないことを悟った。そして、医学の勉強よりも、友人と大好きな狩猟や釣りに没頭することに時間の大半を費やすが、その一方で、幼いころに抱いた博物学への関心も持ち続けていた。

ダーウィンは医学を2年間学んだのち、エディンバラ大学を去り、またしても父の勧めに従って、今度は文学士号を取得すべくケンブリッジ大学に入学する。この学位取得は、イギリス国教会の聖職者になるために必要な第一歩だった。のちの仕事で教会の反発を買う羽目になることを思えば、ダーウィンが聖職者に向いているなどと、一体、誰が考えたのだろうか。

彼は宗教に大きな関心を示したことなど一切なかったが、父の勧めに従うことにした。どうやら、田舎の教会区の牧師になるという考えに、かなり心引かれていたようだ。赴任先で博物学への関心を持ち続けることができるし、ひょっとしたらギルバート・ホワイトと同じ道を歩めるかもしれない。ホワイトはダーウィンの愛読書『セルボーンの博物誌』の著者であり、

当代一の著名な博物学者というだけでなく、生物科学史上最も高名な人物となる道へ導かれることになる。

しかし、若いころのダーウィンからは、自ら選んだ分野で将来大成功を収めることになる姿は、ほとんど想像できなかった。彼は16歳でエディンバラ大学に入学し、兄エラズマスや父のように医学を学んだ。父はシュルーズベリーで開業医として成功を収め、抜け目ない金融投資を重ねて大きな財を成した人物である。

チャールズ・ダーウィン
ビーグル号に乗り込んだ年から20年以上たった1854年、ダーウィンが45歳のときに撮影された写真。

18世紀後半にハンプシャーの村とその周辺で鳥類の研究をおこなったことで知られていた。

博物学者の誕生

　ケンブリッジ大学においても、当初ダーウィンはエディンバラ大学時代と同様、学問よりも学生としての社交を満喫して過ごした。しかし、次の3年間では、次第に真面目で勉強熱心な学生となり、その姿勢がヘンズローや地質学者アダム・セジウィックら多くの指導教師の目に留まる。そのころの彼は田舎のスポーツを楽しむ代わりに、昆虫採集や地質学研究の徒歩旅行にいそしんでいた。また、講義に出席するようになっただけでなく、自身の研究テーマに関連する書物も読むようになった。

　忘れがたい印象をダーウィンに与えた書物の1つに、『新大陸赤道地方紀行』がある。著者アレクサンダー・フォン・フンボルトはドイツの

> ダーウィンの父は手紙を書き、
> ビーグル号の航海は「無謀な計画」であって、息子は将来を棒に振ろうとしていると訴えた。

博物学者で、1799〜1804年に新世界を横断した探検家だ。この本がダーウィンに与えた影響は、彼がのちに書く旅行記『ビーグル号航海記』に見てとれる。この紀行本の冒頭でフンボルトは、珍しい地質学的、博物学的特徴を観察したカナリア諸島のテネリフェ島での長期滞在について書いている。ダーウィンも3年間の学士課程の仕上げにテネリフェ島へ調査旅行に行く計画を立てていたが、その前に地質調査の実践的、技術的側面についてさらに学ぶため、アダム・セジウィックが毎年夏におこなっている北ウェールズへの地質見学旅行に同行した。

ヘンズローからの手紙

この旅行から戻ったとき、ビーグル号への乗船を勧めるヘンズローの手紙が届いていた。自分で計画していたテネリフェ島への旅行とは比べものにならない、大きなチャンスが突然舞い込んだのである。ヘンズローは、海外へ博物学研究の旅に出たいというダーウィンの願いを知っていた上、彼には優れた博物学者の素質があることを見抜いていた。ビーグル号への乗船は知識を深める絶好の方法であるばかりか、彼の存在を科学界により広く知らしめる機会でもあった。

一方、まったく納得がいかない父ロバート・ダーウィンは当初、必要な資金を出してやることを拒んでいた。以前、医学の道を捨てたときとまったく同じように、息子は聖職者としての輝かしい将来を棒に振ろうとしている——そう思ったのだろう。

しかし、ロバートは息子の考えを無下に却下したわけではなかった。「その計画を応援してくれる常識人をお前が見つけることができたなら考え直してやろう」と、彼は息子に告げた。チャールズは、父が誰のことを言っているのかよくわかっていた。ロバート・ダーウィンは義理の弟ジョサイア・ウェッジウッド2世のことを、今まで会ったなかで最も分別のある男だと、よく言っていた。この計画の値打ちを「ジョス叔父さん」にわかってもらえたら、父も賛成してくれるだろう——ダーウィンはそう考えた。

父の応援

ダーウィンは、まだ始まってもいない将来を棒に振って「無謀な計画」に突き進むことへの父の反対理由をリストにすると、スタッフォードシャーから50キロ離れた田舎の屋敷へと、ジョス叔父さんを訪ねていった。ウェッジウッドは甥を応援する意思をすぐに示すと、反対理由すべてを論破するような手紙をロバート・ダーウィン宛てに書いた。しかし手紙を投函した後、この問題への最良の対処法は別にあると考え直して、すぐさまシュルーズベリーへ馬車を走らせ、義理の兄に直接会いにいった。

ウェッジウッドがシュルーズベリーに着くころには、ロバート・ダーウィンはすでに考えを変えていた。義理の弟がどんな反応をするか、最初からわかっていたのだろう。父が応援に転じ、費用を全額出してくれることになったことで、ダーウィンはいよいよ決意を固める。海軍本部とフィッツロイ艦長自身から承認を取りつけると、その後の数週間は、航海に必要な装備一式をそろえるのに走り回った。

標本
チャールズ・ダーウィンがビーグル号での航海中に収集した、軟体動物のさまざまな標本。

ビーグル号の出航

　しかし、ビーグル号がようやくイギリスを出発し、南アメリカに向けて大西洋を横断する最初の行程に就いたのは、12月末のことだった。ダーウィンは船にひどく弱いことが明らかになる。出港すると、たちまち船酔いに苦しめられた。そこで、機会さえあれば、可能な限り多くの時間を陸で過ごした。

　それでも、この航海は彼の人生で最も大きな成長体験となった。ブラジルのアマゾン川流域の熱帯雨林から太平洋のちっぽけなサンゴ環礁に至るまで、多種多様な地域について、地質学や博物学を深く学ぶ機会が彼を待っていた。

ガラパゴス諸島

　エクアドルの沖合1000キロの位置に浮かぶガラパゴス諸島に赴いたダーウィンは、地層の特異性や動植物の多様性に強い印象を受けたことだろう。彼が日記に書いた通り、ここで遭遇する動植物は南アメリカ本土で見たものと大きく異なっていた。この違いの原因を解き明かす、自然選択による進化についての独自の理論をダーウィンが組み立て始めるのは、イギリスに帰国した後のことだった。

　ダーウィンは1859年に出版する『種の起源』の序文で、この人生の一時期を次のように振り返っている。

　ビーグル号での航海中、私は博物学者として、南アメリカの生息動物の分布や、この大陸の現在と過去の生息動物の地質学的関係に関するいくつかの事実に突き当たった。私はその事実が、最も偉大なる哲学者の1人に「神秘中の神秘」と言わしめた、種の起源を解明

> 正統派の信徒から激しい非難を浴びたことを考えれば、
> 私がかつて聖職者になるつもりだったなどとはいかにも滑稽だ。
> その心づもりや父の願いは中ぶらりのままだったが、
> 私がケンブリッジ卒業後すぐに博物学者としてビーグル号に乗船したときに、自然消滅した。
>
> ——ダーウィンによる自伝の草稿より、1876年

する手がかりになるように思えた。そして帰国途上の1837年に、思い至ったのである。この疑問になんらかの関係がある、あらゆる種類の事実を辛抱強く集めてじっくり検討すれば、この疑問から何かを導き出せるかもしれないと。

自然選択

イギリスに帰国したダーウィンは研究に集中して取り組み、航海中に手に入れたさまざまな収集物を分類した。そして「生物の変成」または、こんにち「進化」と呼ばれるものに関する研究内容を、何冊ものノートにまとめた。

1838年10月、ダーウィンがトマス・ロバート・マルサスの『人口論』を読んだことで、このノートの内容は自然選択説へと具体化する。この本のなかでマルサスは、生活資源が足りなくなるほど人口が増加する可能性と、その結果引き起こされる生存競争について、独自の考えを発表していた。

ダーウィンは、マルサスの理論に自身の研究や観察記録を組み合わせることで、自然選択説に行き着いた。動植物の種は、同じ種の個体間で資源を奪い合った結果として徐々に変化する、という考え方だ。生息環境に最も適応した個体は生き残って繁殖する可能性が最も高く、その特性を子孫に残すことができる。

『種の起源』

ただし、ダーウィンが自説の発表にこぎつけたのは20年ものちのことだった。そのころにはようやく別の博物学者アルフレッド・ラッセル・ウォレスも、独自の研究結果から同様の結論に到達していた。ダーウィンは長年かけて集めた証拠を『種の起源』で披露したが、そのなかにはビーグル号での航海中におこなった研究で手に入れたものもあった。

この本は生物科学の転換点となるが、天地創造に関する聖書の記述を疑うものだと受け止めた人々の間で大いに物議を醸した。この説を裏づける確かな証拠があるにもかかわらず、一部の集団では今もなお異論が唱えられている。

それはさておき、ダーウィンはビーグル号の航海への同行を父とジョス叔父さんの後押しで決断したことで、一生の仕事に巡り合った。彼の言葉を借りるなら、それは進化説を主張する「1つの長い議論」である。

後にも先にもダーウィンほど、自然界についての世間の理解を深めることに尽力し、人間とその住む世界に対する私たちの考え方を変えた人物はいない。

> 動植物の種は資源を奪い合った結果として徐々に変化する、という自然選択説にダーウィンは行き着いた。

リンカーン、南部の奴隷を解放する

1862年

> 背景：北部の連邦軍が南部連合軍に押し込まれる
> 主役：エイブラハム・リンカーン大統領と閣僚たち
> 功績：アメリカ合衆国の奴隷制度に終止符を打った

エイブラハム・リンカーン大統領は1862年7月12日、南部連合の13州の奴隷を解放する宣言の発布を決断した。まずは翌日、閣僚2人にその決断を打ち明ける。ウィリアム・H・スワード国務長官とギデオン・ウェルズ海軍長官だ。ウェルズの日記によれば、リンカーンはこの件で何週間も「頭がいっぱいになり、昼も夜もこのことばかり考えていた」と語ったという。

南北戦争の激化から1年以上が経過しており、戦況は連邦軍にとって芳しくなかった。連邦軍はアメリカの北部諸州の陣営であり、1860〜61年にアメリカ合衆国から離脱した南部諸州による「南部連合」と戦っていた。リンカーンは、この宣言を戦時措置として発布し、南部連合が戦争遂行に奴隷を利用していることを引き合いに出すつもりだった。陸海空軍の最高司令官でもある彼には、その宣言を出す権利が合衆国憲法の下で与えられていたのである。リンカーンはその意向を7月22日の閣議で閣僚に相談した結果、スワードの助言に従って、連邦軍が戦場で大勝利を収めるまでは宣言を発布しないことを決めた。今発布すれば、戦争に負けそうな者が窮余の策に走ったように見えてしまう恐れがあるからだ。

適当な機会が訪れるまで待つこと2カ月。1862年9月17日の「アンティータムの戦い」の直後、リンカーンは奴隷解放宣言発布の意向を公表し、翌年1月1日までに連邦に復帰しなかったすべての南部連合で、この宣言が施行されると述べた。このようにしてリンカーンは連邦政府の戦争目的を正式に拡大し、南部諸州での反

[
（1862年の）ワシントンD.C.の長く蒸し暑い夏のさなか、
リンカーンは奴隷解放について重大な決断を下した。
それはのちに、彼の大統領としての立場と南北戦争の双方を特徴づけることとなる。
——ドリス・カーンズ・グッドウィン『リンカーン』より
]

乱の阻止と連邦の存続という当初の目的に、南部連合の奴隷の解放を加えたのである。

この宣言の直接的影響は限定的だった。また、南部連合に加わっていないが奴隷制度がまだ法的に認められている、境界州の奴隷には実は適用されなかった。とはいえ、どのような基準に照らしても、奴隷解放宣言は重大な決断であり、南北戦争においてもアメリカの歴史全体においても、決定的な瞬間だった。

北と南

奴隷制度が南北戦争中の主要な論点であったことは間違いない。しかし、そもそも実際にどの程度戦争の引き金になったのかについては、複雑な歴史論争の1つとなっている。その答えは、人それぞれの考えによるからだ。しかし、この戦争は本質的に、奴隷制度が廃止された、またはそもそも一度も合法化されたことのない北部諸州と、南部の奴隷州に分かれておこなわれたものだ。奴隷制度に反対する共和党から大統領候補に選出されたリンカーンが1860年の大統領選に勝利すると、南部の奴隷州のうち11州が南部連合を結成した。工業化が急速に進む北部とは異なり、南部諸州の経済は主に農業経済に頼っていた。その主力であり実入りの良い綿業は、プランテーション制度と奴隷制度に依存していた。南部の白人の大多数は奴隷を所有したことが一度もなかったが、彼らが支持する代議士の大半は奴隷所有階級の出身だったのである。南部諸州の代議士は、「奴隷制度廃止論者が幅を利かす連邦政府が、州の問題に干渉しようとしている」と見なした。それを許せば、自分たちの立場や財産は危うくなる。そのような事態を受け入れる用意はなかった。

エイブラハム・リンカーン
奴隷解放宣言の発効から10カ月後の1863年11月8日に撮影。

奴隷制度と南北戦争

　問題の核心は、アメリカが西方へと国土を拡大した結果生まれた新興州が、奴隷州あるいは自由州のどちらになるかということにあった。新興州が自由州になれば、奴隷制度はアメリカ全土で徐々に衰退していくだろう、と当時の人々は考えていた。連邦議会で次第に勢力を失い、ごく一部の少数派に転落すれば、奴隷州は、たとえ奴隷制度反対派の道徳観に賛成できないとしても、最終的には廃止に同意せざるを得なくなる。

　この分裂から、1850年代にはすでに暴力的対立が起こっていた。いわゆる「流血のカンザス」時代である。奴隷を所有する南部からの移民と北部の自由州からの移民が、中西部のカンザス準州の立場を巡って争った。そして1861年1月にカンザスは自由州となる。その3カ月後、南部連合はサウスカロライナ州のサムター要塞を攻撃。南北戦争が始まった。このような経緯を見ると、南部連合が個々の州による独自の法律制定の権利を守るために戦争を起こしたともいえるし、リンカーンが事あるごとに自ら述べた通り、北部が連邦存続のために戦争を起こしたともいえる。いずれにしろ、すべての根底にある問題は奴隷制度だった。

エイブラハム・リンカーン

　リンカーンは、奴隷制度廃止論者の主張に心底のめり込んでいたのだろうか。あるいは、連邦軍の戦勝を後押しするための政治的手段として、奴隷制度廃止論者の主張を利用したのだろ

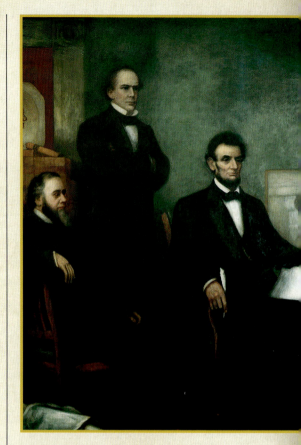

リンカーン内閣
フランシス・ビックネル・カーペンターが描いたリンカーン大統領の奴隷解放宣言の第一読会（The First Reading of the Emancipation Proclamation of President Lincoln）。現在はワシントンD.C.の連邦議会議事堂にある。

うか。この点は、奴隷制度が戦争勃発に与えた影響についての議論とほぼ同じく、多くの憶測を呼んでいる。「リンカーンは、自身の目的を達成するためなら、利用できる手段はなんでも

南部の白人の大多数は奴隷を所有したことが一度もなかったが、
彼らが支持する代議士の大半は奴隷所有階級の出身だった。

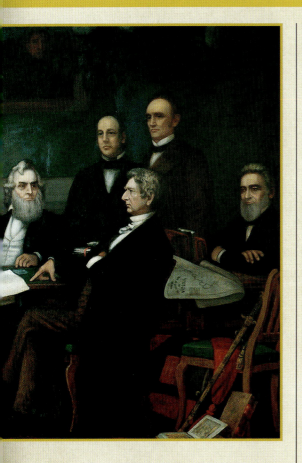

占めていたが、少なくとも一部の州、特に奴隷制度がまだ合法的な境界州では奴隷制度廃止の法律制定が支持されないことを、リンカーンは十分承知していた。支持が得られなければ、この方法で憲法修正をやり遂げることは不可能である。

この手詰まり状態を打開しようと、リンカーンはある戦略を試みる。それは境界州の連邦議会議員たちを説得し、「補償付き奴隷解放」の取引を受け入れさせることだった。奴隷制度に終止符を打つ法律を州が導入する見返りとして、奴隷所有者に対する、所有物（＝奴隷）喪失の（金銭的）補償を提案したのである。大統領はホワイトハウスで境界州の代議士たちとこの提案について話し合う場を何度も用意したが、合意には至らなかった。1862年7月12日、とりわけ無益に終わった話し合いの後、リンカーンは重大な決断を下す。いかに努力しようと境界州の同意が得られることはない、という結論に達したのだった。

作戦変更

このころ連邦軍がバージニア州で大敗北を喫していたこともあって、リンカーンはさらに精力的に戦争を推し進めた。境界州の説得が無理だと判断すると、作戦を切り替えて、まず南部連合の奴隷を解放することにしたのである。これに関しては、連邦議会や州議会の承認なしにおこなう権限を持っていたのだ。リンカーンに言わせれば、これは「連邦の救済にとって絶対的に不可欠な軍事的必要性」だった。「違憲である」という南部連合の主張に対しては、次のように述べている。
「反逆者は、憲法を捨てておきながら憲法に助けを求めようとしている。そんなことはできない」

利用する政治画策家にすぎない」と考える人々がいる一方、リンカーンを理想家と見なし、「彼が大統領選に出たのも、その後に南北戦争を戦ったのも、主たる目的は奴隷制度の廃止にあった」と考える向きもある。真実は、この両極端の間のどこかにあるのだろう。少なくとも歴史研究の最近の趨勢は、後者の主張に傾いている。

リンカーンが直面した最も大きな障害は、当時の合衆国憲法の下では、大統領に自己裁量で奴隷制度を廃止する権限が与えられていなかったことである。憲法修正は、連邦議会の両院と連邦の各州議会の両方から承認を得なければ実現できなかった。連邦議会では共和党が多数を

ロバート・E・リー
北バージニアの南部連合軍の指揮官（1865年）。

アンティータムの戦い

　続く2カ月間、戦争は相変わらず連邦軍に不利なまま推移した。リー将軍率いる南部連合軍はバージニア州を進み、ワシントンD.C.までわずか30キロの距離に迫ったところで北へ向かい、ポトマック川を渡って連邦のメリーランド州に侵入した。しかしその後、アンティータムの戦いがおこなわれた9月17日、ついに進軍が止まった。

　この日、南北戦争で最も多くの犠牲者が出ることとなった。死傷者は両軍合わせて2万3000人、うち3500人が命を落とした。この戦いは実は行き詰まりに終わったのだが、連邦軍は、南部連合軍のリー将軍がメリーランド州へさらに進軍するのを阻止したことから、これを勝利のように扱った。リンカーンも勝利宣言を出し、この機会を捉えて暫定的な奴隷解放宣言を公式に発表する。

奴隷解放

　南部連合を構成するどの州も、1863年1月1日までに連邦に復帰せず、奴隷解放宣言の条項を順守しなかった。そこで、奴隷解放宣言は同日、法律に組み込まれた。こうして、南部連合の奴隷約400万人が法律上、この日から自由の身となったが、境界州の50万人近い奴隷は囚われの身のままだった。その後、連邦軍は2年半にわたって進軍し、南部連合の領土を攻略しては、その地の奴隷を順次解放していく。

アメリカ合衆国憲法修正第13条

　リンカーンは、奴隷解放宣言が「一時的な戦

リー将軍の反撃

　1862年6月後半の数週間、連邦軍は南北戦争で大敗北を喫した。ポトマックの連邦軍はバージニア州にある南部連合の首都リッチモンドの占領を試みたが、ロバート・E・リー率いる南部連合軍との一連の会戦で敗北したのである。この「七日間の戦い」で連邦軍は退却を余儀なくされた。リー将軍の活躍により、ある噂が立つ。イギリス、フランス両国が南部連合を南部諸州の合法政府として認めることを検討している、というのだ。もしそれが現実になっていたとしたら、リンカーンは和解を強いられ、連邦を維持するという彼の願いは葬り去られたことだろう。

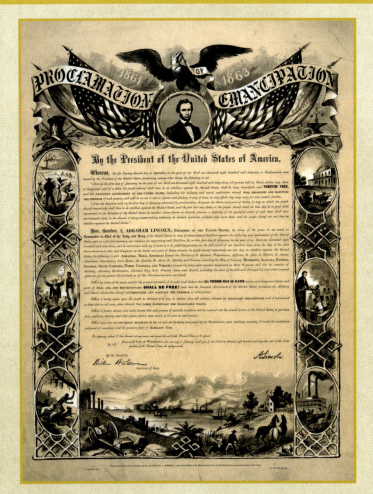

宣言書
リンカーンが1863年1月1日に発布した奴隷解放宣言書の複製。この宣言により、南部連合の奴隷が自由の身となった。

時措置」と見なされかねないことを理解していた。そこで、戦争が終わりに近づくと、合衆国憲法を修正して奴隷制度をアメリカ全土で非合法化することを提案する。その条文には次の言葉が記された。

「奴隷制度および無意識の服従は、犯罪者がその犯した罪に対して正当に受ける処罰を除き、合衆国内、およびその法の及ぶいかなる場所にも存在してはならない」

この修正案は、1865年12月6日までに連邦議会と、連邦に属するすべての州に承認され、それにより、アメリカ合衆国憲法修正第13条として法律に組み込まれた。しかし、リンカーンはすでにこの世の人ではなかった。9カ月前、南部連合のシンパであったジョン・ウィルクス・ブースに暗殺されていたのである。

奴隷制度をアメリカ全土で非合法化する憲法修正案は、
1865年12月6日、アメリカ合衆国憲法修正第13条として法律に組み込まれた。

ライト兄弟、飛行機の製作に挑む

1903年

背景：グライダーを操縦していたオットー・リリエンタールが、墜落して死亡する

主役：ウィルバー・ライトとオービル・ライト

功績：飛行機の時代が到来した

　オービル・ライトは1903年12月17日、ライトフライヤー1号に乗り、約12秒間で約37メートルを飛行した。この日は、これを手始めに4回の飛行を成功させる。パイロットは兄ウィルバーと交代で務めた。この日の最長飛行の際、操縦席にいたのはウィルバーで、1分間近く飛び続けた。約260メートルという飛行距離は、それほど大した距離ではなかったかもしれない。しかしアメリカのスミソニアン協会によれば、ライトフライヤー1号は「パイロット搭乗のもとで、制御された持続的飛行を実現した、初めての動力つき重航空機」だった。平たくいえば、初めてのれっきとした飛行機だったのである。

空への憧れ

　のちに航空機産業のパイオニアとなるライト兄弟は、故郷のオハイオ州デイトンで自転車店を営み、独自の安全自転車の製作、修理を手がけていた。2人とも、空を飛ぶ夢を子ども時代から持ち続けていた。

　独自の飛行機の製作に挑戦しようと決意したきっかけは、ドイツ人飛行家のオットー・リリエンタールが1896年8月10日に亡くなったという記事を新聞で読んだことだった。2000回以上もの滑空飛行をおこなったリリエンタールは、（今でいうところの）ハンググライダーの操縦を誤り、墜落して首の骨を折ったのである。このような記事を読んで、多くの人々は「空を飛びたい」という気持ちをそがれたことだろう。しかし、ウィルバーとオービルはむしろ触発されたのである。

　ライト兄弟が飛行機の初期パイオニアのなかで際立っていたのは、飛行機の設計と試験において格段に精密で方法論的なアプローチを採用したことである。空を飛ぶという行為は明らかに危険を伴う。すべてのリスクを排除することは不可能だったが、ライト兄弟は運任せの要素を可能な限り減らそうとした。

飛行制御

　初期の航空パイオニアたちが持続的飛行に成功できずにいたのは、空中にとどまれないためではなかった。揚力の航空力学（飛行する物体の周囲の空気の動き）は、当時すでに解明されていた。大きな問題は、飛行機を空中で制御し続けることにあったのである。リリエンタールの用いた制御方法は、単に自分の体を動かすこ

とで、グライダーのバランス維持と方向転換を図るというものだった。この方法は、ある程度まではうまくいった。しかし、リリエンタールをはじめとするさまざまなパイロットが身をもって知った通り、風況が変化する空中でグライダーを操るのは困難だった。

　動力飛行の場合は、それがますます難しくなる。エンジンとプロペラを搭載すれば、はるかに機体が重くなるからだ。動力飛行を成功させ、しかも生きて地上に戻ろうと思えば、まず飛行機の3種類の動きを制御する方法を見つけなければならない。航空用語でいうところのピッチ（縦揺れ）、ロール（横揺れ）、ヨー（偏揺れ）だ。飛行機の重心点を中心とする三次元の動きである。

ウィルバー・ライト
オービルよりも4歳上のウィルバーは、ライトフライヤー号の革新的な制御システムを考案したことで知られる。

オービル・ライト
弟のオービル。ノースカロライナ州キティホーク近郊で1903年12月17日、初の動力飛行をおこなった。

問題の解決

　ライト兄弟は、この制御問題への解決策を模索していた。そのことを示す最も古い根拠は1899年に遡る。彼らが動力飛行の研究を始めてから3年後のことだ。

　2人のうち革新的な役割を担っていた兄のウィルバーは、スミソニアン協会に手紙を書き、飛行機関係の資料があれば提供してほしいと依頼した。ここから2つの可能性が考えられる。①リリエンタールの死から3年後の当時、ライト兄弟は航空力学の研究を本格化させたばかりだったか、②すでにウィルバーはこの問題への解決策にたどり着いており、誰にも先を越されていないことを確認したかったか、のどちらかだ。

ウィルバーがのちに語ったところによれば、最初に機械制御システムを思いつくきっかけとなったのは、飛んでいる鳥の観察だったという。ハトが体を傾けて方向転換する様子は、自転車に乗った人が重心を移してコーナーを曲がるのに似ていると、彼は気づいた。ハトは、両翼の先端にある長い羽を動かして、この調整をおこなう。翼表面の気流の角度が変わるので、ハトは飛行しながら、難なく向きを変えることができるわけだ。

しかし、鳥の巧みな飛行術が解明できたところで、それを飛行機に応用する方法は決して明快ではなかった。飛行機の翼は、柔軟でなければ動かせないし、軽くなければ飛行機自体が飛ばない。かといって十分な強度がなければ、飛行中に受ける圧力には耐えられない。

ウィルバーは、柔軟性、軽さ、強度の3条件を兼ね備えた翼の設計方法を思いつく。彼は自転車用タイヤのインナーチューブの長く薄い空き箱を手にとり、両端を持ってねじった。ねじる力を抜くと、箱は自然と勢いよく元の形に戻る。これを見て、ウィルバーは複葉機を構想した。上下2組の翼を持つ初期の飛行機である。上の翼と下の翼の間には支柱があり、全体的に箱のような形をしている。操縦席のパイロットは、翼の先端近くに取りつけたワイヤーを介して翼をねじることにより、翼表面の気流を変えることができる。

ライトフライヤー号

ライト兄弟は、いきなり実規模の複葉機で自分たちの命を危険にさらすことはしなかった。まず、たこや無人グライダーにウィルバーの「翼ねじり」技法を施したもので、アイデアを試した。やがて1900年の秋から、ノースカロライナ州の海に面した町キティホークまで遠出して、飛行試験をおこなうようになった。この地は風況が飛行に適していた上、人目につかないという利点もあった。

それから数年間にわたり、兄弟は大型化したグライダーで有人飛行実験を続ける。2人とも操縦の腕を上げ、人が自転車に乗れるようになるのと同じように、グライダーでバランスを保てるようになった。こうした実験を重ねるなかで、兄弟は翼を大型化して揚力を増やすとともに、翼のねじりを大きくしてロールの制御を図った。また、前方に昇降舵（ヒンジで下がるフラップ）を、後方に方向舵をつけて、ピッチとヨーを制御できるようにした。

すべてうまくいったと満足したウィルバーとオービルは、今こそエンジンを積むべきときだと決意する。しかし適当な市販品がなかったため、エンジンとプロペラを自分たちで設計、製

鳥の観察

「暴れ馬を乗りこなす方法は2つしかありません。その馬にまたがって（中略）実践練習をするか、柵に腰かけて、その獣をしばらく観察するかです（中略）飛行機に乗る場合、危険な目に遭いたくないなら、柵に腰かけて鳥を観察すればいいでしょう。ですが本当に乗れるようになりたいなら、飛行機に乗り込み、実際にあれこれ試しながらコツをつかむしかありません」

ウィルバー・ライトが1901年9月18日、シカゴの西部技術者協会の会員に向けたスピーチより

ライトフライヤー号
ライトフライヤー3号を2人乗りにしたライトモデルA。商業生産された初めての飛行機だ。

作しなければならなかった。そこで手を貸したのが、彼らの自転車店で働いていた整備士、チャーリー・テイラーである。兄弟の描いた設計図を基に、わずか6週間で軽量エンジンを作った。

ライトフライヤー1号は、設計から製作まで7年の月日を要した。外部からの出資を一切受けず、自転車店の奥にこもったり、キティホーク近郊の砂丘にテントを張ったりして、必要な設計、製作をすべて自力でやり遂げたことを考えれば、実に素晴らしい偉業である。

大きな功績

しかし当初、報道機関はこの偉業にほとんど関心を払わなかった。その一因は、ライト兄弟がアイデアを盗まれないよう、ひそかに作業していたことにある。また、自転車店を営む兄弟が実用的な飛行機を作り上げたなどと信じる者は、ほとんどいなかった。

その後の数年間、2人は飛行機の安定性を高めるため、設計の改良に取り組んだ。そして1905年、真に実用的な最初の飛行機が完成した。ウィルバーはこのライトフライヤー3号に乗り、40分間で約39キロを飛行。動力飛行に関わる問題すべてを克服したことを、紛れもなく実証した。

ライト兄弟による最大の発明が制御システムであったことには疑いの余地がない。
このシステムの基本概念は、現代の固定翼機にも受け継がれている。

D・W・グリフィス、ハリウッドで映画を撮る

1910年

背景：エジソンの会社が特許を守るため、容赦ない手段を取り始める
主役：監督D・W・グリフィスと、アメリカ映画の初期のパイオニアたち
功績：ハリウッドが映画産業の中心地となった

映画の世界的中心地、ハリウッド。ここで撮影された最初の映画は、初期の映画の偉大な革新者D・W・グリフィスによる1910年の作品だ。

当時バイオグラフ社に勤めていたグリフィスは、ある作品の屋外シーンをハリウッドヒルズで撮ることを決めた。実は、初期の映画会社の例に漏れず、バイオグラフ社はニューヨークに本社を構えていた。当初は、ブロードウェイに面した建物（現在のルーズベルトビル）の屋上に設けた撮影所を使っていたが、1906年に東14丁目の屋内撮影所へ移転した。グリフィスが入社したのは、その2年後の1908年。最初は俳優として採用されたが、数ヶ月もすると監督として重要な存在になっていた。

1910年1月、バイオグラフ社は南カリフォルニアの明るい日差しを求めて、グリフィスと俳優の一行をロサンゼルスへ送り込んだ。

監督グリフィス

グリフィスがケンタッキーからニューヨークへ出てきたときの夢は、脚本家として名を上げることだった。しかし、この分野での成功はほとんどかなわず、俳優業に転身。その後、バイオグラフ社随一の監督が病気でやむなく引退すると、グリフィスは、映画に出るよりも映画を作る側に回る。監督の役回りはグリフィスに合っているようだった。仕事中毒のようなところがあり、週に3本というペースでコンスタントに映画を量産していった。いずれもフィルム1巻に収まる撮影量で（当時の映画界ではそれが普通だった）、上映時間も20分未満の作品だったとはいえ、信じがたい仕事ぶりである。それでいて質の高い映画を作っていたのだから恐れ入る。

グリフィスは、最新の技術を映画制作に取り入れた。自ら考案したものもあれば、他の監督の作品にヒントを得たものもある。舞台に向けて固定したカメラだけで撮る方法から脱却し、独自の形式で生み出す"芸術としての映画"を初めて確立した。

> グリフィスは、あらゆることに先んじていました。
> ハリウッドでおこなわれたことは、どれも彼が先にやっていたことです。
> 恩知らずな業界がハリウッド・ブールバードとバイン・ストリートの交差点に
> 高さ90フィートのグリフィス像を建てなかったことは、
> 永遠の謎であり、私の恥でもあります。
>
> ——ライオネル・バリモア、『われらバリモア一家』(1951年)より

ハリウッド

1910年1月、バイオグラフ社はグリフィスと俳優の一行をロサンゼルスへ送り込んだ。その中にはメアリー・ピックフォードやリリアン・ギッシュといった、のちの大女優もいた。ニューヨークの屋内撮影所に限定せず、屋外でも撮影したいと考え、南カリフォルニアの明るい日差しを活用しようとしたのだ。

独立系の映画製作者たちは、何年も前からロサンゼルスで活動するようになっていた。トーマス・エジソンがニューヨークで立ち上げたモーション・ピクチャー・パテンツ・カンパニー(MPPC)という団体から、できるだけ距離を置く必要があったためだ。MPPCの目的は、エジソン自身と、いくつかの映画会社が保有する多数の特許の保護だった。その特許は、映画制作に使われるほぼすべての機器やフィルムの在庫に及んだ。MPPCは違法撮影を阻止するため容赦ない手段を取ることがあり、時には暴漢を雇って映画のセットをばらばらに壊させるという暴挙に出た。そんな状況のなか、独立系の映画製作者が南カリフォルニアを選んだことは偶然ではない。ニューヨークから物理的に遠いだけでなく、カリフォルニア州政府は特許侵害に対して寛大だった。また、メキシコに近いことも、急きょ国外逃亡する必要に迫られた場合を考えると都合が良かった。

もっとも、バイオグラフ社はMPPCに加盟していたので、特許問題での懸念はなかった。ロサンゼルスに向かった理由は、気候に加え、カリフォルニアへの完全移転の可能性を検討することだった。グリフィスは相変わらず驚くべき仕事量をこなし、ロサンゼルスの空き地に建てた野外撮影所で作品を撮った。撮影の合間には、その後の企画に使えそうなロケ地を探して回った。19世紀初期のスペイン語圏アメリカを

D・W・グリフィス

初期の映画のパイオニアとして、500作以上の監督を務めた。初めてハリウッドで映画を撮影した人物。

舞台にした映画『In Old California』の撮影場所として、グリフィスは田舎を探していたのである。ハリウッドヒルズをロケ地に決めると、小さな町ハリウッドのホテルに拠点を設けた。そこは撮影場所に近くて便利な上、ロサンゼルスからも数キロしか離れていなかった。

こうして完成した映画は、実のところ、ハリウッドで撮影された最初の映画という点を除けば、特筆すべき点はほとんどない。本作は長い間、完全に消失したものと思われていたが、2004年に再発見され、94年ぶりに上映された。それは、スペイン人の女が求婚者2人のどちらと結婚するか選択を迫られるという17分間のメロドラマだった。彼女の選んだ男は実は役立たずの酔っ払いで、もう1人は出世してカリフォルニア州知事になる。この映画で本当に特筆すべきものは、ハリウッドヒルズの景色を撮ったグリフィスのカメラワークしかない。

最初の撮影所

翌年、ハリウッド初の撮影所ネスター・スタジオが開業する。ハリウッドは、当時すでにロサンゼルス市と合併していた。そして、1914年にセシル・B・デミルが撮影した長編映画『スコウ・マン』で、ハリウッドの名は大いに知られることになる。その後の数年間で、パラマウント映画社、ワーナー・ブラザース、RKOがハリウッドに撮影所を構え、ユニバーサルは、ハリウッドの近くに建てた巨大な撮影所に移転した。当のD・W・グリフィスは、すでにバイオグラフ社を去っていた。同社はフィルム1巻

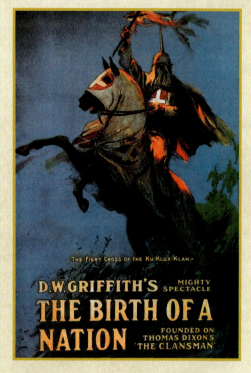

グリフィスの傑作
『國民の創生』は技術的には優れていたが、人種差別的な題材で大いに物議をかもした。

分の短編映画にこだわり続けていたが、彼はこれに縛られずに、1時間を超える長編映画を作りたかったのだ。

『國民の創生』

1915年、グリフィスの代表作となる『國民の創生』が公開された。南北戦争とその後の復興期を舞台にした壮大な物語だ。当時（現在も同じだが）、あからさまな人種差別的内容で物議

グリフィスはハリウッド初の映画を撮影した。その後の数年間で、パラマウント、ワーナー・ブラザース、RKOがこの地に撮影所を構えた。

撮影現場にて
1916年のグリフィス作品『イントレランス』に出演したコンスタンス・タルマッジ。セットの中で。

を醸した。映画制作技術の新しい基準を打ち立てたという点は、今もなお高く評価できるが、黒人を完全な悪役として扱う一方、クー・クラックス・クラン（KKK）を英雄的に描いた手法は、今では不愉快を通り越して滑稽なほどである。シリアスでドラマチックな作品というより、パロディーのつもりで作ったのではないかという印象さえ与えるものだ。

『イントレランス』

『國民の創生』は論争を巻き起こし、アメリカの数都市で暴動が起きた。人々は、騒ぎの元を自分の目で確かめようと、映画館に向かった。この大ヒットの後、グリフィスは多額の予算を投じた『イントレランス』という作品を製作する。4つの物語が同時進行するもので、上映時間は3時間を超える大作だったが、興業的には失敗だった。グリフィスは1930年代に入るまで映画製作を続けるが、成功を収めることは二度となかった。

初期のパイオニア

グリフィスは初めてハリウッド映画を撮った人物であるにもかかわらず、1946年に73歳で亡くなったとき、アメリカ映画史で果たした功績に見合う評価を得ることはなかった。その一因は『國民の創生』の人種差別的な側面にあることは間違いない。しかし、それだけではない。ハリウッドが進化を続けるなかで、取り残された初期のパイオニアの1人だったということだ。「グリフィスがハリウッドを作った」と言えば、事実の誇張になるだろう。確かに、1本の映画をハリウッドヒルズで撮影するという決断は、後続者に新しい道を開いたかもしれない。しかし、この町が映画産業の代名詞となる本当のきっかけを作ったのは、ロサンゼルス郊外にある比較的安価な空き地を買い占めた、大手映画会社である。

とはいえ、D・W・グリフィスが道を示し、映画産業に貢献したことに変わりはない。他にも初期の映画において彼が果たした功績を思えば、高く評価されてしかるべきだ。グリフィスが亡くなった後、チャーリー・チャップリンは彼の功績を次のように端的にたたえた。「彼は私たち皆にとっての師だった」。

142　逆境だらけの人類史──英雄たちのあっぱれな決断

ガンジー、市民的不服従を実践する

1917年

背景：インドで大英帝国による統治との闘いが続く
主役：マハトマ・ガンジーとインドの人々
功績：インドが独立する

　1915年1月に46歳でインドへ戻ったとき、モーハンダー・スカラムチャンド・ガンジーは、南アフリカでインド人コミュニティーの公民権運動をおこなった功績により、すでに国際的に認知されていた。それまでの21年間、彼は南アフリカで弁護士として活動していたのだ。ガンジーは、インドで「偉大なる魂」を意味する敬称「マハトマ」の名で広く知られていた。また、南アフリカと故郷グジャラート州に設立した「アシュラム（修行場）」で暮らす弟子たちにとっては、「バープー（お父さん）」でもあった。ガンジーにとって、インドでの公民権運動とイギリスからのインド独立の闘いに身を投じたことは、自然な成り行きだった。その流れで、彼は、イギリス支配の終結を求めて活動していた政党「インド国民会議派」に加わる。

　まだ南アフリカに住んでいたころ、ガンジーはインド国民会議派のリーダー、ゴーパール・クリシュナ・ゴーカレーから次のような助言を受けていた。インドで何か積極的な役割を担いたいのなら、インドの複雑な政治情勢を少なくとも1年かけてよく理解してからにすべきだ、と。この助言に従ったガンジーは、のちに、この穏健で良識あるゴーカレーのことを、自分の師であり指導者であると語っている。

インディゴ（藍）栽培の小作農

　1916年12月におこなわれたインド国民会議派の会合で、ある人物がガンジーに近づいてきた。ビハール州のヒマラヤ山麓のチャンパランからやって来た小作農のラジクマール・シュクラだった。彼はガンジーに、「チャンパランに来て、インディゴ栽培の小作農たちとイギリス人地主たちとの争議解決に手を貸してほしい」と依頼する。ガンジーは当初、この件を引き受けることに気が進まなかった。チャンパランのことを何も知らないし、インディゴ栽培の知識もなかったからだ（インディゴは染料の工業生産に使用されていた）。しかし、シュクラはガンジーの出席する会合すべてに現れ、繰り返し訴えたので、ついにガンジーはチャンパラン行きを承諾する。

　チャンパランに足を踏み入れるとすぐに、ガンジーは小作農の深刻な状況を悟った。手をこ

> ガンジーは、インドでは、「偉大なる魂」を意味する「マハトマ」の名で知られていた。

まぬいていては飢饉が起きるかもしれない。小作契約により、彼らは土地の一部に食用作物ではなくインディゴを植えることを強制されていた。また、収穫したインディゴを定額で地主に売ることも取り決められていた。地主たちは収穫物の買い取り価格の値上げを拒む一方、地代を小作農が払えないほど高く引き上げようとしていた。小作農たちは地元当局に苦情を申し立てようとしたが、まったく相手にされなかった。ビハール州政府は地主たちの言いなりだったのである。

これは、金と権力を持つ植民地主義者が地位と影響力を利用して、貧しい弱者から搾取する典型的な例だった。そして、ガンジーは決意を固める。南アフリカでイギリスの植民地支配に対抗すべく編み出した「市民的不服従」という手法を、母国で試すときが来たと。

市民的不服従

ガンジーは、ロンドンで弁護士として訓練を受けた後、南アフリカのダーバンに住む裕福なインド人イスラム教徒が経営する船会社で働いた。1893年5月、ピーターマリッツバーグで肌の色を理由に一等室への乗車を拒まれ、列車から放り出されたとき、ガンジーはある"覚醒"を経験した。「人として、インド人として、私には権利がないのだと悟った」と、のちに書いている。

それ以降、ガンジーは社会改革運動に取り組むようになる。そして、迫害に暴力抜きで立ち向かう手段として、「真理の力」を意味する「サティヤーグラハ」という考え方を生み出した。この理性的なスタンスは、ある信念を表していた。それは、虐げられても自分自身が道徳的に正しくいられる人は、目的達成のために自らが苦しみ犠牲になる必要性を受け入れたなら、最後には強い迫害者を負かすことができるというものだった。

インディゴ栽培の小作農と地主との争議に関わるようになったころにはすでに、ガンジーは自身の抗議手法を、「消極的な抵抗」ではなく「積極的な市民的不服従」へと発展させていた。チャンパランでは、多くの信奉者が彼の下に加わった。その協力を得て開いた会合で、小作農への不当な扱いを示す証拠が集められ、抗議とストライキが組織された。ビハール州のイギリス当局はガンジーを逮捕し、この地域からの退去を命じる。その過程で書かれたニュース記事

マハトマ・ガンジー(1910年)
1915年にインドに帰国する前、ガンジーは南アフリカで弁護士として働き、公民権運動をおこなっていた。

はすでにインド全土に報道されていたが、彼の知名度の高さから、国際的にも関心が集まり始めていた。

ガンジーは命令を拒んで裁判にかけられた。ここで中央政府が介入する。イギリス人地主の行状や地方役人との腐敗した関係が、綿密な調査には耐えられないと気づいていたのだろう。ガンジーへの起訴は取り下げられ、彼が委員を務める公式調査で争議の原因が調べられた。これが最終的に法律改正へとつながる。イギリス人地主はインド人小作農にインディゴ栽培を強制できなくなり、地代の値上げにも制限が設けられた。

ある覚醒

南アフリカを列車で旅行中、ある個人的な出来事から、ガンジーは覚醒する。ピーターマリッツバーグで乗車した白人の男が、ガンジーが1等室にいることに文句をつけたのだ。3等席へ移るよう車掌に言われるが、ガンジーは1等室の切符を持っていることを理由に拒否する。すると警官が現れ、ガンジーは無理やり列車から降ろされたのだった。次の列車を待つ数時間に、彼はある決意をする。この比較的小さな出来事をなかったことにはしないこと、そしてこれからは、自分自身の権利のみならず南アフリカのインド人コミュニティーの権利のためにも立ち上がることを、心に誓ったのである。そこに住む人々の多くは、彼が経験したよりもはるかにひどい扱いを日常的に受けていた。

これはガンジーと、その流儀サティヤーグラハの勝利だった。ガンジーはサティヤーグラハを、インド各地のさまざまな争議に用いるようになる。イギリス側は処対に困り、あるときは交渉を試み、またあるときは彼を投獄した。しかし道徳的に正しい側に立つことは決してできず、最後には必ずといってよいほど、彼の要求を受け入れる羽目になるのだった。

塩の行進

ガンジーの最も有名な抗議活動の1つは、1930年3月に始まった。イギリスによる塩税導入に反対するサティヤーグラハだ。この課税は、塩の採取と販売の独占権を事実上イギリスに与えるものだった。実はその数カ月前に、インド国民会議派が独立宣言を出し、イギリスに黙殺されるという出来事があった。ガンジーの政治仲間の多くは、彼の行動に困惑していた。独立というはるかに大きな問題に比べれば、塩税は、不当であるとはいえ重要性はかなり低い。そんなものに執拗に没頭するガンジーのことが理解できなかったのだ。

ガンジーは抗議の手始めとして、製塩をおこなう小さな村グジャラートの海岸沿いをダーンディー海岸まで、アシュラムの弟子たちとともに、24日間かけて歩いた。その距離390キロ。これは「塩の行進」と呼ばれるようになり、世界中の新聞やニュース映画で大々的に取り上げられた。あるときガンジーは海岸で数千人を前に、塩を含んだ泥を一握りすくい上げて言った。「私はこれで、大英帝国の土台を揺るがそうとしている」。さらに彼は、法律を破るという手段に出た。泥の混じった海水を沸かして塩を作り、塩税を払わなかったのだ。

数百万人のインド人がガンジーの例に倣い、6万人以上がイギリス当局に逮捕された。ガン

塩の行進
1930年、ガンジーはイギリスの塩税導入に抗議するため、弟子たちとともにグジャラートの海岸を行進した。

ジー自身も1年近く収監されたが、1931年の初めに釈放される。インド総督と紛争の解決に向けた交渉に当たらせるためだった。

独立

この交渉の結果、ガンジーは、インドでの憲法改正の議論にイギリスが同意すれば市民的不服従の運動をやめると約束した。塩の抗議の目的は、独立運動がインドの一般大衆の間で再燃し、国内でも全世界でも再び注目されるようにすることだった。イギリスがインドからの退去に最終的に同意するまでには、さらに16年を要し、この間、ガンジーは市民的不服従の運動をさらに起こした。そして1947年8月15日、インドは大英帝国の自治領となり、単独の国としての地位を獲得する。

しかしながら、ガンジーにとってこれはほろ苦い勝利だった。彼はヒンドゥー教徒とイスラム教徒との団結を、生涯にわたって奨励していたからだ。英領インドは宗教の境界線に沿ってインドとパキスタンに分割され、この分離は激しい暴力と、100万人にも及ぶ犠牲者をもたらした。

インドは1950年1月26日に共和国となったが、ガンジーがこれを目にすることはなかった。ヒンドゥー教の過激派に銃撃され、1948年1月30日にこの世を去っていたのだ。しかし、彼が築いた寛容と非暴力の遺産は今もインドに息づいている。

そしてガンジーの流儀は国境を越え、アメリカのマーティン・ルーサー・キング・ジュニアの公民権運動、南アフリカのネルソン・マンデラの反アパルトヘイト運動など、迫害に苦しむ人々の闘争に用いられてきた。ガンジーは今も、「インド建国の父」として、また、結果がどうなろうと自分の主義を生涯貫き通す覚悟を持ち、正義とインドの人々の権利のために闘ったからこそ成功した男として、記憶されている。

ロバート・ジョンソン、悪魔と取引する

1930年代

背景：演奏旅行中に妻がお産でなくなる
主役：ロバート・ジョンソンら、ミシシッピデルタのブルースマンたち
功績：ささやかだか、非常に影響力のある作品群が誕生した

近年、レコード会社がアーティストを「正統派」として売り出すときは、そのアーティストはまったくの無名か、曲作りはするが歌声は大したことがないかのどちらかと思ったほうがいい。1950年代後半から1960年代初めにかけてブルースが復興したとき、そんな宣伝文句はまったく必要なかった。白人の男子大学生を中心とした新しいファン層によって、1930〜40年代に活躍したミシシッピ・デルタ出身のブルースシンガーたちが再発見された時代のことだ。

ジョン・リー・フッカーやマディ・ウォーターズ、ハウリン・ウルフにB.B.キングといった有名どころをはじめ、ブルースシンガーの多くがミシシッピ・デルタにルーツを持つ。その多くはシカゴなどの工業都市へと北上し、演奏活動を続けた。アコースティックギターをエレキギターに持ち替えたアーティストも多い。

そして1961年、コロムビア・レコードがロバート・ジョンソンという、ほぼ無名のブルースシンガーのレコードをリリースした。彼は当時、デルタ出身のミュージシャンの間でもあまり知られていなかった。紛らわしい話だが、ここでいう「デルタ」とは、ミシシッピ州ビクスバーグとテネシー州メンフィスの間に広がる農耕平野のことである。ミシシッピ川の実際のデルタ（ルイジアナ州に属する三角州）のすぐ北側にある。

初期の影響

このリリースは、コロムビアの幹部でレコード・プロデューサーを務めるジョン・ハモンドの発案だった。ブルースの熱狂的ファンだったハモンドは、かつてジョンソンを訪ねてミシシッピ州へ出向いたことがある。それは1938年、ニューヨークのカーネギー・ホールで開催

> ロバート・ジョンソンは、ブルース界の最高のレジェンドになった。
> 昔は、歌とギターが達者な、ただの男だったということを、つい忘れてしまう
>
> ——イライジャ・ワルド著『Escaping the Delta』より

ロバート・ジョンソン、悪魔と取引する　147

デルタのブルースマン
偉大なブルースマンの1人、マディ・ウォーターズ。ロバート・ジョンソンと同じく、ミシシッピ州の田舎で生まれ育った。

ズがジョンソンの音楽に多大な影響を受けたことを認め、彼の楽曲をカバーした。こうして、はるかに幅広い層がジョンソンに注目し、ほとんど知られていない彼自身への関心が一気に高まることになる。

クロスロード伝説

　そして、ジョンソンにまつわる逸話が、なんの根拠もないまま広まり始めた。今なお彼の名前につきまとう話が「クロスロード伝説」である。とある十字路で真夜中、ジョンソンが「魂と引き換えに偉大なギタリストになれる」契約を悪魔と交わしたという話だ。

　もちろん、ジョンソンが悪魔に魂を売ったなどと本当に信じている人はいないだろう。すべての偉大なミュージシャンと同じく、彼もまた、練習に練習を重ねることで一流のギタリストになったことは間違いない。しかし、その忘れがたい歌詞や鬼気迫る歌声は、彼が何かに深く心を痛めていたことを暗示している。その苦悩の手がかりを多少なりとも浮き彫りにしてく

するブルース・コンサートへの出演交渉をするためだった。しかし、デルタに着いたとき、ジョンソンが少し前に亡くなったことを知らされた。

　それから23年の時を経てリリースされた『キング・オブ・ザ・デルタ・ブルース・シンガーズ』には、1936年と1937年の2回のセッションでレコーディングされたジョンソンの歌が16曲収録された。雑音が多いにもかかわらず、見事なギター演奏と悲しげな歌声、楽曲自体の素晴らしさによって、ブルース史に残る1枚となった。それでも、このレコードがごく少数の熱狂的なブルース・ファン以外にも評価されるようになるのは、何年も先のことだ。その後の10年間に、エリック・クラプトンやキース・リチャー

クロスロード
ミシシッピ州の国道49号線と61号線が交わる十字路。ジョンソンが悪魔と取引したといわれる場所だ。

> その忘れがたい歌詞と鬼気迫る歌声は、ジョンソンの奥深くにある苦悩を暗示している。

れる経歴がわからないまま、その死から30年以上の月日がたち、ジョンソンのファンは、彼について信じたいことをなんでも信じられるようになった。そしてジョンソンは、原型的なブルースマン、すなわち「苦しみ、真価を認められないまま、27歳でこの世を去った天才」となった。ジミ・ヘンドリックスもジム・モリソンも、ジャニス・ジョプリンも、さらにザ・ローリング・ストーンズの結成メンバーで、ジョンソンの音楽をキース・リチャーズに紹介したブライアン・ジョーンズも、同じ年齢で命を落としていることから、27歳は"ロック界の厄年"といわれている。27歳で他界したレジェンドたちのリストにジョンソンの名が加わるのは自然なことで、彼を巡る神話は、その音楽を聴く人々をさらに魅了する仕掛けとなった。

浮かび上がる素顔

デルタ・ブルースに対する関心と、ジョンソンの謎に包まれた生涯への関心が高まると、当然ながら人々はジョンソンの生い立ちを調べ始めた。デルタ・ブルースのミュージシャンや、ジョンソンと面識のあった隣人へのインタビューから、この男の姿が次第に浮き彫りになる。もっとも、なかにはあまり信ぴょう性のない話もあった。

ジョンソンは1911年5月にミシシッピ州ヘイズルハーストで生まれ、メンフィスや、デルタ内のさまざまな村で育った。ブルース・ミュージシャンとして名高いサン・ハウスは、ジョンソンが1920年代のある時期にロビンソンビルに住んでいたことを覚えていた。当時のジョンソンは「小さな男の子」で、ハーモニカは吹けるようになっていたが、ギターは下手だったという。20歳のころにはすでに音楽で生計を立てており、ミシシッピ州各地を旅して、街角や大衆

エレクトリック・ブルース
ロバート・ジョンソンと同時代に活躍したジョン・リー・フッカー。1940年代にデルタを去り、北部の工業都市へと向かった。

酒場、土曜の夜のパーティーなどで演奏していた。この旅にはジョニー・シャインズやデビッド・ハニーボーイ・エドワーズなどのミュージシャンも同行し、メンフィスやテキサス州の各都市、さらにはシカゴやニューヨークに行くこともあった。

どうやらジョンソンにはあちこちに恋人がいたようで、遠征先でなじみの女性の部屋に泊まったり、ライブの後に別の相手を見つけたりしていた。一部の人の見方によれば、奔放な女性関係がたたって、あるガールフレンドの夫とトラブルになり、その夫が毒を仕込んだウイスキーのボトルをジョンソンに勧めたという。「彼を殺した人物を突き止めた」と主張する研究者もいるが、確かな証拠は見つかっていない。確実にいえるのは、ジョンソンが1938年8月18日にミシシッピ州グリーンウッド近郊で死亡したこと。そして、さほど離れていない、シオンの山宣教バプテスト教会の、墓標のない墓に埋葬されたのではないか、ということだけである。

「悪魔の音楽」

こうしたエピソードの数々からは、彼の人生の要点しか伝わってこないが、ある少女の家族が語った話に、さまざまな噂の出所を知る手がかりがありそうだ。1928年2月、17歳のジョンソンは16歳のバージニア・トラビスと結婚した。このとき彼女は妊娠していたが、お産で亡くなってしまう。この不幸な出来事が起きたとき、ジョンソンは不在だった。出産を間近に控えた若妻を残し、どこかへ演奏旅行に出ていたのだ。帰宅したときには、すでに妻は亡く、埋葬も終わっていた。妻の信心深い遺族は、のちにこの悲劇に関して次のように断言する。"悪魔の音楽"を演奏するために妻を置き去りにし

ジョンソンの墓
1990年、ミシシッピ州グリーンウッドに建てられた小さな墓石。ロバート・ジョンソンがここに埋葬されている可能性が記されている(別の場所だという説もある)。

たりするから、神罰が下ったのだと。

この主張にジョンソンがどう反応したのか、今となっては推測することしかできないが、彼はその後、どこにも落ち着くことはなかった。『Hellhound On My Trail』という曲に歌われた、"彼につきまとう地獄の番犬"とは、妻の死に対する自責の念だったのかもしれない。

真実はどうあれ、本章で伝えたいロバート・ジョンソンの偉大な決断とは、自身の魂をどうこうしたという話ではない。ただ、彼がギターを弾き、ブルースを歌おうと決めた――その決断で十分なのである。ジョンソンの音楽は、正当に評価されるまで非常に長い年月を要したかもしれないが、とにかく出現したというだけで奇跡的なことなのだ。

ルーズベルト、ニューディールを表明する

1933年

背景：ウォール街大暴落をきっかけに世界恐慌が起こる
主役：フランクリン・D・ルーズベルト、ブレーントラスト、アメリカ国民
功績：アメリカは世界恐慌から抜け出すことができた

1932年11月の大統領選挙に向けて、民主党候補に指名されたフランクリン・D・ルーズベルトは、指名受諾演説で「ニューディール（新規まき直し）」という言葉を使った。この表現を特に強調したわけでもなければ、この表現に言外の意味を込める明確な意図もなかった。しかし、演説の数日後に新聞各紙がこの言葉を掲載し、いつしか、1930年代初頭に世界恐慌が経済や社会にもたらした壊滅的事態を収拾しようとしたアメリカの政策そのものを表すようになった。

この選挙戦でルーズベルトは、大統領に選ばれたら何をするつもりか具体的に明言しないばかりか、矛盾する声明を出すことさえあった。あるときは公共支出の削減を約束したかと思えば、その次には、雇用を増やすための大規模プログラムへの資金提供を約束する、といった具合である。

実際、ルーズベルトは何を語ったにせよ勝てる状況だったかもしれない。当時の大統領ハーバート・フーバーは、1929年10月のウォール街大暴落と世界恐慌の直前までアメリカが好景気を享受していたのは自分の手柄だ、といち早く主張していた。また、この不況の責任の矛先を自分以外のあらゆるもの、あらゆる人に向けようと必死だった。そのような人物が、景気回復

[
アメリカ国民のためのニューディールを、私は皆さんにお約束し、私自身に誓います。
ここにお集まりの皆さん、能力と勇気の新しい秩序の唱道者となりましょう。
これは単なる政治運動ではありません。闘いへの参加の呼びかけです。
票を獲得するためだけでなく、アメリカを国民の手に取り戻すこの聖戦に勝つために、
どうか皆さんの力をお貸しください

——フランクリン・D・ルーズベルトが1932年7月2日におこなった、
民主党の大統領候補指名の受諾演説より
]

FDR
フランクリン・D・ルーズベルト（FDR）は大統領就任後すぐに、アメリカが世界恐慌から抜け出すためのニューディール政策を導入した。

の舵取り役に適任だという印象を与えることは、ほとんどなかったのである。

圧倒的勝利

ルーズベルトは大統領選で圧勝を果たした。1932年11月の選挙から1933年3月の就任式までの数カ月は、新政権のメンバーを任命したり、ルーズベルトと連携して世界恐慌に取り組む道を探っていたフーバーをやり過ごすことに費やした。そして、のちに「ブレーントラスト」と呼ばれる顧問団を結成し、独自の計画を練った。しかし、ルーズベルトがこの時期にも、選挙戦の間もおこなわなかったことが1つある。それは、必然的に何が起こるかを明言することだ。彼は就任演説でも多くを述べなかった。ただ世界恐慌を招いた銀行家や資本家の無責任と腐敗を非難し、あの有名な言葉「われわれが恐れるべきものはただ1つ、恐れそのものだ」を言った。ルーズベルト自身どうすればよいのかわからないのではないかといぶかる人も多かったが、就任演説で明言したとおり、語るだけの時間は終わりを告げた。「ニューディール」の中身がなんであれ、大きな決断をし、実行に移すときが来たのである。

原因と結果

世界恐慌の始まりに関する解説は、解説しようとする経済学者の数だけ存在する。それは、

ウォール街大暴落

「ウォール街大暴落」として知られる株価大暴落が始まったのは、1929年10月24日のことである。投資家たちのパニック売りは、さらなる株価暴落を招き、10月29日（いわゆるブラックチューズデー）には、株式市場は完全に崩壊した。壊滅的な株価崩落の結果、銀行は数百万ドルの損失を出し、企業倒産が相次いだ。失業者が急増し、人々は物を買うことをやめた。そして不況、貧困、窮乏は、アメリカ全土はおろか世界各地に波及していった。

2008年に起こった金融危機の状況に似ている。経済学者は、それぞれ独自の見解に沿った結論に達することが多いので、起こったことについての認識は、私たちのそれと大差ないように思われる。当時の経済学者のなかには、国による経済への大幅介入を支持する者もいる一方で、それとは真逆の対応を求める者もいた。つまり公共支出を削減し、経済における政府の役割を減じて、市場の自律に委ねよという主張だ。もし、世界恐慌への取り組み方について合意がほとんどなされていなかったなら、その結果は誰の目にも明らかだった。

絶望的な貧困

1932〜33年の冬は、多くの人にとって絶望的な季節となった。失業者やホームレスが至る所に見られ、アメリカでは、掘建て小屋の立ち並ぶ集落――いわゆる「フーバービル」が、多くの町や都市の郊外に突如出現した。子どもたちは、靴なしで暮らし、それどころか十分な食べ物さえ手に入れられなかった。失業率は25パーセント近くまで上昇し、1300万人が職にあぶれ、工業生産高は1929年の暴落以来45パーセントも下落した。

さらに追い討ちをかけるように、アメリカの農業の中心地に「ダストボウル」という砂嵐が襲いかかった。異常な乾燥気象と、環境に合わない農耕法が相まって、中西部の広い地域で巨大な砂塵嵐がたびたび発生。かつては豊かだった農地の表土を吹き飛ばしていった。

ダストボウル
1935年4月にテキサス州ストラトフォードで発生した砂塵嵐。その原因は、乾燥気象と強風、環境に合わない農耕法だった。

> ルーズベルトの最大の功績は、アメリカの一般大衆に自信を取り戻させたことにある。

百日議会

　一方ホワイトハウスでは、膨大な問題がルーズベルトを待っていた。彼が解決策を見いだす試みにおいて、イデオロギー的政策を追求しなかったことは称賛に値する（そもそも追い求めるイデオロギーを持ち合わせていなかったと論じる者もいる）。ルーズベルトはむしろ、うまくいく可能性があるかどうかを基準に政策を立て、誰の発案であるかは問わなかった。顧問団「ブレーントラスト」は、銀行制度や労働市場の改革法を提案した。そのメンバーには、ルーズベルト政権で国務次官補を務めたレイモンド・モーリー、米国初の女性労働長官を務めたフランシス・パーキンスらがいた。

　ルーズベルトは、いわゆる「百日議会」で矢継ぎ早に法案を提出し、民主党と共和党から等しく支持を受けて、すべての法案を成立させた。それ以来、アメリカのメディアには、「就任後最初の100日間が経過してから、新大統領の仕事ぶりを査定する」という伝統が定着している。

第一次ニューディール

　ルーズベルトは手始めに国内のあらゆる銀行を一時閉鎖させ、その間に緊急銀行救済法を提出した。これは銀行の倒産という最も切迫した問題を打開するための法案だった。銀行の破綻を恐れた人々が預金を全額引き出したため、結果的に銀行が破綻に追い込まれる事態が各地で起こっていた。

　ルーズベルトは国民に政策を説明し、そのなかで銀行の閉鎖を「バンク・ホリデー（銀行の休業日）」と形容した。このいわゆる「炉辺談話」は定期的におこなわれるようになる。3月9日に連邦議会へ提出された銀行法案は、1回しか目を通されないまま、その日のうちに議会を

通過。これにより、連邦準備銀行を通じて公認銀行への無制限貸付が可能となり、実質的に全預金が保証された。銀行が4日後に営業を再開したとき、外には人々が列を作っていたが、その多くは、以前引き出した金を預け直そうとする人たちだった。マットレスの下に隠しておくよりも、銀行に預けるほうがずっと安全になったからだ。

銀行法に続いて、農業、工業、住宅、労働に関する法律が次から次へと制定される。また、酒類の製造販売を禁じる禁酒法が廃止されたが、この措置はアメリカ国民に大いに歓迎され、税収増加にもつながった。すべての新法が銀行改革ほど成功を収めたわけではないが、ニューディール政策は全般的にうまくいっているようだった。そしてアメリカ経済は、3年間苦しんだ大恐慌から徐々に脱却していった。

有言実行の人

結果的にアメリカの大恐慌は1933年3月に底を打った。ルーズベルトが最初の2年間に取り組んだ「第一次ニューディール」の最大の功績は、アメリカの一般大衆に自信を取り戻させ、仕事や家を失う不安なしに暮らしていける状況を作ったことにある。

国の直面する問題の大きさにひるんだような印象を与えたフーバーとは対照的に、ルーズベルトは、アメリカ経済を再び動かして雇用を増やすために必要なことはなんでもする「有言実行の人」として、国民の目に映った。銀行や企業は通常業務に戻り始め、産業は持ち直し、大量に解雇していた従業員の一部を再雇用し始めた。大恐慌が終わったわけでは決してなかったが、多くの人々が、以前よりも明るい未来を思い描けるようになっていた。

まだ不十分?

ニューディールに対しては、その最初の導入以来、同じような批判が繰り返されてきた。「国民生活に国が関与する可能性をルーズベルトが広げすぎた」とする意見がある一方、「ルーズベルトのやり方は不十分であり、多くのヨーロッパ諸国で採用されている包括的な社会的施策を導入すべきだった」とする向きもある。

しかし、ニューディールの結果がどのように評価されようと、アメリカ史上、いや世界史上最も深刻で、最も破壊的な不況に立ち向かうべく、直接的な行動を起こそうと決めたルーズベルトの決断は、間違いなく、アメリカ史上最善の政治的判断の1つだったはずだ。

第二次ニューディール

最初の2年間に成し遂げた成功を足場として、ルーズベルトはいわゆる「第二次ニューディール」に着手する。差し迫った多種多様な社会問題に取り組むべく、1936年から1938年にかけて、さまざまな法案を提出した。しかし、最初に導入した経済施策に比べて、健康保険や社会保障といった社会問題に連邦政府が関与することは、はるかに大きな物議を呼んだ（アメリカではいつものことなのだが）。この試みは、改革支持のリベラル派と絶対反対の保守派との対立を再燃させた。これはオバマ大統領がおこなった医療保険制度改革を巡る状況にも似ている。

炉辺談話
1934年9月30日、有名な「炉辺談話」をおこなうルーズベルト。アメリカの経済状況を国民に説明した。

　ルーズベルトのニューディールの効果は、最初の導入時から数十年にわたって続いた。今なお有効な計画もある。ニューディールはまた、アメリカの政治に根本的な再編をもたらした。いわゆる「第五政党制」である。この制度において、リベラルな信条を持つ有権者が民主党を支持するようになり、保守的な人々は共和党を支持する傾向が見られた。この状況は今もさほど変わらない。

　ルーズベルトは史上初めて4期目に突入し、任期途中の1945年にこの世を去るまで、アメリカ大統領の職にあった。つまり、世界恐慌に対処しただけでなく、アメリカを第二次世界大戦に導いた人物でもあり、さらに大きな決断をいくつもおこなったのである。

> アメリカ史上、いや世界史上最も深刻で、最も破壊的な不況に立ち向かうべく、直接的な行動を起こそうと決めたルーズベルトの決断は、間違いなく、アメリカ史上最善の政治的判断の1つだったはずだ。

イギリス内閣、抗戦を決議する

1940年

背景：	第二次世界大戦の開戦当初、イギリスが絶望的な状況に追い込まれる
主役：	ウィンストン・チャーチル、ネヴィル・チェンバレン、ハリファックス卿、クレメント・アトリー、アーサー・グリーンウッド
功績：	ヒトラーとは交渉しなかった

1940年5月も終わりに近づくころ、ナチスドイツとの戦いにおいて、イギリスはひどい劣勢に立たされつつあった。ノルウェー、デンマーク、オランダ、ベルギーは、すでに降伏したか、またはその一歩手前の状態だ。5月13日には電光石火のフランス侵攻が始まった。その後、フランスで戦っていたイギリス海外派遣軍は、ダンケルクの海辺で立ち往生する。せん滅されるか、捕虜とされる前にできるだけ多くの兵士を撤退させようと、必死の試みがなされていた。フランスは数日中にも降伏する見通しだった。孤立無援の状態に陥ったイギリスは、ドイツによる本土侵攻の脅威に直面することになる。フランス侵攻が始まる3日前の5月10日に首相に任命されたばかりのウィンストン・チャーチルは、イギリスが置かれた悲惨な状況について議論するため、5月28日に戦時内閣の閣議を招集した。

戦時内閣

チャーチルは首相就任後すぐ、主要3政党すべてから閣僚を選んで組閣し、中央政府を発足

> ヨーロッパの多くの地域と多くの由緒ある名高い国々が、
> ゲシュタポや、ナチス支配のあらゆる唾棄すべき組織の手に落ちようと、
> あるいはその危険にさらされようと、
> われわれは、へこたれることも打ちのめされることもない。
> 最後まで戦い抜く。われわれはフランスで戦う。沖合でも洋上でも戦う。
> 自信を強め、力を増し、空でも戦う。いかなる代償を払おうとわれわれの島を守る。
> 海辺で戦い、敵が上陸すればその場所で戦い、野原でも街中でも戦う。
> 丘陵地でも戦う。絶対に降伏などしない……
>
> ──ウィンストン・チャーチルが1940年6月4日に下院で、
> さらには同日夕刻にラジオでもおこなった演説より

勝利のVサイン
チャーチル独特のジェスチャー。彼は1940年5月の戦時内閣の閣議で、ヒトラーとの交渉に強い異を唱えた。

心に進められた。ムッソリーニは、イギリスとドイツの和平交渉の仲介役を務めようとしていた。ハリファックスは、この申し出を受けることに賛成の立場を示した。フランスが降伏する前に和解に持ち込めば、イギリスは有利な条件を手にできるばかりか、侵略の脅威も回避できる。しかし、この指摘にチャーチルは激怒。ドイツの指導者アドルフ・ヒトラーとのいかなる交渉にも断固反対した。

アトリーとグリーンウッドはチャーチルを支持したが、チェンバレンは態度を決めかねていた。最終決定の前、チャーチルは全閣僚25人にこう語りかけた。「あの男」(彼はヒトラーをこう呼んでいた)と交渉するという提案について私はよく検討したが、どのような合意に達するとしても、イギリスがナチス体制の"奴隷国"となることに変わりはないと。そして次のように締めくくった。

仮に私がたとえ一瞬でも和平交渉や降伏を夢想したなら、きっとあなた方はひとり残らず立ち上がり、私をこの座から引きずり下ろすことだろう。もしわれわれの島の長い歴史がついに終わりを迎えるとするなら、それはわれわれ皆が地面に倒れ伏し、自らの血が喉につかえて息ができなくなったときだけにしようではないか。

この短い演説は拍手喝采を浴びた。それは内閣の大多数が彼を支持していることの表れであり、チェンバレンも意を決して賛成に回った。1人納得していなかったのはハリファックスだ。その日の日記には、「ウィンストンの話は不愉快極まるたわごとだ」と記している。しかし決断はすでに下されていた。イギリスはヒトラーと取引せず、孤軍奮闘する道を選んだ。

させた。また、はるかに小規模な戦時内閣を任命することで、戦争遂行に関する意思決定プロセスを可能な限り効率化した。戦時内閣のメンバーは5人。チャーチルの他、保守党からは前首相ネヴィル・チェンバレンと外務大臣ハリファックス卿の2人、労働党からはクレメント・アトリーとアーサー・グリーンウッドの2人が入閣した。

戦後30年たってから公開された情報によれば、5月28日の閣議は、2日前にイタリアの独裁者ベニート・ムッソリーニから届いた提案を中

ハリファックス卿
ヒトラーとの交渉に賛成したハリファックスは、チャーチルの信頼を失い、のちに戦時内閣から外される。

ハリファックス卿

　チャーチルが首相に選ばれたとき、有力な対立候補はハリファックスしかいなかった。もしハリファックスが首相になっていたらどうなっていたかは推測の域を出ないが、戦時内閣の閣議での彼のスタンスを見れば、ヒトラーと交渉していたであろうことは明らかだ。チャーチルの考えはこうだった。交渉受け入れはイギリスの弱さの表れとヒトラーに受け取られ、イギリス侵攻計画の追い風にしかならないと。

　チャーチルは以前からハリファックスをあまり信頼していなかったのだが、これを境に、そのわずかな信頼さえ消えうせる。チャーチルはハリファックスをしばらく戦時内閣にとどめ置いたが、9カ月後にはアンソニー・イーデンと交代させた。

最良の時

　その夜遅く、チャーチルは内閣と上級文官に回状を出す。メッセージは明快だった。抗戦の決断はすでに下されたのであり、チャーチルは敗北主義を掲げるつもりなど一切なかった。イギリス各都市に爆弾が投下され、ダンケルクでの戦況は刻々と悪化しているようだった。そんな状況でチャーチルが最も避けたいのは、自らの政府に足を引っ張られることだったのだ。

　それから数日かけて、30万人以上の兵士がダンケルクから撤退した。それは奇跡に他ならなかったが、大きな敗北であることは誰の目にも明らかだった。それを踏まえてチャーチルが6月4日に下院でおこなった演説は、彼の生涯最高の名演説だった（156ページ参照）。その日の夕方、彼はラジオ放送で国民に対しても同じ演説をおこなった。

　しかし、その2週間後、6月16日のフランス降伏を受けて、さらに人々を鼓舞する言葉が必要だった。チャーチルは次のように述べた。「ウェイガン大将（フランス陸軍の司令長官）が言うところの"フランスのための戦い"は終わった。そして今まさに"イギリスの戦い"が始まろうとしているのだろう」。さらに、こう続けた。

　……もしわれわれが負ければ、世界中が——アメリカも、われわれのよく知る大切なものが何もかも——悪用された科学の光により、新たな暗黒時代の深みへと沈むだろう。その暗黒時代は以前にも増して不気味で、おそらくさらに長引くことだろう。ゆえに、われわれは腹をくくって本分を尽くそうではないか。大英帝国とその連邦が今後千年続くなら、千年後の人々にも「これが彼らの最良の時だった」と言わしめるような、そんな行動を取ろうではないか。

戦意の証明

チャーチルの戦う決意をさらに証明するような決断が、7月3日に戦時内閣とともにおこなわれた。イギリスの立場を非常に明確にしてみせた、その決断とは、アルジェリアのメルセルケビールの港に停泊しているフランス海軍の艦艇の指揮官に、イギリス軍への艦艇引渡しの最後通牒を突きつけるというものだった。フランス艦艇がドイツ軍の手に落ちないようにするための措置である。フランスの指揮官がこの要求を拒否すると、イギリス海軍は砲撃を開始。フランス軍は1300人近い水兵を失った。

フランスといえば、わずか数週間前までイギリスと同盟関係にあった国である。この攻撃は、誰の目から見ても無慈悲で冷酷なものだった。もしヒトラーがイギリスの戦意を本気にしていなかったとしたら、この悲惨な出来事がその考えを変えさせたことは間違いない。

バトル・オブ・ブリテン

このメルセルケビールでの攻撃と同時にバトル・オブ・ブリテン（英国空中戦）が始まり、「大西洋の戦い」は激化した。海上ではドイツ軍のUボートと軍艦が、イギリスの命綱である兵站線を北米から切り離そうとしていた。南イングランド上空でイギリス空軍とドイツ空軍の戦闘機パイロットたちが空中戦を繰り広げる間、ドイツ軍はイギリス各都市への爆撃作戦を続けていた。イギリス侵攻を仕掛けるには、まずイギリス海峡と沿岸で制空権を手に入れる必要があると、ヒトラーは知っていたのだ。7月と8月に、空からの猛攻撃がやむことはなかった。

ドイツの文書で戦後明らかになったことだが、ヒトラーは9月15日をイギリス侵攻の日と決めていた。その日は最も激しい空中戦が何度も繰り広げられ、両軍とも甚大な損害を被ったが、バトル・オブ・ブリテン全体で見ると、ドイツ軍が倍以上の乗組員を失うこととなる。戦闘はイギリス上空でおこなわれたため、ドイツ空軍は不利な立場にあった。ドイツ軍機はフランスへ燃料を補給しに戻らなければならず、イギリス上空にとどまれるのは数分間だけだったのである。

9月15日以後、ドイツ空軍は作戦を夜間奇襲に切り替え、イギリスの勝利は明らかになる。こうしてドイツ軍の西ヨーロッパ進軍は止まった。現時点での見通しがいかに暗かろうと戦い続ける、というチャーチルの決断は正しかったことが証明されたのだ。

少数精鋭

1940年8月16日、アクスブリッジにあるイギリス空軍第11戦闘機群の本部を訪れたチャーチルは、作戦指令室を見下ろす席に座り、眼下のテーブルに描かれた地図上で、イギリス海峡を渡ってきたドイツ軍機に次々と印が付けられる様子を見守った。その日は第11戦闘機群の全飛行隊が同時に上空にいた時間があり、その活躍を受けてチャーチルは述懐する。「人類の争いの歴史を振り返っても、これほど多数の者が、これほど少数の者に、これほど大きな恩義を受けたことはない」。この発言は、シェイクスピア作『ヘンリー五世』のなかでアジャンクールの戦いの前夜に王が軍隊を召集しおこなった、聖クリスピンの日の演説を思い起こさせた。これをのちの演説に組み込んだチャーチルは、国全体の雰囲気を短い言葉で言い表す能力を再び発揮する。

160　逆境だらけの人類史——英雄たちのあっぱれな決断

ルーズベルトとチャーチル、大西洋憲章に調印する

1941年

> **背景**：ヒトラー率いるナチス・ドイツとの戦いが続く
>
> **主役**：アメリカのフランクリン・D・ルーズベルト大統領、イギリスのウィンストン・チャーチル首相、および両国の軍事・外交代表
>
> **功績**：ルーズベルトとチャーチルが緊密な連携関係を結び、作成した憲章が、のちの国連創設の基盤となった

1941年8月9日、アメリカのフランクリン・D・ルーズベルト大統領とイギリスのウィンストン・チャーチル首相は、アメリカの重巡洋艦オーガスタで会談をおこなった。オーガスタは、カナダの東海岸に位置するニューファンドランド島のプラセンシア湾に停泊していた。両者はこれを手始めとして、第二次世界大戦中に何度も会談することとなる。

オーガスタの停泊場所から見えるアメリカ海軍アルジェンシャ基地は、両国間の借地契約の一環として6カ月前にアメリカがイギリスから土地を取得し、最近建設したものだった。この借地契約は、アメリカがイギリスに軍需物資を供給することの見返りに、カリブ海上と北大西洋上の軍事施設を多数賃借することなどを定めていたのである。

チャーチルがイギリス戦時内閣の海軍卿であった1939年9月の第二次世界大戦勃発以来、2人は電話と電信で定期的に連絡を取り合っていた。両者とも、対面での話し合いを非常に重視していた。相手の人となりを見定め、個人的な関係を築くことができるからだ。

大西洋会談の目的

ルーズベルトの側近ハリー・ホプキンスが会談を提案したとき、2人は快諾した。チャーチルがイギリス海軍の戦艦プリンス・オブ・ウェールズで大西洋を横断して来たのに対し、ルーズベルトはニューファンドランド島での秘密会談

チャーチルがイギリス戦時内閣の海軍卿であった1939年9月の第二次世界大戦勃発以来、2人は電話と電信で定期的に連絡を取り合っていた。
両者とも、対面での話し合いを非常に重視していた。
相手の人となりを見定め、個人的な関係を築くことができるからだ。

ルーズベルトとチャーチル、大西洋憲章に調印する　161

を誰にも知られないようにするため、影武者を大統領専用ヨットで旅行に出した。

　このいわゆる「大西洋会談」の主な目的は、第二次世界大戦中の両国の共通目的を議論すること、そして（連合国側の勝利を仮定した）戦後の世界体制の構想を決めることだった。しかし、それは表向きの目的であり、他にも両国がそれぞれ独自の計略を持っていたことについては、ほとんど疑いの余地がない。

　イギリスがアメリカに望んでいたのは、戦争への関与をもっと強めること。つまり、物資供給や支援よりさらに踏み込んで、実際に軍事関与することだった。

大西洋会談

イギリス海軍の戦艦プリンス・オブ・ウェールズの艦上にたたずむチャーチルとルーズベルト。左側でルーズベルトの身体を支える人物は息子のエリオットだ。

それぞれのアジェンダ

　チャーチルは、ルーズベルトのアメリカ参戦表明を阻むいくつかの政治的理由を認識していた。例えば、アメリカで参戦支持の世論がいまひとつ盛り上がっていないことや、1823年のモンロー主義以来長年にわたって、ヨーロッパの戦争に関与しないという外交政策をアメリカ政

ヒトラーへのメッセージ

　大西洋憲章は、イギリス・アメリカ間の条約として拘束力を持つ文書ではなかった。報道発表ではルーズベルトとチャーチルの双方がこの憲章に署名したと伝えられたが、実際にはどちらも署名していない。チャーチルは最終草案の完成前に帰国の途についている。それでも、この憲章は多くの点で重要な意味を持っていた。特にヒトラーに対しては、アメリカが断固としてイギリス側につき、ナチスドイツの敗戦を期待しているという明確なメッセージとなった。

府が取ってきたことなどである。

　11月に迫るアメリカ大統領選挙で慣例破りの3期目当選を果たしたいルーズベルトが、大部分の有権者からそっぽを向かれるような行動を取るはずはない。それでもチャーチルは、「しかるべき時が来たら参戦する」という個人的な約束を、ルーズベルトから取りつけたかったのである。

　一方アメリカ代表団の密かな目的は、イギリスに比べて、捉えがたく長期的なものだった。国際問題へのイギリスの長年にわたる影響力を弱め、共和主義（世襲的君主ではなく選出された大統領による政治体制）——できることならアメリカのやり方に基づいた——を広める手立てを模索していたのである。そうしてイギリスの帝国主義（植民地支配）に取って代わることにより、新たな世界秩序において、富と経済力を武器に世界大国の座を奪うことができると、アメリカは考えていた。

会談

　8月11日を皮切りに、会談は3回に分けて開かれた。ルーズベルトとチャーチルの会談に加えて、両国の参謀長が集まり軍事戦略について議論することもあった。この軍事戦略は、両国の利益が一致する分野を管理するための連携方法を模索すべく、両指導者から指示されたものだった。

　3回目の会談は両国の外交職員の間でおこなわれた。彼らに課せられた仕事は、戦後の構想としてルーズベルトとチャーチルが合意した目標を、共同声明にまとめ上げることだった。協議の2日後に会議は散会となり、翌8月14日、マスコミに最終文書が発表される。タイトルは『ルーズベルト大統領とチャーチル首相による共同宣言』だったが、まもなく新聞報道で「大西洋憲章」と呼ばれるようになった。

憲章

　憲章の目的は、戦後構想の詳細を提示することではなく、構想を実施するための基本理念を打ち出すことだった。8項目から成る憲章の第1～3項（右ページ参照）は、終戦後、合意に至るであろう領土問題に関する内容だった。境界線のいかなる変更も、その影響を受ける人民と協議した上でおこなわれなければならず、人民は自らの政体を選ぶ権利を有する、と述べられている。

　実際に明文化されてはいないが、インドなど独立運動が起こった大英帝国内の各地域を念頭に置いていることは明らかだった。アメリカの反帝国主義感情の明らかな表れであり、同国側の交渉人が会談で強い立場にあったことを物語っている。イギリスは、戦争遂行のためにどうしてもアメリカの支援を必要としていた。国際問題の決定権がイギリスからアメリカへ決定

> 1. 両国は、それが領土に関するものかどうかを問わず、いかなる拡大も求めない。
> 2. 両国は、当事国の人民が自由に表明した願望に合致しない場合は、いかなる領土変更も欲しない。
> 3. 両国は、あらゆる人民がその下で暮らす政体を選択する権利を尊重し、また、主権と自治を強制的に奪われた人民がそれを取り戻すことを希望する。
>
> ——大西洋憲章の第1〜3項

的に移ったのはまさにこの瞬間だ、と指摘する歴史学者もいる。

第4〜7項は貿易、社会保障、公海航行の自由に関する内容で、「すべての国のすべての人民は、恐怖や欠乏とは無縁の人生を全うすることができる」と保証した。

第8項の全文を以下に引用する。

両国は、世界のすべての国々が、現実的および精神的な理由から武力行使の放棄に至らねばならないと信じる。自国の領土外に侵略の脅威を与える、あるいは与えるかもしれない国々が陸、海、あるいは空で軍事力を行使し続けたならば、将来、平和を維持することはできない。ゆえに、より広範かつ恒久的な安全保障体制が確立されるまでの間は、こうした国々の非武装化が不可欠であると両国は信じる。加えて両国は、平和を愛する諸国民のために、軍事力という過重な重荷を軽減する他のすべての実行可能な方策を支援し、奨励する。

この文書は第二次世界大戦の終戦後に両国から完全無視されたともいえるが、それでもなお、上記の言葉はこのような文書の締めくくりとして実に立派である。しかもこの条項は、戦後世界で平和と安全の維持を図る国際機関の立ち上げにつながった。その意味で大西洋憲章は、1945年に調印された国際連合憲章の、直系の前身といってよい。

新しい世界秩序

このように、戦後世界について話し合う会議の開催、さらには大西洋憲章の制定をルーズベルトとチャーチルは共同で決断したわけだが、その影響は広範囲に及んだ。両首脳の結びつきは強まり、のちにソビエト連邦のヨゼフ・スターリンを交え、連合国の戦争遂行努力を率いることとなる。

このように古参の政治家たちが始めた新たな世界秩序の確立プロセスは、次世代に引き継がれ、その達成状況は一進一退であるにせよ、現在も続けられている。

大西洋憲章は、国際連合設立に当たって1945年に調印された国際連合憲章の、直系の前身といってよい。

アイゼンハワー、Dデイの侵攻を決める

1944年

> 背景：悪天候のため、ノルマンディー侵攻は延期を余儀なくされる
> 主役：ドワイト・D・アイゼンハワー陸軍大将、Dデイに侵攻した連合軍
> 功績：西ヨーロッパにおけるナチスドイツにとっての、終わりの始まり

ドワイト・D・アイゼンハワー陸軍大将はアメリカ人だが、1944年6月の最初の数日間は、まるでイギリス人のように天気にこだわっていた。それも無理はない。連合国遠征軍最高司令部（SHAEF）の最高司令官として、「オーバーロード作戦（フランスのノルマンディーへの侵攻計画につけられたコード名）」とそれに続く陸戦を計画、実行する責任があったからだ。

オーバーロード作戦

この史上最も大規模で複雑な、陸海空からの侵攻計画では、侵攻初日だけをとってもアメリカ・カナダ・イギリス軍から成る15万人以上の兵士がノルマンディー海岸に上陸し、数カ月かけて、さらにほぼ200万人が後に続くことになっていた。

侵攻初日——通称「Dデイ」——は、作戦全体を見わたしても最も重大な1日だった。なにしろ、この侵攻が成功するか失敗するかによって、ナチスに占領されているフランスの当面の展望はもちろん、戦争全体の行方が決まるのである。

荒天

アイゼンハワーはDデイを暫定的に6月5日と定めていた。5月中、理想的な天候が続いていたし、この時期のノルマンディー海岸の潮の

> 私は、得られる限りの最良の情報に基づいて攻撃の日時と場所を決めた。戦車中隊、空軍および海軍は、勇敢さと任務への献身がなし得るすべてを尽くした。この企てに非難すべき点や落ち度があるなら、その責任は私一人にある
>
> ——作戦が完全に失敗した場合に備えて、アイゼンハワーがDデイの前夜に書いた手記

干満と月明かりの組み合わせは侵攻に好都合だったのだ。

しかし、Dデイが近づくにつれて天候は悪化した。進撃命令か臨戦態勢解除命令のいずれかを下さねばならない6月3日の夜、イギリス海峡には嵐が吹き荒れ、北フランスのほぼ全域で雲が低く垂れこめていた。つまり、6月5日の朝の侵攻開始は事実上不可能だった。荒天のなか、陸海空軍共同の侵攻軍を送り出す危険性は明らかで、どんよりとした曇り空では航空機による上陸援護もできない。また、戦略拠点を攻略する兵士たちがパラシュートやグライダーで内地に上陸する際に必要な空挺作戦も、実施不可能となる。

アイゼンハワーは翌日への延期を決断した。再び延期すれば建て直しに数週間を要する恐れがあるため、翌日は、さらに難しい判断を迫られることとなる。主任気象予報士によれば、6月6日の早朝、短時間だけ天気が回復する可能性があるという。アイゼンハワーはSHAEFの軍司令官たちに意見を求めた。その結果、リスクを冒す価値があると考える者と、慎重を期すべきと進言する者とに分かれた。

アイゼンハワー
1944年6月5日、Dデイの最初の攻撃に備える、アイゼンハワーとアメリカ軍第101空挺師団の落下傘部隊員たち。

最終判断はアイゼンハワーに委ねられた。もし判断を誤れば、指揮下の兵士数千人の命を犠牲にしかねない。6月4日の夜9時45分頃、彼はついに心を決め、進撃命令を下した。

アイク

　アイゼンハワーは、アイクという愛称で広く知られた。1942年11月に始まったアメリカ軍による北アフリカ侵攻、いわゆる「トーチ作戦」や、翌年のシチリア島およびイタリア本土への侵攻を全面指揮したという話もある。しかし、彼がSHAEFの指揮を取るべき唯一の候補者、というわけでは決してなかった。
　ウィンストン・チャーチルは、その任務をイギリスの帝国参謀総長であるアレン・ブルック陸軍大将に与えると約束していた。アメリカでは、陸軍参謀総長を務めるジョージ・マーシャル陸軍大将が本命視されていた。チャーチル

ノルマンディー上陸
Dデイに15万人の連合軍兵士がイギリス海峡を横断。ノルマンディーの海岸への突撃に参加した。

は、このポストをアメリカ軍に譲らなければならないことに気づく。イギリス陸軍はすでに目一杯活動しているため、戦争終盤には多くの人員や物資をアメリカに頼らざるを得ないからだ。一方ルーズベルト大統領は、マーシャルを参謀長としてワシントンにとどまらせ、アイゼンハワーを任命する道を残しておきたいと考えていた。
　陸海空からの上陸を伴う3つの主要作戦の計画立案と監督をアイゼンハワーが見事にやり遂げたにもかかわらず、一部の軍高官は、彼が任命されることを快く思わなかった。軍司令官としての能力に定評があるというよりは、管理や駆け引きの能力に長けているおかげで、平時に

アメリカ陸軍の階級を少しずつ上ってきた、実戦経験のないキャリア参謀将校と見られていたのだ。

しかし結局のところ、アイゼンハワーがこの任務に最適だった理由は、まさにこうした調整能力や人材マネジメントの資質にあった。彼はノルマンディー上陸作戦の準備を進めるなかで、多くの大物政治家や軍司令官の強烈な自尊心をうまくコントロールする能力をたびたび発揮した。そのなかには、チャーチル自身の他、イギリス軍陸上部隊の司令官バーナード・モントゴメリーや、同じくアメリカ軍陸上部隊の司令官ジョージ・パットンも含まれていた。モントゴメリーとパットンのライバル意識は、ドイツ軍に対する戦闘意欲に劣らないほど激しいものだった。

侵攻計画を立てる

アイゼンハワーがSHAEFの司令官に任命されたころにはすでに、上陸先としてノルマンディーの海岸が選ばれていた。本当に有効な唯一の代案として北方のパ・ド・カレーが挙がっていたが、ノルマンディーのほうが適しているという結論だった。

この計画を見せられたアイゼンハワーがモントゴメリーとともに最初におこなった決断は、初回侵攻時の兵力規模と上陸地域の拡大である。しかしそのためには、もともと5月初旬とされていた侵攻予定日を6月に延期する必要があった。攻撃規模の拡大に伴って必要となる追加の人員や装備を、確実に間に合わせるためである。

この決断を皮切りに、アイゼンハワーは、この重大な計画の過程で数多くの決断を下すこととなる。その多くを彼は、自分以外のほぼすべての関係者の間で巻き起こる激しい異論や討論のなかで成し遂げた。

計画を練っていた数カ月間、機密保持は何よりも重要な課題だった。フランスで防衛に当たるドイツ軍の司令官エルヴィン・ロンメルは、イギリスでのアメリカ軍の兵士と装備の大幅な増強について十分な情報をつかんでいたが、侵攻はまだ計画途上にすぎないとも考えられた。ロンメルは、命令を受けるとすぐに、イギリス海峡を臨む北フランスの海岸に沿って作られた防衛建造物「大西洋の壁」の増強・強化を指示する。もしもロンメルが攻撃の正確な日時と場所を割り出していたなら、上陸地帯に部隊を差し向けられたはずなので、アイゼンハワーの作戦はほぼ間違いなく失敗に終わっていたことだろう。

偽の情報

侵攻自体の計画立案の一方、ドイツ軍を欺いて侵攻軍の上陸先をパ・ド・カレーと信じ込ませる「フォーティテュード作戦」に全力が注がれた。ダミーの師団をイングランドの東海岸に仕立てた他、大幅な戦力増強による無線交信のようなものを放送し、また、ドイツ語のできる秘密諜報員を使って、ナチスの諜報機関に嘘の情報を流した。その効果は絶大だったので、Dデイに上陸を始めた後でさえ、ノルマンディー

フランスで防衛に当たるドイツ軍の司令官エルヴィン・ロンメルは、
イギリスでのアメリカ軍の兵士と装備の大幅な増強について、情報を十分につかんでいた。

ノルマンディー上陸

ロバート・F・サージェントの有名な写真『死地へ』。Dデイにオマハの海岸へ突撃するアメリカ陸軍第1師団を撮ったものだ。

で実際に起こっていることこそ欺瞞計画の一部だと信じ続けるドイツ軍司令官がいたほどだ。このためドイツ軍の武装戦力は、連合軍がはるか南の海岸に陣地を設けたのちも、数週間にわたりカレー近辺にとどまった。

アイゼンハワーが侵攻開始命令を出した理由はもう1つある。延期すれば、機密が漏れる恐れが高まるだけではなく、欺瞞計画の本質を見破る隙をドイツ軍に与えることにもなるからだ。カレーではなく、ノルマンディーの正面にあるイングランドの南海岸の港で、活動を偽装することは不可能だった。いずれにせよ、すでに侵攻のために船出していた第1弾の兵士たちを第2弾の準備をしている港に戻せば、兵たんは大混乱に陥るだろうし、関係するすべての陸軍部隊の士気を傷つけたことだろう。

奇襲攻撃

フランスの海岸を防衛するドイツ軍が攻撃を予見していたことを考えれば、侵攻開始時のドイツ軍の慌てぶりは驚くべきものだった。結局、悪天候は連合軍にむしろ有利に働いたのである。ドイツ軍の多くの上級司令官は、悪天候が続いている間は攻撃されるはずがないと高をくくり、休暇を取っていた。ロンメルも、妻の誕生日を一緒に祝うため数日間ドイツに戻っていた。

進撃命令

侵攻を予定通り実行に移す手はずはすべて整っていたが、それを妨げる障害が1つだけあった。誰にもコントロールできない唯一のもの——天候だ。

6月4日のその夜、顧問たちと協議したのち、しばらく黙り込んだアイゼンハワーは、落ち着きはらった様子を保っていたが、内心では指揮権に伴うずっしりと重い責任を感じていたに違いない。進撃の決断を下すと、彼は顧問や軍司令官たちに向かってこう言った。

た。そして、まずアメリカ軍が、指示通りオマハとユタの海岸に上陸すると、続いてイギリス軍とカナダ軍がゴールド、ジュノー、ソードに上陸した。

予期せぬ地点への上陸に不意を突かれたドイツ軍は最初、大混乱に陥り、収拾がつかなくなった。それでも彼らはすさまじい抵抗を見せる。特にオマハの海岸では、アメリカ軍がドイツ軍部隊の激しい反撃に遭い、多数の死傷者を出した。その後、連合国軍は数週間かけてノルマンディーで堅陣を築き、この地で軍事力を増強することができた。そして8月初旬からフランスを解放し、その後、ライン川を渡ってドイツの中心部へ突入していった。

ヨーロッパでの勝利

1945年5月にドイツを降伏させ、ヨーロッパでの勝利を成し遂げると、アイゼンハワーはSHAEFの指揮官の座を降り、その後、占領下のドイツでアメリカ占領区域の軍政府長官を務めた。晩年は政治家に転身している。1952年の大統領選に共和党から出馬して勝利、大統領を2期務めてから引退した。以後はペンシルベニア州ゲティスバーグに所有する農場で暮らすようになり、この地で1969年に亡くなる。享年78歳だった。

政治家としてのアイゼンハワーの経歴には冷ややかな目を向ける者もいるが、ノルマンディー侵攻計画で彼が大きな役割を果たしたことに疑いの余地はない。第二次世界大戦で最大の決断の1つを下しただけでなく、Dデイの成果が定かでないときに全責任を引き受けた。それだけ見ても、アイゼンハワーは間違いなく20世紀最高のリーダーの1人として、また史上最高の軍事政策決定者の1人として評価されなければならない。

「私には強い確信がある。われわれはこの命令を出さねばならないのだ。そうしたいわけではないが、他に道はない」。

短い沈黙ののち、一同は歓声を上げた。この命令を伝えるため人々が慌しく出ていくと、会議に使われていた食堂は、たちまち空っぽになった。

Dデイ

ノルマンディーの海岸への上陸が開始されたのは、DデイのHアワー（作戦開始時刻）、すなわち1944年6月6日火曜日の午前6時30分だった。その数時間前には空挺攻撃が始まってい

ノーマン・ボーローグ、メキシコに移住する

1944年

> 背景：発展途上国が食糧不足に苦しむ
> 主役：ノーマン・ボーローグをはじめとする、世界中の農業研究者
> 功績：「緑の革命」が起きる

1970年10月、ノーベル賞委員会がメキシコのノーマン・ボーローグにノーベル平和賞受賞を伝えようとしたとき、彼は農業研究所に出かけていて留守だった。ボーローグは1944年からメキシコに移住して、自ら率いる研究チームとともに育種したコムギの新品種について現地試験を指揮していた。委員会からの電話を受けた妻のマーガレットが夫に受賞の知らせを伝えるが、ボーローグはすぐには信じようとしなかった。妻が冗談を言っていると思ったのだった。

実際に賞を受け取ったときでさえ、これは彼自身というよりも農業研究全体を代表しての受賞なのだとボーローグは主張した。ノーベル賞委員会が「飢えている世界において農業と食糧生産が果たす重要な役割を象徴する1人を選び」自分に賞を与えたのだ、と語っている。

彼が強調したかったのは、自分単独の仕事ではないということだ。とはいえ、人口急増と農業生産の停滞が飢饉と大量飢餓を引き起こしていると思われる状況で、ボーローグは発展途上世界の一部に変化をもたらした。それだけでも、個人として評価されるに値するのは確かであろう。

農業研究施設に転職

ボーローグは1942年にミネソタ大学で植物病理学および遺伝学の博士課程を修了し、化学会社デュポンに就職した。30歳のとき、メキシコの新しい農業研究施設でコムギの病気を研究する仕事に誘われる。結婚して子どもが1人おり、2人目の誕生も控えていた彼は、最初その話を断った。安定していて給料も良い職を得ていたからだ。

しかし、アイオワの農家で育ち、大学ではコムギの主な真菌病の1つである黒さび病の抑制

ボーローグの手法が正しかったことは、
世界中のコムギ畑に採用されているのを見れば明らかだ。

植物育種家
自ら開発した品種を手にしたノーマン・ボーローグ。1970年にメキシコのコムギ試験区画にて撮影。

を専門としていたボーローグは、メキシコの話を再検討し、転職を決意した。

そして1944年7月、ボーローグは、メキシコシティーから北東約30キロの都市テスココの近郊で、コムギ研究プログラムを率いる仕事に就いた。

トウモロコシとコムギ

この農業研究所の設立は、もともとヘンリー・ウォレスの発案だった。フランクリン・D・ルーズベルト政権の農務長官として1940年にメキシコを訪れたウォレスは、そこで貧困と食糧不足を目の当たりにした。翌年、副大統領に就任するとすぐ、ウォレスはメキシコのマヌエル・アビラ・カマチョ大統領の協力の下、ロックフェラー財団に働きかけ、メキシコでトウモロコシとコムギの生産改善を目的とした研究を立ち上げるプロジェクトへの資金提供を取りつける。

ただし、この決断の裏にはやや利己的な理由もあった。メキシコから北へと広がったコムギさび病などの真菌病の多くがアメリカの農作物に影響を及ぼしていたし、慢性的な食糧不足の軽減策を講じなければ、メキシコ国民の不安感が共産主義革命につながるかもしれないとの危惧があった。アメリカ政府にとって、南の隣国で共産主義政権が誕生するのは望ましくなかった。メキシコにかなりの資産を所有していたロックフェラー家にとっても、それはありがたくないことだったのだ。

コムギ畑
ボーローグの開発品種から派生した、茎が短く収量の多いコムギの品種。今や世界中で目にすることができる。

さび病への耐性

　ボーローグの任務は、メキシコの作物のコムギさび病を抑制する研究を立ち上げることと、アメリカで開発された選抜育種の手法をメキシコの農学者に伝授することだった。この選抜育種は、異なる品種の作物を交配することで、真菌病に対するコムギの自然免疫を高める効果があった。

　ボーローグは、交雑育種をおこない、採取した種子を試験区画に植えつけ、さび病への耐性が高いもの（があるかどうか）を見つけるという、手間のかかる作業を開始した。成果はすぐに得られなかったが、数年後、ボーローグはより効率的な方法を発見する。それは、メキシコ中部と太平洋岸北西部のヤキバレーとの気候の違いを利用して、作つけを1年に2回おこなうというものだった。

> ボーローグの開発した技術は
> 恒久的な解決策を見つけるための
> 短い猶予を世界に与えたにすぎない、
> という意見には彼自身が賛成した。

　ボーローグは遅くとも1948年には、さび病に強いだけでなく、はるかにずっしりと実るコムギを作れるようになっていた。数年のうちにメキシコ全土の農業従事者がその新品種を採り入れ、1950年代半ばには、メキシコのコムギ生産量は国内需要を十分賄い、輸出にも多少回せるほどになっていた。

　ボーローグはさらに品種を改良した。ずっしりと実った新種のコムギが穂に詰まった穀粒の重みで倒れないよう、さび病に強い苗と日本の矮性品種を交配したのである。今や世界中のコムギ畑でほぼ例外なく茎の短い高収量品種が育っていることが、このプロジェクトの成功を物語っている。

緑の革命

　このように急速に好転したメキシコの農業に、他国が注目しないわけはなかった。特に関心を示したのは、急増する人口への食糧供給に

苦戦していたインドである。1961年、インド政府は、インドの農業研究所への手ほどきをボーローグに頼んだ。成果が表れるまで、メキシコよりは長くかかったものの、1970年までにインドのコムギ収穫量は倍増し、1974年までには、コムギを自給自足できるまでになった。さらには、茎の短い高収量品種を開発する同様の育種プログラムがコメにも適用され、インド亜大陸とアジアの地域で収量が増加した。

インドの農業の転換は「緑の革命」と呼ばれるようになったが、その達成に使われた方法には多くの批判が浴びせられた。主な理由は、高収量品種のコムギやコメを育てるには比較的多量の化学肥料（土の肥沃度を高めるために加える化学物質）や農薬（植物を雑草や虫から守る化学物質）を散布する必要があることだ。トラクターなどの機械類も必要となる。

また、緑の革命は、自然環境への影響以外にも、小規模農業に不利だという問題がある。技術を導入するのに投資が必要だからだ。小規模農業が大半を占める発展途上世界では、土地を持たない貧しい人々が、仕事を求めて都市部に移らざるを得なくなる恐れがある。

環境保護主義者のなかには、収量増加についても疑義をさしはさむ者がいる。収量が増加したのは、新しい手法を導入したおかげというよりも、単に耕作面積が増えたからだと主張しているのだ。ただし、この言い分を裏づける証拠はない。

晩年のボーローグ

ボーローグは2009年に95歳でこの世を去ったが、晩年は世界中を旅して回り、農業研究についての啓発活動を精力的におこなった。また、増加の一途をたどる人口への十分な食糧供給という課題に対し、農業研究がいかに貢献できるかを説いた。

農業生産力は、増え続ける世界の人口にこれまでなんとか追いついてきた。農業システムは、将来すべての人々に食糧を供給する力を潜在的に持っている。しかし、今も十分な食べ物のない毎日を送っている人々が、世界には約10億人もいる。

ノーマン・ボーローグとその研究チームは、発展途上世界の食糧不足という切迫した問題に尽力した。その功績がノーベル平和賞に値することは確かだが、やるべきことがまだ多く残されていることも明らかだ。

環境への懸念

ボーローグは、自身の手法が批判されることに時折いら立っていた。彼は、食糧不足による悲惨な影響を大恐慌時代のアメリカや、メキシコをはじめとする多くの発展途上国で目の当たりにした。しかし、そのような経験を一度もすることなく批判している者がいる、とボーローグは指摘した。実際、批評家のなかには、「数百万人が飢えたとしても緑の革命を起こすべきではなかった」と考えているように見える者もいた。それに対し、理性的な批評家は、こう指摘した。確かに緑の革命は人的災害を回避したが、全世界の飢えを軽減する完全な解決策を提示したわけではない、と。この見解にはボーローグ自身も同意している。

マーシャル、ヨーロッパ再建計画を公表する

1947年

背景：第二次世界大戦の直後、西ヨーロッパ経済が壊滅状態に陥る
主役：アメリカのジョージ・マーシャル国務長官と国務省職員
功績：回復と復興が始まった

第二次世界大戦の終結から2年余りたった1947年6月5日、アメリカのジョージ・マーシャル国務長官は、ある講演のなかでアメリカの外交政策の変更を発表した。この方針転換により、ヨーロッパ諸国は、戦争中に倒壊した建物や施設を再建し、経済復興に弾みをつける大規模な援助計画の恩恵を受けることになる。

マーシャルは、この新政策がアメリカ国民の不評を買い、連邦議会でも強硬な反対に遭うだろうことを十分承知していた。だからこそ公式発表を自分でおこない、ハリー・トルーマン大統領にはさせなかった。アメリカでは、トルーマンは連合国勝利の立役者と広く認められていたからだ。

ただし、マーシャルがこの演説をしているとき、トルーマンは記者会見を開き、ソビエト連邦がハンガリーの共産主義者による政権奪取に手を貸したと非難した。これは、厄介な問題から世間の注意をそらすために、別の件で新聞に大きく取り上げられるような発表をおこなうという、政治家の古典的手法だった。

戦争で荒廃したヨーロッパ

その前の数カ月間かけて、国務省の職員、主にディーン・アチソン、ウィリアム・クレイトン、ジョージ・ケネディが、欧州復興計画、通称「マーシャルプラン」を作成していた。これは、ヨーロッパ経済全体がほぼ完全に崩壊した状態にあることを踏まえ、それに直接対応したものだった。

この3人はいずれも1946年にヨーロッパを訪れ、戦争で荒廃したヨーロッパ諸国の直面する諸問題を目の当たりにしていた。そして彼らは次のような結論に至る。ヨーロッパが回復の途につく唯一の方法は、かつてヨーロッパ経済の

モーゲンソープランの主な目的は、戦後ドイツの発展を制限し、この国が二度と戦争を起こせないようにすることだった。

ジョージ・マーシャル
1947年、国務長官を務めていたマーシャルは、戦後ヨーロッパにおけるアメリカの外交政策を転換させた。

主たるけん引役だったドイツ経済を立て直し、うまく機能するようにすることだと。

ソ連がドイツ再建に関わるどんな計画にも賛成しないだろうことは、マーシャルがソ連のヴャチェスラフ・モロトフ外相と重ねてきた交渉から明らかだった。イギリス政府は戦費がかさんで実質的に破産していた。というわけで、何をするにせよアメリカが主導権を握らなければならないということがすぐに明らかとなったのである。

そこでマーシャルは、ヨーロッパ経済を支援する方法を見つけるよう職員に指示することにした。そして、1946年前半にマーシャルらが下した一連の決断によって、戦後ドイツに関するアメリカ政府の政策は、根本から変わることになる。

モーゲンソープラン

連合国の勝利が決定的となった第二次世界大戦末期、特に1944年6月のノルマンディー侵攻の成功を受けて、ルーズベルト大統領は最終降伏後のドイツの処遇に目を向けた。そうして作成された計画は、当時の財務長官ヘンリー・モーゲンソーにちなんで名づけられたが、その大部分を書いたのは財務省のエコノミスト、ハリー・デクスター・ホワイトだった。

この計画の主な目的は、戦後ドイツの発展を制限することにより、この国がかつての支配的な経済的立場を取り戻せないようにし、二度と戦争を起こせないようにすることだった。その方法は、ドイツを2つの国家に分割し、領土の一部を隣接諸国に与えるというものだ。上シレジアの炭鉱地域をポーランドに、ザール地方の工業地域をフランスにそれぞれ与え、ドイツの工業の中心地であるルール地方は国際管理地域の一部とする。これでドイツは工業を失い、他国を脅かす力のない農業国に成り下がるというわけだ。

このモーゲンソープランは1944年9月にイギリス政府へ提示された。当初ウィンストン・チャーチルは承諾をかなり渋ったが、ルーズベルト大統領から圧力をかけられて最終的に折れる。チャーチルはモーゲンソープランをドイツの「田園化」だと皮肉り、第一次世界大戦の終わりに採択されたベルサイユ条約の悲惨な結末を引き合いに出した。ドイツに莫大な賠償金という形で厳しい措置を講じたことが、ドイツ経済を長年にわたってまひさせ、それが1920〜30年代のアドルフ・ヒトラーとナチ党の台頭を支える原動力の1つとなったのである。

ソ連のスパイ

戦後ドイツで共産主義者の反乱が起こるのではないかという懸念は、まったくの見当違いではなかった。のちに明るみに出ることだが、アメリカ政府で首席エコノミストを務めたハリー・デクスター・ホワイトは、戦争中にソ連の諜報機関からアメリカ政府の情報の提供者と見なされていたのだ。犯行の具体的な証拠は示されていないが、ホワイトは、ドイツ経済を脱工業化すればドイツのみならず西ヨーロッパが混乱に陥り、その機会を共産主義者が利用できるだろうと考えて、脱工業化計画の利点をモーゲンソーに説いたと考えられている。

しかし、当時のイギリス経済はアメリカの財政に依存していた。ルーズベルトは数十億ドル規模もの追加借款という餌をちらつかせ、その借款の保留という遠回しな脅迫によって、ついにチャーチルの同意を取りつける。

マーシャルプラン

1945年5月7日のドイツの最終降伏を受けて、連合国は占領下のドイツでモーゲンソープランを実施する。これには、戦争中すでに爆撃され倒壊していたルール地方の工場を解体することが含まれていた。

しかし、この手法のもたらす悲惨な影響がたちまち明らかとなる。工場がなければ、仕事も給料もない。ドイツ経済は事実上、機能停止となった。人々は飢えに苦しみ、アメリカからの支援を頼りに命をつなぐようになる。市民の不安は高まり、アメリカは共産主義者の反乱を恐れるようになった。当時のアメリカでは、このような考え方がごく一般的だったのだ。

アメリカ人は、モーゲンソープランを続行すれば自分たちがドイツ経済を支えなければならなくなる、ということにも気づき始めた。国務省はおそらくそれをきっかけとして、のちにマーシャルプランとなる計画に取り組むようになる。

この問題の規模は途方もないものだった。戦争終結時には、ヨーロッパの倒壊家屋は約500万軒、避難民は1200万人に上っていた。ドイツの再建には莫大な金が必要である。マーシャルプランがアメリカの連邦議会で承認されると、数十億ドル規模の総合金融支援ができるようになった。

ヨーロッパ再建

この金は借款と贈与という形で、ドイツはもちろんソ連や東ヨーロッパの国々など多くのヨーロッパ諸国に提供された。マーシャルプランに参加するヨーロッパ諸国との包括的な交渉の結果、「欧州経済協力機構（OEEC）」が設立される。その目的は、マーシャルプランを管理し、総合金融支援を特定の国々に割り当てることだった。その後の3年間で計130億ドルが、

ベルリンやハンブルク、フランクフルト、ケルンといったドイツの多くの都市は、連合国による爆撃で中心部を破壊され、交通や産業の機能をほとんど失っていた。

戦後のヨーロッパ
第二次世界大戦終結後の
ヨーロッパでは、多くの
都市が廃墟と化していた。

マーシャルプランに参加するヨーロッパ17カ国の間で分配され、そのうちドイツは約22億ドルを受け取った。

たちまちヨーロッパ経済は変化を見せ始める。1948年から1952年までの期間で、GDP（1年間に生産された商品の総額）は全体で35パーセント上昇と、ヨーロッパ史上最大の成長を遂げた。すべてがマーシャルプランの功績だとはいえないまでも、経済活動の起爆剤として重要な役割を果たしたことについては、ほぼ疑問の余地はない。農業生産高も急上昇を始め、食糧危機は回避され、西ヨーロッパ諸国での共産主義者による政権奪取の脅威は薄れた。

また、マーシャルプランによる国家間の貿易障壁の引き下げは、ヨーロッパ統合のプロセスの一端と見ることもできる。もっとも、現在の欧州連合のルーツは、ドイツを含むヨーロッパ6カ国が1951年に結成した「欧州石炭鉄鋼共同体」にある。マーシャルプランやOEECによるものではない。

アメリカの政策の勝利

1951年の終わりにはすでに、マーシャルプランに代わる新しい政策が採用されていた。以後、マーシャルプランは、アメリカ人の帝国主義的、反共主義的な目的の推進を許したと批判されてきた。また、1960〜70年代にドイツ経済の奇跡を生んだのは、1949年から1963年にかけてドイツの経済相が実行した政策だ、とも指摘されている。

しかし、悲惨な結果をもたらしたモーゲンソープランや1919年のベルサイユ条約と比較すれば、マーシャルプランはやはりアメリカの外交政策の勝利であって、その実施の決断は、戦後のアメリカ史における最良の決断の1つと考えてよいだろう。

ローザ・パークス、席を立つのを拒む

1955年

背景：アメリカの南部諸州で人種隔離の法律や条例が施行される

主役：ローザ・パークス、マーティン・ルーサー・キング・ジュニアなど、アメリカの公民権運動の活動家たち

功績：モンゴメリー市内のバスでの人種隔離制度が廃止され、マーティン・ルーサー・キング・ジュニアが頭角を現す

2001年、ミズーリ州議会は7年間に及ぶ法廷闘争に敗北した。「アダプト・ア・ハイウェイ清掃プログラム」に白人至上主義集団クー・クラックス・クラン（KKK）を参加させまいとする試みは、失敗に終わった。この清掃プログラムは、文字通り「ハイウェイを養子にする」という意味で、道路沿いのごみ拾いをする団体が、そのハイウェイの"里親"として看板に団体名を記すことができる。州はせめてもの対抗措置として、KKKが受け持つセントルイス郡の州間高速道路55号線の名称を「ローザ・パークス・ハイウェイ」に改名した。結局、KKKは清掃の約束を果たさなかったので、人々はKKKをだしに大笑いする機会を失ったが、この名称は今も残っている。このように、2005年に92歳でこの世を去ったローザ・パークスへの尊敬の印は、アメリカ全土で多く見かけられる。

1955年12月1日、アラバマ州モンゴメリーの市営バスで白人乗客に席を譲るのを拒んだため、ローザ・パークスは逮捕された。この一件はモンゴメリーでの抗議運動に火をつけ、やがてアメリカの公民権闘争の重要な節目となる。パークスによる市民的不服従は比較的ささいな行為にも思えるが、それを実行するという彼女の決断は、とてつもない波紋を巻き起こした。そして最終的には、1776年のアメリカ独立宣言の有名な一節「すべての人（men）は平等に作

> 我慢には限界がある。われわれが今夜ここに集まったのは、
> われわれを長きにわたり虐待してきた者たちに、もう我慢の限界だと言うためだ。
> 差別され、自尊心を傷つけられ、
> 抑圧という名の無慈悲な足に蹴り回されるのはもうたくさんだと。
>
> ——モンゴメリーでのバス乗車ボイコット運動が始まった1955年12月5日に、
> マーティン・ルーサー・キング・ジュニアがおこなった演説より

られている」が、ようやく真実味を帯びてくる。もっとも、「すべての男女（men and women）は平等に作られている」としたほうがよかったのだろうが。

人種隔離

誰に聞いても、ローザ・パークスは口調が穏やかで信心深い、きちんとした女性だった。しかし、のちに自らの行動を通じて明らかにする通り、彼女はアラバマでの黒人抑圧に強い不公平感を抱き、この問題について何かしたいと内心決意していたのである。アメリカの南部諸州では1870年代以降、人種隔離を認めるジム・クロウ法が施行されていた。建前としては、「区別するが差別しない」状況を作るためだったのだろう。しかし実際の目的は、黒人に社会的、経済的不利益を強制することだった。モンゴメリー都市条例は1900年に公共交通機関での人種隔離を定めており、1950年代までには、市内のバス会社はすべてのバスで前方の座席を白人用としていた。法律では、「立っている白人に黒人が席を譲らなければならない」とまでは定めていなかったが、実際には席を譲ることが慣例になっていた。つまり、白人エリアが満席で、座れない白人がいた場合、運転手は白人エリアのすぐ後ろの列に座っている黒人を後方の席に移動させるか、空席がない場合は立たせて、白人エリアを後方へ拡大するのである。

それだけではない。白人乗客がいる場合、黒人は白人エリアを通って黒人エリアへ行くことさえ許されなかった。前方から乗って運転手に料金を支払った後、いったん下車して後方ドアから乗車し直さなければならない。おまけにバスの運転手はみな白人で、料金を支払った黒人がバス後方へ回り込む間に、バスを発車させてしまうことさえあった。ローザ・パークスにもその経験があったのである。

ローザ・パークス
1955年12月、モンゴメリーでのバス乗車ボイコット運動中に撮影されたパークス。背後にマーティン・ルーサー・キング・ジュニアが写っている。

警察発表

1956年12月、バス乗車ボイコット運動は勝利とともに終わった。市当局は、以後黒人はどこでも好きな席に座ることができると告げた。

席を譲らなかったのは疲れていたからだろうと人はいつも言いますが、そうではありません。肉体的な疲れはありませんでした。一日の仕事の終わりに疲れを感じることはめったになく、この日もそうでした。すると、私のことを年寄りだったのだろうと思う人もいますが、私は年老いてはいませんでした。42歳でしたから。私はただ、屈することに疲れていたのです。

2857番

1955年12月1日の夕方、ローザ・パークスは、お針子として働いている百貨店があるモンゴメリー中心街から、クリーブランド・アベニュー行きの2857番のバスに乗車し、黒人エリアの最前列に座った。バスは混み始め、黒人エリアも白人エリアも満席となり、1人の白人男性が立つ羽目になった。黒人は白人と同じ列に座ってはいけないことになっているので、白人男性を座らせるため、運転手は黒人エリアの最前列に座っている男女4人に席を空けるよう言った。4人のうち3人は、最初こそ多少気の進まない様子を見せながらも席を立った。

しかし、ローザ・パークスだけは腰を下ろしたまま、運転手に再度促されても立ち上がらなかった。通報するぞと脅されると、（彼女自身の記憶によれば）「では、そうなさいな」と答えた。それから30年以上たつころ、彼女はこう書いている。

しばらくすると警官が到着し、パークスを逮捕した。彼女は警察署に連行され、人種隔離法違反のかどで正式に告発され、市の拘置所へ移送される。

市民的不服従

拘置所に入れられてから約2時間後、ローザ・パークスは保釈される。その手続きをしたエドガー・ニクソンはNAACP（全米黒人地位向上協会）モンゴメリー支部の代表で、この街における人種隔離法の合憲性を検証するための事例を探していた。パークスから訴訟の同意を取りつければ、ニクソンは絶好の機会を手に入れられる。ただし、彼女にも家族にも危険な影響を及ぼす恐れがあった。

NAACPモンゴメリー支部で書記を務めていたパークスは、数カ月前に出席したサマースクールで、インドのマハトマ・ガンジーによる

市民的不服従などについての授業を受けていた。このことから、パークスの行動の計画性を指摘する者もいた。しかし、彼女がのちに語ったところによれば、人種隔離を不当だとは思っていたが、抗議行動を計画していたわけではなかった。

バス乗車ボイコット運動

ローザ・パークスは訴訟を進めることを決意する。黒人コミュニティーは、彼女が出廷する12月5日の月曜日に合わせて公共バスの乗車ボイコットを計画し、ほとんど全員がこれに参加した。裁判はわずか5分で終了。パークスは人種隔離に関する都市条例違反で有罪を宣告され、罰金10ドルと訴訟費用4ドルの支払いを命ぜられた。

その日の夜、黒人コミュニティーのリーダーたちが一堂に会し、ボイコットの期間延長とモンゴメリー改善協会の設立を決定する。この新たな組織の会長に投票で選ばれたのが、ジョージア州アトランタ出身でバプテスト派の26歳の牧師、マーティン・ルーサー・キング・ジュニアだった。

このバス乗車ボイコット運動は381日間続き、公民権の名の下での多くの抗議活動や不服従行動に、州を越えて影響を与えた。そしてついに連邦最高裁判所は、モンゴメリーでローザ・パークスとほぼ同じ仕打ちを受けた女性オーレリア・ブラウダーの裁判で、彼女を擁護する判決を下す。バス車内での人種隔離を憲法違反とし、市とアラバマ州に交通機関での人種隔離の撤廃を命じた。そして最高裁判所は本件以外にも、根強く残るジム・クロウ法に対して起こされた一連の訴えを審理した。

公民権法

翌年、公民権法が成立し、あらゆる種類の差別が違法となった。さらに、1965年には投票権法が成立する。いかなる生い立ちの人々に対しても、有権者登録を妨害する行為は一切禁止された。そのころ、ローザ・パークスはデトロイトに住んでおり、ミシガン州選出の連邦議会議員ジョン・コニャーズのもとで、1988年まで働いた。

彼女が2005年にこの世を去ると、その遺体はワシントンの連邦議会議事堂で2日間にわたり公開安置された。この建物には、1968年に暗殺されたマーティン・ルーサー・キング・ジュニアの胸像も置かれている。あの日モンゴメリーでパークスが乗ったバスは現在、デトロイトのヘンリー・フォード博物館にあり、2012年4月には、アメリカ初の黒人大統領バラク・オバマがここを訪れた。

私には夢がある

マーティン・ルーサー・キング・ジュニアは、モンゴメリー改善協会の会長に選出される前にこの街へ移り住み、その天賦の弁論術でNAACPの集会に興奮を巻き起こしていた。ローザ・パークスの一件で公民権運動の重要人物となり、暴力によらない市民的不服従の方針を取ったことで世界から注目を浴びるようになる。キングが聴衆を魅了する弁舌力を発揮した最も有名な例は、抗議デモ「ワシントン大行進」の一環で1963年8月28日におこなった、「私には夢がある」という演説だ。

ケネディ、キューバを「隔離」する

1962年

> 背景：アメリカに核弾頭の脅威が差し迫る
> 主役：ジョン・F・ケネディ大統領とニキータ・フルシチョフ第一書記
> 功績：核戦争が回避された

キューバ危機と呼ばれる期間は、1962年10月16日から28日までのわずか13日間だった。だが、第二次世界大戦終結に始まり1991年のソビエト連邦崩壊で終わりを迎えた、46年間に及ぶ冷戦の歴史のなかで、このときほどアメリカとソ連が核戦争に近づいたことはなかった。

キューバ危機の当時、ジョン・F・ケネディ大統領は45歳。就任から16カ月しかたっていなかった。比較的若く経験が浅かったにもかかわらず、彼の下した一連の決断は、アメリカを戦争の瀬戸際から引き戻した。

なかでも最も決定的だったのは、キューバに対し直接的な軍事行動を取らないと決断したことである。これは軍の上級司令官たちの進言を無視する決断だった。ケネディは軍事行動の代わりに海上封鎖を実施することで、ミサイルを積んだソ連の船舶がキューバに近づけないようにしたのだ。

しかし、この危機に際して、彼が外交的解決策を見いだす道を決して閉ざさなかったことが、核戦争とそれに伴う壊滅的な結果を回避させたともいえよう。ケネディも、ソ連の指導者

ソ連の支援
1961年のピッグス湾事件でキューバ侵攻が失敗に終わると、ソ連の指導者ニキータ・フルシチョフ（右）は勢いづき、フィデル・カストロに武器支援をおこなった。

ニキータ・フルシチョフも、どちらか一方が武力行使に踏み切れば核兵器の使用に発展する恐れがあることを、十分に承知していた。

結局ケネディの気骨と、極度なプレッシャーのなかでも決断できる能力が、フルシチョフに後退を決意させる主な理由となったのだった。

ベルリンの壁

1950年代後半から1960年代初頭にかけてアメリカとソ連が激しく争った対立点の1つに、ベルリンをどうするかという問題があった。第二次世界大戦後、東西に分断されていたベルリンを、フルシチョフは統一して東ドイツに組み入れたいと考えていた。しかし1961年の夏、この解決策がアメリカやその西側同盟諸国に受け入れられないことが明らかになると、ソ連と東ドイツはいわゆる「ベルリンの壁」の建設を開始する。

10月には、東西ベルリンの間にある国境検問所「チェックポイント・チャーリー」において、アメリカの当局者が東ベルリン入りを妨害される事件が多数発生。ソ連とアメリカの戦車が対峙する事態に発展した。当時のケネディは、危機的状態がそれ以上エスカレートすることを危惧して、ベルリンの壁の存在を容認することに決めた。

カストロのキューバ

フルシチョフは、ベルリンの件で強い決意を見せなかったケネディに対し、弱腰で優柔不断だとの印象を強くする。最初にその印象を抱いたのは、その年にピッグス湾でケネディが失策を犯したときだった。

1961年4月、アメリカの諜報機関CIAの後押しで訓練を受けた亡命キューバ人の部隊がキューバ侵攻を仕掛け、ピッグス湾に上陸するが、フィデル・カストロのキューバ軍に完膚なきまでに打ち負かされた。その一因は十分な支援を受けられなかったことにあるが、これは、ケネディがアメリカの海軍や空軍に援護を許可しなかったからだった。

その結果、カストロはキューバのみならず広くラテンアメリカで支持を集め、ソ連との関係強化を模索。アメリカの支援を受けた独裁者バティスタを1959年に追放したのは共産主義革命だった、と断言した。

カストロはアメリカの全面的なキューバ侵攻の可能性も懸念していたため、その脅威への対抗策としてソ連の軍事援助を受け入れた。そのなかには防衛用の地対空ミサイルの使用も含まれていた。

当初カストロは、これほど積極的な動きに出ることには気が進まなかった。しかし最終的には、ミサイルを密かにキューバへ配備するというソ連の計画に同意する。このミサイルは、核弾頭をアメリカのどこへでも飛ばすことができるものだった。

> 政府は、かねてからの公約通り、
> キューバ島でのソ連の軍備増強をつぶさに監視し続けていました。
> そしてつい先週、あの囚われた島の各地で
> 攻撃用ミサイル基地の建設が進んでいるとの事実が、
> 動かぬ証拠によってはっきりしました。
> この基地の目的は、西半球への核攻撃を可能にすること以外の
> なにものでもあり得ません。
>
> ──ジョン・F・ケネディ大統領が1962年10月22日におこなった、
> アメリカ国民へのテレビ演説より

首脳会談
1961年6月のウィーンサミットで、フルシチョフはケネディを大して評価しなかった。それがもとで、この大統領を見くびることになる。

核能力

　フルシチョフがこの計画についてカストロと話し合ったとき念頭に置いていたのは、キューバの防衛だけではなかった。一方、アメリカが諜報機関から受け取った報告によれば、ソ連の長距離核ミサイルの能力が向上した結果、ソ連の発射場からアメリカ本土が狙われる恐れがあった。

　しかし実際は、ソ連のミサイル保有数はアメリカよりもはるかに少なかった。また、ソ連の使用していた誘導装置は、精度にかかわらず、アメリカ国内の標的にミサイルを命中させられるほど高性能ではなかった。

　しかしキューバなら、フロリダ沿岸まで130キロの近さである。射程が短く精度の高いミサイルがここに配備されれば、アメリカにとって、はるかに大きな脅威となる恐れがあった。

　一方、アメリカは中距離ミサイルをイタリアに配備済みだった。さらに1962年4月には、トルコ領土への同様のミサイル設置について、トルコ政府の同意を取りつけた。トルコから発射すればモスクワは射程圏内だ。つまるところ、キューバへのソ連のミサイル配備はアメリカの脅威への対抗策だった。

　フルシチョフには次のような考えもあった。ミサイルをキューバに設置すれば、ケネディは指導者としての意志薄弱ぶりを再び露呈し、ソ連との戦争の危険を冒すよりもミサイルの存在を容認するか、またはソ連が要求するベルリン全体の掌握について、キューバからのミサイル撤去と引き換えに話し合いによる解決に応じるだろうと。

危機の高まり

　1962年9月の初めから10月の最初の2週間にわたり、アメリカ軍は偵察機U-2のキューバ上空での飛行を差し控えた。この島にソ連の地対空誘導ミサイルがあるからだ。このミサイルは、1960年4月にロシア上空でアメリカの偵察機U-2の撃墜に使用されたものとタイプが似ていた。

　しかし、ソ連の軍事活動が高まっている証拠が明るみに出て、ソ連がミサイル台を建設するつもりだという噂が広まり始めると、アメリカ軍は危険を冒して10月14日に1機の偵察機をキューバ上空に送り出し、キューバ西部の建設現場の写真を撮影させた。翌日CIAは、この写真こそキューバに中距離ミサイルが存在する

ケネディと顧問たちは、全面的なキューバ侵攻から現状維持まで、
アメリカの取り得るさまざまな対応策を検討した。

国連会合
1962年10月25日の国連会合の様子。キューバのミサイル基地の位置が、航空写真を使って示されている。

確かな証拠だと見なした。

翌10月16日の朝に知らせを受けたケネディ大統領は、対応を協議するため、政府大臣と主要顧問による会議を開催する。ケネディ自身と、いわゆるエクスコム(国家安全保障会議執行委員会)の面々だ。リンドン・ジョンソン副大統領、ディーン・ラスク国務長官、ロバート・マクナマラ国防長官、ケネディの弟で司法長官のロバートに加え、マクスウェル・テイラー将軍や統合参謀本部議長でCIA長官のジョン・マコーンら、専門家が顧問として加わっていた。

議論百出

ケネディ大統領は、予定していた公務をこなし続けた。対応を決めかねている段階で危機を公表すれば、優柔不断と受け取られかねない。それは望むところではなかった。その間にエクスコムの面々は、全面的なキューバ侵攻から現状維持まで、アメリカの取り得るさまざまな対応策を密かに検討していた。

こうした選択肢が10月18、19日のエクスコムの会議で話し合われ、マクスウェル・テイラー将軍をはじめとする軍事顧問は侵攻を支持すると表明。しかし、その準備には何カ月もかかることが判明した。準備が整うころにはすでに手遅れだ。そこで彼らは次に、ミサイル基地の爆撃を進言する。

しかしケネディは、爆撃を決行しても、すべてのミサイル基地を確実に活動停止に追い込む

のは不可能だと判断した。また、ソ連が軍事力で対抗してくることは確実であり、事態が核戦争に発展しかねないと考えた。

何もしないという選択肢も除外するが、そこには裏の思惑もあった。ケネディは、もしキューバがアメリカを攻撃する手段を手に入れるようなことがあれば対抗措置を取る、とアメリカ国民に先月約束したばかりだった。もし何も手を打たなければ、この約束を破ることになり、ピッグス湾でしくじったときのように弱腰な指導者と見られてしまうだろう。

「隔離」

ケネディは、10月22日までにはすでに心を決めていた。アメリカ国民に向けてテレビ放送をおこない、事態をわかりやすい言葉で発表すると（183ページを参照）、続けて、対応措置を次のように説明した。

> この攻撃的な軍備増強を阻止するため、キューバに向かうすべての攻撃用軍事装備の積荷に対して、厳重な隔離措置を開始したところです。攻撃兵器を積んでいると判明したキューバ行きの船舶は、その船舶の種類や出航した国、港を問わず、すべて引き返させます。

ケネディの発表した措置は事実上キューバの封鎖だったが、彼は意図的に「隔離」と表現し

発射場
アメリカの偵察機が撮影した航空偵察写真。キューバ西部のサンクリストバル近郊に、ソ連のミサイル発射場の存在がはっきりと見てとれる。

厳戒態勢

フルシチョフも自国の放送で応酬し、この封鎖を戦争につながる「海賊行為」と形容した。ケネディは国の警戒レベルを「デフコン2」（その1つ上のレベルは実際の戦争）に引き上げ、全軍を即時行動に備えて待機させた。

世界に核戦争の危機が差し迫るなか、アメリカとソ連の間には秘密の外交ルートが設けられていた。10月26日、フルシチョフはケネディに電報を送り、この危機を平和的解決に導く可能性のある提案をおこなう。それは、ケネディが不侵攻を公に約束し、キューバの封鎖を解除するなら、ミサイルをキューバから撤去するというものだった。

翌日、フルシチョフから新たなメッセージが届く。それは前回ほど融和的な内容ではなく、アメリカ軍のミサイルをイタリアとトルコから撤去せよと要求していた。ケネディは最初のメッセージに公に対応することとし、封鎖解除の提案を受け入れ、キューバを侵攻しないと約束した。

次に、秘密の外交ルートを通じてフルシチョフにメッセージを送り、向こう6カ月以内にイタリアとトルコからミサイルを秘密裏に撤去すると伝えた。実は、これは大した譲歩ではなかった。ソ連は知らなかったことだが、このミサイルは、どのみち「ポラリス」という潜水艦発射ミサイルに交換する予定だったのだ。

発射寸前

何年もたってから明らかになったことだが、13日間に及ぶキューバ危機の間に、アメリカ海軍に探知されたソ連の核搭載潜水艦では、艦長が核ミサイルの発射準備命令を出していた。ある下級士官が反対し、発射は辛うじて阻止される。世界は本当に核戦争の瀬戸際にあったのだ。ちょっとした出来事を引き金に核戦争が勃発していたかもしれない。

危機の終息

フルシチョフは同意し、危機は10月28日に突然去った。そして、ソ連はキューバのミサイル基地の解体を直ちに開始する。11月20日までには、ミサイルはソ連に送り返されていた。イタリアとトルコにあるアメリカ軍ミサイルの撤去に関する合意は非公表のままだったので、一般市民は、ケネディがアメリカに有利な解決策をフルシチョフにのませたとの印象を持った。難しい交渉相手というフルシチョフの評判を下げ、ケネディの評価を上げたのである。

その間もベルリンは分断されたままだったが、1989年、ついにベルリンの壁が崩壊する。キューバは、この危機ののちも50年にわたってアメリカを悩ませ続けるが、2015年、その関係はようやく雪解けに向かう。

危機は1962年10月28日に突然去った。
そして、ソ連はキューバのミサイル基地の解体を直ちに開始する。

ジョージ・マーティン、ザ・ビートルズと契約する

1962年

背景：	イギリスの大手レコード会社すべてがビートルズとの契約を断る
主役：	ジョン、ポール、ジョージ、リンゴと、ブライアン・エプスタイン、ジョージ・マーティン
功績：	ポピュラー音楽史上、最高の人気と売上を誇るバンドが出現した

1962年の元旦、ザ・ビートルズは初めてレコード会社の正式なオーディションを受けた。ロンドンのウエスト・ハムステッドにあるデッカ・レコードの録音スタジオにて、1時間で15曲をデモテープに録音したのである。うち3曲はジョン・レノンとポール・マッカートニーの自作だったが、それ以外はいつもライブで演奏している曲のカバーバージョンだった。そうすることで、バンドの音楽スキルの幅の広さを見せつけることができる。少なくとも彼らのマネージャー、ブライアン・エプスタインはそう考えたのだった。

このころには、ビートルズはリバプールで定期的に演奏するようになっていた。演奏場所として最も知られているのはキャバーンクラブだ。ドイツのハンブルクにも2回行ったことがあり、いずれもクラブに3カ月間出演し、最後には昼も夜も、さらには夜半まで演奏することがあった。この経験のおかげで、バンドとしての音楽的なまとまりが生まれた。ただ、ジョンとポール、リードギタリストのジョージ・ハリスンは、ドラマーのピート・ベストとソリが合わなかった。このオーディションの後、バンドはリバプールに戻って結果を待った。

デッカが1カ月かけてようやく出した結論は、ビートルズとは契約しないというものだった。これは、今では「ポピュラー音楽史上最悪の決断」とされている。デッカの音楽プロデューサーは、この残念な知らせをエプスタインに電話で伝えた。「ギターグループはそろそろ時代遅れなのでね」と言ったという。そしてエプスタインにこうアドバイスした。リバプールでレ

> その独特の音質、ある種の荒っぽさは、私にとってまったく初めてのものだった。複数人で歌っているというのも一風変わっていた。何か手応えを感じ、もっと聴きたい、会って力量を見極めたいという気になった。
>
> ——ジョージ・マーティン著『耳こそはすべて』より

キャバーンクラブ
1961年12月8日、リバプールのキャバーンクラブで演奏するビートルズ。ドラムはピート・ベスト。デッカのオーディションに落ちる少し前だ。

コード店を経営されて、大成功を収めておられるのでしょう、でしたら、ご自身の得意分野に専念されたほうがいいかもしれませんよと。

契約を断られて

　デッカはビートルズを断った最初のレコード会社であったが、決して最後ではなかった。エプスタインはその後の数カ月間にわたり、パイやコロムビア、HMVなどイギリスの大手レコード会社すべてに契約話を持ちかけては、いずれも断られている。EMIでは、お抱えの音楽プロデューサー4人のうち3人がデモテープを聴いたが（のちに明らかになった話では、エプスタインはこのデモテープを作るため、デッカの音楽プロデューサーに金を払っていたという）、3人とも首を横に振った。残る1人は、当時休暇を取っていたため聴く機会がなかった。

ジョージ・マーティン

　4月、ビートルズは3回目のクラブ公演のために再びハンブルク入りする。エプスタインは、レコード会社との契約を勝ち取るための最後の一手に打って出た。デモテープを持ってロンドンに行き、HMVの旗艦店で働く友人を通じて、なんとかジョージ・マーティンに渡してもらおうとしたのだ。このマーティンこそ、EMIでそのテープをまだ聴いていない最後の音楽プロデューサーだった。彼は主にEMIのパーロフォンというレーベルを手がけていた。
　マーティンは録音を聴き、どことなく気に入った。のちに彼は、具体的にどこが気に入っ

「5人目のビートルズ」
ジョン、ポール、ジョージ、リンゴと並んでポーズをとるジョージ・マーティン。彼らのサウンドに、他のプロデューサーが聞き逃した何かを感じた。

たかをうまく言葉にできなかったのだが、それがなんだったにせよ、直接会って生演奏を聴きたいと思うには十分だった。

ハンブルクから帰ったビートルズは、6月6日、ロンドンにあるEMIのアビー・ロード・スタジオでマーティンのオーディションを受ける。以前と同じく、オリジナル曲もいくつか演奏したが、大半は自分たちの通常のライブセットによるカバー曲だった。演奏が終わるとマーティンは、「とても良かった、追って連絡する」と告げた。その場で契約してもらえると期待していたとしたら、メンバーたちはさぞ肩を落として録音スタジオを後にしたことだろう。

リバプールに戻ったビートルズは、キャバーンなどで演奏を続けるが、その間もマーティンからの連絡はなかった。しかし、ついにマーティンはブライアン・エプスタインに電話をかけて、レコーディング契約を持ちかけた。それは新人アーティストに提示される標準的な1年契約で、レコーディングの成果にEMIが満足すれば延長するというものだった。また、シングルの売上1枚につき1ペニーがロイヤリティとしてバンドに支払われるようになっていた。

ファーストシングル
ビートルズは1962年9月、最初のレコードをアビー・ロード・スタジオでマーティンと制作する。すでにピート・ベストは脱退していた。バンドが大成功を収めようとする矢先に解雇されていたのだ。代わりに加入したのは、リバ

ビートルズは、ポピュラー音楽史上、群を抜いて成功したレコーディングアーティストだ。全フォーマットの売上合計は全世界で10億枚を超えると推定されている。

プールを拠点に活動するバンド、ロリー・ストーム＆ザ・ハリケーンズに所属していたリンゴ・スターだった。ピート・ベストのドラムにはマーティンも満足していなかったが、解雇の決断はジョン、ポール、ジョージの3人に委ねた。ただし、彼らも実際に解雇を言い渡す役目はブライアン・エプスタインに任せたのだが。

最初のレコーディングで、マーティンはリンゴにもさほど好印象を持たなかった。セッションドラマーを雇って『ラヴ・ミー・ドゥ』のレコーディングをやり直し、リンゴにはマラカスしか振らせなかった。このファーストシングルは翌月リリースされ、クリスマスまでに1万7000枚売れた。バンドのメンバーのロイヤリティは1人17ポンドにまで上がり、ヒットチャートの17位にまで駆け上っていた。

ビートルマニア

続く11月26日のレコーディングでは、マーティンは、リンゴの演奏にも、セッション全体の出来にも大いに満足した。演奏が終わると、調整室からインターホンでメンバーにこう言った。「おめでとう。君たちの初めてのNo.1ヒット曲の完成だ」。

マーティンの言葉は正しかった。1月にリリースされた『プリーズ・プリーズ・ミー』はヒットチャート1位に上り詰め、30週連続でその座に君臨する。レノン＝マッカートニーのオリジナル8曲とカバー6曲を収録した同名のアルバムも、アルバムチャートで1位を獲得。次のシングル『フロム・ミー・トゥ・ユー』が4月に発売されると、これも1位に輝いた。さらに、8月に発売された4枚目のシングル『シー・ラヴズ・ユー』は100万枚を突破。イギリスのシングル最高売上を記録する。ちなみに、この記録を1977年に塗り替えたのは、ポール・マッカートニー＆ウイングスの『夢の旅人』だ。

テレビで生演奏するようになると、彼らのマッシュルームカットやスーツ、ユーモアのセンスなどが注目を浴び、熱狂的なファン――ビートルマニアが誕生。EMIでの最初の3年間で、イギリス国内だけでシングル合計900万枚を売り上げた。バンド活動の終盤に当たる1969年には、ビートルズの作品がEMIの全売上の20パーセントを占めていた。ある試算によると、ビートルズの全フォーマットの売上合計は全世界で10億枚を超え、史上最も成功したレコーディングアーティストとして語り継がれている。

デッカ・レコードがビートルズと契約しなかったことが「ポピュラー音楽史上最悪の決断」だったとするなら、ジョージ・マーティンがEMIの人間としてこのバンドと契約したことは、間違いなく「ポピュラー音楽史上最良の決断」だった。それは単にビートルズが驚異的な売上を達成したからではない。その曲が世界を心ゆくまで楽しませたからでもある。

イエロー・サブマリン

1999年にアメリカで発行された切手。ビートルズのヒット曲『イエロー・サブマリン』をデザインしたもの。

ネルソン・マンデラ、大統領との取引を拒む

1985年

背景：南アフリカでアパルトヘイトが続く
主役：ネルソン・マンデラとP・W・ボータ大統領
功績：新しい南アフリカが創出された

　1985年1月31日、南アフリカ共和国のP・W・ボータ大統領は国会で、獄中のネルソン・マンデラが「政治的武器としての暴力を無条件に放棄する」ならば彼を釈放する用意がある、と発表した。ボータがこのような提案をするのはこれが初めてではなく、以前は、さらに「マンデラがトランスカイに自主退去すること」という条件もつけていた。トランスカイとは、ボータ政権が黒人の居住指定地域として設けた自治区「バントゥースタン（別名ホームランド）」の1つである。

　これを受けてマンデラは2月10日に声明を発表。ソウェトにあるジャブラニ・スタジアムで開催された大衆集会で、娘ジンジが代読した。この声明のなかで、マンデラは「政府が私に押しつけたがっている条件には驚かされました。私は暴力など振るいません」と述べ、ボータの名を出して次のように語った。

　彼に暴力を放棄させましょう。アパルトヘイトを廃止すると言わせましょう。人民の団体であるアフリカ民族会議に対する禁止令を解かせ、アパルトヘイトを批判して投獄または追放された人々全員を解放させましょう。自由な政治活動を保証させ、人民が自らの手で統治者を決めることができるようにしようではありませんか。

　マンデラは「交渉が許されているのは自由な人間だけです。囚人は契約を結ぶことができないのです」と続けた。そして、誰も誤解しようのない言葉で自身の立場を示した。「私にも皆さんにも自由が与えられていない今、私は政府に対してどのような約束もできないし、することはありません」

　この声明を発表したとき、1964年にサボタージュの罪で終身刑を言い渡されたマンデラの服役生活はすでに22年間にも及んでいた。そのうち最初の18年間は、ロベン島の悪名高い刑務所の石灰岩採掘場で重労働に従事させられていたのだった。もしマンデラが南アフリカでのアパルトヘイト廃止に一役買ったと自負し、ボータから提示された条件をのんだとしても、このような状況に置かれてきたことを考えれば無理もないといわざるを得ない。なにしろ彼は、市民的不服従と非暴力の抗議というガンジーの哲学を長年守り通してきたのだ。

　この提案を拒み、ボータとのいかなる取引にも応じなかったことで、マンデラは道徳的に優位な立場を維持するとともに、世界の関心を再

火の抗議

1950年代の南アフリカでは、白人以外の市民は通行証を携帯しなければならず、これを持つ者は「白人専用」地区への立ち入りが許されなかった。ネルソン・マンデラは自分の通行証を公衆の面前で焼き払い、この法律に公然と逆らった。

ホリシャシャ・マンデラ

ホリシャシャ・マンデラは、1918年に東ケープ州のトランスカイで生まれた。父はテンブ族の王族の家系出身で、村の首長を務めていたが、ホリシャシャが9歳のときに他界した。マンデラは一族のなかで初めて学校に通った子どもであり、その学校でネルソンという英語名を与えられた。

政治的行動主義の片りんを見せたのは、フォートヘア大学で学んでいた1938年のことだ。のちにアフリカ民族会議（ANC）の議長となるオリバー・タンボとは、大学で知り合った。大学生活1年目を終えたとき、マンデラは自らの行動主義がもとで強制退学させられる。

その後、家族の決めた結婚から逃れるためヨハネスブルグに転居し、法律事務所で事務員の仕事に就いた。フォートヘアで学んでいた法律の学位を通信教育で修得すると、ウィットウォーターズランド大学に進んで法律の勉強を続けた。

> 政府が私に押しつけたがっている条件には驚かされました。私は暴力など振るいません。

び南アフリカの状況へ向けさせた。反アパルトヘイト運動に1950年代から取り組んできた彼は、アパルトヘイト終焉（しゅうえん）のため命を賭して活動することを、とうの昔から心に決めていたのだ。とはいえ、闘い続けるという決断を下すには、並々ならぬ胆力と不屈の精神が必要だったに違いない。かつてどれほど強い信念を抱いていたにせよ、22年間もの刑務所暮らしの末に、即時釈放という選択肢を提示されたのだ。しかも、当時この闘争は勝てる見込みがないと見られていたのだから、なおさらである。

このころすでに、マンデラはウォルター・シスルと親しくなっていた。ANCの党員で、のちにマンデラの良き助言者となる人物だ。彼らは後年、ともにロベン島の刑務所で囚人として多くの歳月を費やすこととなる。1944年、マンデラとシスル、タンボはANC青年部の設立に尽力した。青年部の目的は、抑圧への抵抗において積極的な役割を果たすことだった。

アパルトヘイト

1940年代が終わるころ、3人はANCのなかで突出した存在となっており、1948年の総選挙の結果を受けて行動主義を強めていた。この選挙で投票が許されたのは、人口の約20パーセントに当たる白人だけだった。勝利した国民党は南アフリカ生まれの白人が中心で、間もなくするとアパルトヘイト政策を実施するために数々の法律を導入し始めた。

アパルトヘイトはアフリカーンス語で「分離」を意味する。この政策の下で、人々は4つの人種グループに分類された。白人、黒人のアフリカ人、インド亜大陸系、カラード（混血や、他のカテゴリに当てはまらない人種）の4グループである。グループの分離は法律によって維持された。他の人種差別的な法律と同様、表向きは、各グループを「区別するが差別しない」という説明がなされた。もちろん実情は異なる。白人の特権的地位は法律で守られ、白人には最高水準の病院や学校が割り当てられる一方で、最も低い階級に属するとされる人々、つまり人口の70パーセント以上を占める黒人のアフリカ人は、日常のほぼあらゆる側面で常に差別されていた。

アパルトヘイト法が導入されると、警察は、マンデラをはじめとするANC党員に対して絶えず暴力や嫌がらせをおこなうようになった。

1955年、ANCは憲章を作成し、反アパルトヘイトの原則と、完全に民主的で人種差別のない南アフリカを目指すキャンペーンを打ち出す。政府はこれを「国家への反逆行為」と断言し、マンデラと150人のANC党員を逮捕した。

裁判

反逆罪を巡る裁判では、被告全員に無罪判決が下された。これによって、マンデラとANCに対する世間の評価は確かなものとなり、1961年、彼はANCの武装組織「ウムコント・ウェ・シズウェ（民族の槍）」の指導者となる。この組織は、前年にアパルトヘイト反対派の黒人69人が南アフリカの警官に殺害された「シャープビル虐殺事件」に呼応して結成されたものだった。それまでのマンデラは非暴力の抗議をおこなっていたが、非暴力の抗議手段がすべて非合法になってしまったため、もはや国に対してサボタージュを始めるより道はないと判断したのだった。

刑務所

サボタージュ活動を始めて18カ月後の1962年8月5日、マンデラは逮捕された。当初の嫌疑は労働者を扇動してストライキを起こさせたというもので、5年の懲役刑に処せられる。その後、ウォルター・シスルら他のANC党員が逮捕されると、マンデラを含む10人が、200件以上のサボタージュ行為で起訴された。そして、マンデラやシスルも含め10人中8人が有罪となり、終身刑に処せられてロベン島へ送られた。逮捕現場となった郊外の町の名から「リボニア裁判」と呼ばれるようになったこの裁判は、インチキだとして世界中から非難される。

1980年代には、マンデラの名は世界中に知られるようになり、南アフリカ政府に対する圧力

マンデラの独房
ネルソン・マンデラが収容されていたロベン島の独房。現在は博物館として保存されている。

を意図した数多くの活動の中心にいた。ボータが暴力放棄と引き換えにマンデラを釈放すると提案した背景には、こうした国際的な非難があったのだ。

1988年、マンデラは西ケープにある警備の緩い刑務所に移される。これは政府が彼の釈放を検討しているしるしだった。翌年ボータは脳卒中を患い、大統領を辞任。後任のF・W・デクラークに地位を譲った。

自由

1989年9月の就任とほぼ同時に、デクラーク大統領は、1950年代から施行されていたANC

ロベン島

　ロベン島の刑務所は、特に黒人の囚人にとって過酷な環境だった。マンデラとシスルも、1982年にケープタウンのポルスモア刑務所に移送されるまで、ここに収容されていた。のちに政府は、「マンデラとボータが連絡を取り合えるようにするための移送だった」と述べているが、ロベン島に収容されている若いANC活動家たちがマンデラに感化されるのを食い止めるためだったというほうが、納得がいく。ロベン島は「マンデラ大学」とも呼ばれていた。

囚人から大統領へ

釈放後、南アフリカの大統領となったネルソン・マンデラ。1994年10月、アメリカ議会図書館でのイベントで群集の拍手喝采に応える。

に対する禁令を解くと宣言し、アパルトヘイト制度の廃止手続きに着手した。1990年2月2日には、マンデラをついに釈放すると発表。その9日後、世界中から集まったマスコミが見守るなか、マンデラはビクター・フェルスター刑務所(1988年にここへ移送されていた)から出てきた。27年ぶりに自由の身となったのだった。

釈放後、ANCの議長に選出されたマンデラは、南アフリカ初の完全に民主的な選挙を実現すべく政府との交渉に入る。しかし、反アパルトヘイトの派閥争いによる暴力的衝突や、1993年の白人によるANC指導者クリス・ハニの殺害などが発生。人種の違いによる対立がさらに広がるのではないかとの不安が広がった。

1994年4月27日の総選挙でANCは圧勝し、ネルソン・マンデラは南アフリカ初の黒人大統領となった。この日はアパルトヘイト時代の終焉の象徴となり、南アフリカでは「自由の日」として知られるようになる。その前の1993年、マンデラとF・W・デクラークはノーベル平和賞を共同受賞していた。

マンデラは大統領職を1期務めたのち、80歳で政界を引退。自らが始めた和解のプロセスはまだ先が長いが、自身のライフワークは達成できたと納得していた。マンデラが2013年12月5日に95歳でこの世を去ったとき、南アフリカのズマ大統領は10日間の国喪を宣言した。

ネルソン・マンデラ、大統領との取引を拒む 197

国連は、ネルソン・マンデラの誕生日である
7月18日を「ネルソン・マンデラの日」と定めた。

ゴルバチョフ、ペレストロイカを打ち出す

1986年

背景：ソ連の政治・経済が惨たんたる状況に陥る
主役：ミハイル・ゴルバチョフと、東ヨーロッパおよびソ連の人々
功績：ソ連が崩壊し、冷戦が終結し、東ヨーロッパで民主主義が芽生えた

1986年2月にモスクワで開かれた第27回ソ連共産党大会において、前年3月に同党書記長に就任していたミハイル・ゴルバチョフは、ソ連経済復興の決意を述べた。その演説のなかで彼が使った2つの単語、すなわち「ペレストロイカ」と「グラスノスチ」は、ソ連における政治手法の大転換と、その手法に対する外部の解釈の大転換を象徴する言葉として、西側諸国のマスコミに取り上げられた。

ペレストロイカは「改革」を意味する言葉であり、ゴルバチョフが実行しようとするソ連の政治・経済の構造変革を指していた。グラスノスチは通常「情報公開」と訳されるが、ここでは次の2つの意味で用いられていた。1つは政治体制の透明化政策。もう1つは、報道機関や個人の意見表明の自由を拡大することで、過去の失敗を公然と議論してもよいという考えのことだった。

改革の必要性

同じ演説に使われた言葉で、前述の2つと等しい重要性を持ちながらも、国外ではさほど広く受け入れられなかったものが2つある。「デモクラティザーツィア（民主化）」と「ウスコレーニエ（加速化）」だ。ゴルバチョフがウスコレーニエという言葉を使ったのは、変革の必要性の緊急度を強調し、必要な措置をできるだけ早く講じたいという気持ちを表すためだった。

しかし、その変革が実際にどのような結果を伴うのか、またそれをどのように実施するつもりなのかについて、詳しいことは演説のなかで一切触れていなかった。おそらく当時は自分でもわかっていなかったのだろう、というのが現

ペレストロイカは「改革」を意味する言葉であり、
ゴルバチョフがソ連で実行しようとする変革を指していた。

政敵
握手するミハイル・ゴルバチョフとボリス・エリツィン。1991年8月、ゴルバチョフに対するクーデターが失敗した後のひとこまだ。

在の一般的な見方である。

　ゴルバチョフの下した決断は、本人の予想をはるかに超えて広く影響を及ぼし、最終的には本来の意図のほぼ真逆の結果をもたらした。ソ連を変容させたばかりか、その解体さえ招き、さらにはドイツの再統一や東ヨーロッパ全土に及ぶ大変革、そして冷戦の終結にも一役買ったのである。

ソ連経済

　ゴルバチョフが書記長就任時に引き継いだ状況は、政治・経済いずれの面でも惨たんたるものだった。

　1966年から1982年まで指導者を務めたレオニード・ブレジネフは、ソ連の軍事力をアメリカ軍に対抗できるよう増強する政策を打ち出したが、それによりソ連の投資経済を衰弱、停滞させてしまった。彼の任期中、行政組織は高齢の党役員であふれかえり、高レベルの汚職が横行し、どのような変化にも抵抗を示すようになっていた。また、ワルシャワ条約機構に加盟する東ヨーロッパ諸国は、かつてのスターリン時代のように軍事力の脅威によってソ連につなぎとめられていた。

　工業や農業の生産性は何十年も下降をたどっており、中央政府は言論の自由を抑圧することで、経済のひどい衰退ぶりをソ連の人民に知られないようにしていた。崩壊しかけている経済に加え、ゴルバチョフは、アフガニスタンで続いている戦争にも対処しなければならなかった。衰えゆく共産主義政権を支えるためにソ連が1978年に起こしたこの戦争は、終結の兆しがまったく見えなかったのである。さらに1986年4月以降は、チェルノブイリ原発事故への対応もしなければならなくなる。原子力発電所で起こった史上最悪の事故だ。

ゴルバチョフがソ連のメディアに党批判の自由を与えるや、
メディアは彼の予想以上にはるか先へ進んだ。

ゴルバチョフ

　ゴルバチョフは共産党の出世の階段を上り、1979年には、党の中央委員会であり幹部機関でもある政治局に地位を得る。そして、ブレジネフの死後に書記長となったユーリ・アンドロポフの指導下で名を上げた。

　しかし、アンドロポフは就任からわずか15カ月後に70歳で死去。後継者となったコンスタンティン・チェルネンコはさらに年上で、同じく健康上の問題があり、1985年3月に他界する。次の書記長には若さと健康が必要なことは明らかであり、政治局員では最年少の54歳で、前任者たちとのつながりによる悪いイメージもないゴルバチョフが、どう考えても適任だということになった。

グラスノスチ

　ゴルバチョフは、ソ連の将来にとって極めて重要な変革プロセスにすぐにでも着手したいと考えた。しかし、変革を良しとしない党内の保守派の抵抗を抑えて改革を実現するには、経済の壊滅的状況と過去の過ちをすべてオープンにするしか手がない、と直ちに悟る。かつては党のプロパガンダ（当局に有利な表現で伝えられる統制された情報）からしか情報を与えられずにいた国民にも、状況をつまびらかにするべきだった。

　もっとも、ゴルバチョフの考える民主化は、党員を共産党の要職に任命する選挙の導入に限定されていた。あくまでも共産党ありきであって、他の政党も参加する自由選挙にまで民主化を拡大するつもりなどなかったのだ。しかし、自由な意見表明をひとたび許したことで、人々は完全な民主主義を要求し始め、ロシアを除くソ連構成共和国は、これを独立要求の好機と捉えたのである。

共産主義体制の終焉

　東ヨーロッパの共産主義諸国でも、ほとんど同じことが起こった。ソ連のかつての政権は、

ゴルバチョフには全体構想も具体的な政策もなかった。
しかし、もし彼が党書記長でなかったとしたら、
1986年の夏の決断は違ったものになっていただろう。
ソ連の長期体制はさらに何年も続き、最終的な崩壊は、
間違いなく1991年のそれよりもはるかに血なまぐさいものになっていただろう。
皮肉なのは、体制が全般的危機に陥るのを食い止めようとしたはずのゴルバチョフが、
結局は危機の増大とソ連の崩壊のきっかけを作ってしまったことだ。

——ロバート・サービス著『A History of Twentieth-century Russia』より

ベルリンの壁

共産主義国東ドイツでの集団抗議活動が、1989年のベルリンの壁崩壊とドイツ再統一の引き金になった。

武力によって共産圏からの離脱を阻止してきたが、ゴルバチョフにそのような意図はないことが明らかになると、民主主義へ向かう動きは加速した。1989年には改革の波が東ヨーロッパ全土に押し寄せ、1991年までには、ハンガリー、ポーランド、チェコスロバキア、ブルガリア、ルーマニア、そして東ドイツで共産主義政権が倒された。

時を同じくして、ソ連の共和国では独立運動が起こっていた。最初にリトアニアがロシアの介入を受けることなく独立を宣言すると、すかさず大半の国々が後に続いた。

ソ連の崩壊

1991年8月、共産主義政権の強硬派がゴルバチョフに対してクーデターを試みる。ゴルバチョフは別荘に2日間軟禁されるが、政敵ボリス・エリツィンが民衆蜂起を率いてクーデターを制圧し、ゴルバチョフは解放された。

同年12月、ソ連に残っていたわずかな国々、すなわちロシア、ウクライナ、ベラルーシの間で、正式な解体の合意が成立する。ゴルバチョフは辞任し、ロシアで実施された史上初の民主的選挙によって、エリツィンが新大統領に選出された。

結局、ゴルバチョフがペレストロイカのプロセスに着手する機会はほとんどないまま、共産主義国家全体が崩壊してしまった。その意味で、「ソ連を変える」という彼の決断は大失敗と見なされてしまうかもしれない。しかし、意図しなかったこととはいえ、ゴルバチョフはより民主的な政体への平和的移行を実現し、ヨーロッパ全土での共産主義体制の崩壊と、ソ連自体の分裂を引き起こしたのだった。

アウン・サン・スー・チー、ミャンマーに帰る

1988年

背景：行政の無能と汚職で、ミャンマーが世界で最も貧しい国の1つとなる
主役：アウン・サン・スー・チーとその家族、ミャンマーの民主化運動の活動家たち
功績：ミャンマーが徐々に民主主義に向かっているという微かな希望が見えた

1988年4月にミャンマー（当時はビルマと呼ばれていた）へ帰国する前、アウン・サン・スー・チーは、自身を「オックスフォードに住む主婦」だと説明した。実際、チベット文学・文化の研究者であるイギリス人マイケル・エアリスの妻であり、10代の息子2人の母だったので、その説明はいくつかの点では正しかった。

しかし、彼女はミャンマーで「建国の父」と崇敬されるアウン・サンの娘でもあった。1947年、イギリスからのミャンマー独立の交渉に尽力した人物だ。初代首相に就任するはずだったが、次期政権の閣僚たちとともに政敵により暗殺されてしまう。父が暗殺されたとき、スー・チーはまだ2歳だった。母が駐インドのミャンマー大使に任命されると、スー・チーは15歳でミャンマーを出国する。

インドで学び、さらにイギリスのオックスフォード大学セントヒューズカレッジで哲学、政治、経済の学位を修得。ニューヨークの国連本部で3年間働いた。エアリスとの結婚後は、インドと、ロンドンの東洋アフリカ研究学院で研究を続けていた。「オックスフォードに住む主婦」という表現とはかけ離れた経歴の持ち主だったのである。

エアリスがのちに書いているように、1988年4月初旬に妻がミャンマーからの電話をとり、76歳の母が脳卒中を患っていると知らされたとき、彼は、自分たちの穏やかな家庭生活が一変し、二度と元に戻ることはないと即座に悟ったのだった。

帰国

スー・チーがミャンマー行きを決断した当初の目的は、ラングーン（現在のヤンゴン）の病院に入院している母の看病だった。母親は、退

ミャンマーには30年近く住んでいなかったスー・チーだが、
父の名声のおかげで、この国では有名人だった。

院できるまでに快復すると、家族のもとに戻った。ラングーンの外れにある、インヤー湖畔の植民地時代の家である。42歳のスー・チーは、15歳で国を出てからというもの、ミャンマーには住んだことがなく、家族に会いに時折立ち寄る程度だった。

今回の帰国は、独立後のミャンマー史における動乱期と時を同じくしていた。民主的に選ばれた文民政権がネ・ウィン将軍率いるクーデターで1962年に失脚して以来、ミャンマーは軍の支配下にあった。ネ・ウィンとその軍事政権は、ミャンマーにソ連式の体制を無理やり持ち込もうとし、悲惨な結果を招いていた。

ミャンマーは豊富な天然資源に恵まれているにもかかわらず、行政の無能ぶりと汚職が重なって、世界で最も貧しい国の1つとなってい

た。そして1988年の夏、軍事政権への不満は集団抗議活動へと発展する。7月23日、ネ・ウィンは不意に辞任を発表するが、次のように警告した。抗議活動が続けば軍は発砲に踏み切るだろう、そのとき銃口が向けられるのは空中ではない、と。

8888民主化運動

1988年8月8日は、いわゆる「8888民主化運動」の日である。全国で行進やデモとともにゼネストへの参加が呼びかけられた。政府はネ・ウィンの警告通りの対応を取り、兵士たちは武力を

スー・チー
2012年3月に実施されるミャンマーの国会の補欠選挙に向けて選挙運動をおこなうアウン・サン・スー・チー。結果は当選だった。

誇示して丸腰の群衆に発砲。数百人が命を落とした。

第二の闘争

スー・チーは、この時点までは抗議活動に積極的に関わることをせず、家で母につき添っていた。しかし数カ月前から、家には民主化運動の活動家たちが多数訪れていた。ミャンマーには30年近く住んでいなかったスー・チーだが、父の名声のおかげで、この国では有名人だったのだ。父の創設したミャンマー軍が丸腰の民間人の命を多数奪ったことから、彼女は抗議活動に関わらざるを得ないと感じていた。

スー・チーは、母が治療を受けている病院で少人数を前に演説をおこなう。公衆の面前で弁を振るうのは、生まれて初めてのことだった。その後8月26日には、ラングーン中心部のシュエダゴン・パゴダに集まった、推定で総勢50万人以上の大群衆に呼びかける。ここは父が40年以上前、イギリスからの独立闘争のさなかに演説した場所であり、のちに暗殺された父の埋葬場所の近くでもあった。スー・チーは、この場所を選んで自分自身と父の記憶を結びつけ、この国の自由で公正な複数政党制選挙を要求する。そして、この蜂起を「第二の独立闘争」と形容した。

抗議活動の取り締まり

大衆による街頭での抗議活動が続くなか、国軍のトップであったソウ・マウン将軍が、9月18日に事実上別のクーデターを起こし、政権を掌握する。そして、抗議運動の取り締まりをさらに厳格化し始めた。スー・チーら多くの民主化運動活動家は、この新軍事政権による全野党の禁圧を見越して、自分たちで「国民民主連盟」という政党を結成。スー・チーは書記長に就任した。

マウンは、1990年5月に予定されている選挙の準備が整えば自身の政権は解散する、と言明した。1989年7月、スー・チーら国民民主連盟の党員は自宅に軟禁され、選挙の準備期間中に解放されることはなかった。しかし、このような制約を受けたにもかかわらず、スー・チーの政党は選挙で50パーセント以上の票を獲得。ミャンマーの国会の有効議席492のうち、実に392議席を得たのである。

ソウ・マウンは当初、新憲法の起草が終われば権力の座から退く、と述べていた。しかし2カ月後、この軍事政権は選挙結果の無効を宣言したのである。

自宅軟禁

ミャンマーでは民主化運動が始まる前から知られていたスー・チーだが、民主化運動で役割を担ったことから、国際的にも認知されるようになった。そして、1991年にノーベル平和賞を授与された。

しかし、その後の20年のうち計15年もの間、スー・チーはインヤー湖畔の自宅に軟禁されることとなる。外部との接触は、家族による短時間の訪問しか許されなかった。

1997年、末期がんと診断されたマイケル・エアリスは、最期に妻に一目会うため入国を申請するが、却下された。軍事政権はスー・チーにイギリス旅行を許可しようと持ちかけるが、ひとたび出国すれば二度と帰国できないかもしれないと気づいていた彼女は、引き続き自宅軟禁に甘んじた。

しかし、ついに2010年11月、独裁軍事政権の軟化とおぼしき動きで軟禁を解かれる。スー・チーは海外旅行を許され、訪問国では称賛を浴びて国家元首同然の待遇を受けた。

民主主義の象徴
2016年4月、ティン・チョー大統領とアウン・サン・スー・チーの肖像をあしらった横断幕を手にする支持者たち。

民主的選挙

その後ミャンマーで選挙がおこなわれると、政権が議席の過半数を軍のために確保した。2012年5月、スー・チーは補欠選挙に勝利し、その年の7月に下院議員となる。2015年の選挙では彼女の率いる党が大勝利を収め、政権樹立に必要な数の議席を獲得した。

しかし、未亡人であり、外国人の子どもの母親であるスー・チーが大統領になることは、憲法で禁じられていた。彼女の大統領就任を阻むため、2008年にこの条項が加筆されていたのだった。そこで、スー・チーの側近を務めるティン・チョーが、2016年4月に大統領に宣誓就任した。スー・チーは国家最高顧問となったが、実質的に政権を運営しているのは自分だと断言している。

この勝利は、公正な自由投票で与党を選ぶ初の民主的選挙の記念すべき結果であり、ティン・チョーは軍人以外で初めてミャンマーの指導者となった。

ミャンマーの今

しかしミャンマー軍は、今もなお相当な政治権力を保持しており、選挙で選ばれた指導者の手がほとんど及ばないミャンマー国境沿いの地域で、残虐な民族闘争に大きく関わっている。ミャンマーの民主主義は、まだ始まったばかりだ。そして、オックスフォードの主婦だったスー・チーは、今も国家最高顧問の座にある。

計15年もの間、スー・チーはインヤー湖畔の自宅に幽閉されることとなる。
外部との接触は、家族による短時間の訪問しか許されなかった。

ティム・バーナーズ＝リー、ワールド・ワイド・ウェブを考案する

1990年

背景：世界中の研究者とやり取りする方法として、メールとファイル共有しかない
主役：ティム・バーナーズ＝リーとCERNの同僚たち
功績：インターネット上で最も広く使われているアプリケーションが開発された

1980年代後半、ティム・バーナーズ＝リーはソフトウエアエンジニアとして、ジュネーブの欧州原子核研究機構（CERN）で働いていた。直接雇用されている科学者と、CERNと提携している世界中の大学や研究機関の科学者を合わせれば1万人以上の大所帯だ。互いに連絡を取り合う手段は電子メールとファイル共有しかなかったが、これには時間がかかるので、一人ひとりが常に全員の仕事を把握しておく方法としては、あまり効率的でなかった。

バーナーズ＝リーは、以前もしばらくCERNで働いていた時期があった。1980年の6カ月間だ。当時は情報共有システムの試作品を開発していた。彼がENQUIREと名づけたこのシステムは、膨大なデータの管理方法として、ハイパーテキスト（テキスト内で強調表示され、別のテキストへのリンクを張るのに使える文字列）を利用するというものだった。あいにくこの研究は実を結ばず、バーナーズ＝リーが1度目にCERNを退職した後は忘れ去られていたようだ。数年後に彼が戻ってきたとき、便利な情報管理方法はまだ見つかっていなかった。

ワールド・ワイド・ウェブ

バーナーズ＝リーはCERNを退職してから復帰するまでの間、イギリスのソフトウエア会社でインターネットの用途開発に携わっていた。CERNの科学者同士が世界中のどこにいても情報を共有できるシステムを作ろうとしていた彼は、1989年、ハイパーテキストに関して自分が研究してきたこととインターネットを組み合わせてみようと考えた。

その実現の過程について、のちにバーナーズ＝リーは彼らしい謙虚さでこう書き記している。「私はハイパーテキストのアイデアを［イ

[　これは皆のものです。
——ティム・バーナーズ＝リーが2012年ロンドンオリンピックの開会式の最中に投稿したツイート　]

ウェブのパイオニア

2012年、フロリダで開催されたカンファレンスでウェブについて語るティム・バーナーズ＝リー。現在もワールド・ワイド・ウェブ・コンソーシアムの代表を務めている。

ウェブ」と名づけることを提案した。この技術には、CERNの科学者同士の連絡手段にとどまらない、はるかに広い用途があることに、彼はこのときすでに気づいていたのだった。

INFO.CERN.CH

1990年の末までには、バーナーズ＝リーとカイリューはウェブサーバーを開発し、インターネットを介してハイパーテキスト転送プロトコル（HTTP）に接続していた。そして翌年8月までには、世界初のウェブサイトを info.cern.ch というアドレスで立ち上げる。このウェブサイトに作られた世界初のウェブページ、http://info.cern.ch/hypertext/WWW/TheProject.html には、このCERNのプロジェクトに関する詳細と、ワールド・ワイド・ウェブの使い方が記されていた。

それから数年間、世界中の科学機関にサーバーが登場し始めた。アメリカのイリノイ州にある米国立スーパーコンピューター応用研究所

ンターネット上で］伝送制御プロトコルとドメインネームシステムのアイデアに結びつけさえすればよかった。するとジャジャーン。あっという間にワールド・ワイド・ウェブの出来上がりだ」。いうまでもないが、実際はもう少し複雑だった。バーナーズ＝リーは、CERNの同僚でベルギー出身のコンピューター科学者ロバート・カイリューの協力の下、翌年いっぱいかけて世界初のウェブブラウザーを設計した。

あるとき2人は、自分たちが開発したものにつける名称について、カフェテリアで雑談していた。バーナーズ＝リーは「ワールド・ワイド・

私はハイパーテキストのアイデアを［インターネット上で］伝送制御プロトコルとドメインネームシステムのアイデアに結びつけさえすればよかった。するとジャジャーン。あっという間にワールド・ワイド・ウェブの出来上がりだ。

では、Mosaicと呼ばれるウェブブラウザーが開発された。Mosaicは、世界で初めて画像をテキストページに組み込むことができただけでなく、インストールが簡単で使い勝手も良く、PCにもMacにも対応していた。科学者のみならず、はるかに多数の一般ユーザーにも、ウェブが開放されたのである。Mosaicが設定した基準は、後に続くInternet ExplorerやMozilla Firefox、Google Chromeなど、ほぼすべてのウェブブラウザーで踏襲されてきた。

もう1つの決断

これだけ偉大な決断でも、まだ物足りなかったのだろうか。バーナーズ＝リーは、もう1つの決断をCERNの経営陣とともにおこなう。1993年、バーナーズ＝リーの開発したすべてのワールド・ワイド・ウェブ関連ソフトウエアがパブリックドメインに置かれ、使いたい人は誰でも目的にかかわらず使用できるようになった。しかも、バーナーズ＝リーにもCERNにも著作権使用料を支払わなくてよいのだ。CERNは、ある声明で次のように述べている。

CERNは、ソースまたはバイナリーの形式を問わずこのコードに対するすべての知的所有権を放棄し、このコードの使用、複製、改変、再配布をすべての人々に許可する。

この声明には、CERNがこのコードを「ネットワーキングおよびコンピューター支援共同作業における、さらなる互換性、慣習、標準」の構築に役立てるべく無償提供する、との説明もあった。この決断について、のちにバーナーズ＝リーは次のように書き記している。

ウェブの基盤とプロトコルを著作権使用料も追加制限もなしで提供するというCERNの決断は、ウェブ存続にとって極めて重要だった。この確約がなければ、個人や企業がウェブ技術に大金を投じることは決してなく、現在のようなウェブは存在しなかっただろう。

バーナーズ＝リーはこのときも謙虚だった。この決断における自らの役割を自慢せず、彼が書いたコードの使用料を営利企業に請求していたなら大富豪になっていた可能性があることにも触れなかった。ウェブの隆盛を可能にした真の要因は、この無私無欲の寛容な行いと、Mosaicというブラウザーの開発だったのだ。

誰でも自由に使える

1994年10月、CERNを去ったバーナーズ＝リーは、マサチューセッツ工科大学でワール

名誉市民
2014年9月、ロンドン名誉市民の称号を授かるバーナーズ＝リー。

NeXT製コンピューター
バーナーズ＝リーは、このようなNeXT製コンピューター端末を使ってワールド・ワイド・ウェブを開発した。

ド・ワイド・ウェブ・コンソーシアム（W3C）を設立する。その目的は、ウェブのさらなる発展のために業界標準を定めることと、誰もがウェブへ自由にアクセスできる状況を確実に維持することだった。バーナーズ＝リーはW3Cの代表を続けながら、2009年にはワールド・ワイド・ウェブ財団を設立。この財団は、自らを「すべての人がウェブを用いて自由に意思疎通や共同作業、革新を図ることのできる世界の実現にまい進し、私たちの未来の共有を脅かす溝に橋を架ける非営利団体」と評している。

この財団が最近取り組んでいるプロジェクトの1つに、Web Indexの開発がある。Web Indexとは、世界各国でのウェブの普及度を評価し、情報がいかに自由に幅広く入手できるかに応じて各国をランク付けするものだ。

ワールド・ワイド・ウェブの考案を通じてインターネットの発展と普及に貢献してきたバーナーズ＝リーの功績は、長い年月をかけて広く認識されるようになった。2004年には、「インターネットの世界的発展への貢献」により、ナイト爵位を授かる。また、2012年のロンドンオリンピックでは開会式に登場。観客の興奮が高まるなか、落ち着き払ったバーナーズ＝リーは、ワールド・ワイド・ウェブを考案したとき使っていたようなNeXT製コンピューター端末の前に座っていた。

ワールド・ワイド・ウェブを"国際文化に対するイギリスの貢献"とする考え方については、議論の余地がある。当時バーナーズ＝リーが働いていたのはスイスとフランスにある欧州機構で、共同制作者はベルギー人だった。使っていたコンピューター機器はアメリカ製で、そのメーカーは、スティーブ・ジョブズが1985年のアップル退社後に設立した会社だ。

しかし、小さなあら探しは脇に置いておこう。ワールド・ワイド・ウェブを開発し、誰でも自由に使えるようにしたことは、情報技術史上最も素晴らしい決断であり、文字や印刷機の発明にも匹敵する偉業であることは間違いない。インターネットの可能性はまだ探究途上だが、ティム・バーナーズ＝リーの功績がインターネットの発展の一翼を担い続けるのはほぼ確実であり、彼がなんらかの形で関わるのなら、きっと誰でも自由に使えるものになるだろう。

バーナーズ＝リーが開発したワールド・ワイド・ウェブ関連ソフトウエアはすべて、誰でも自由に使えるように公開された。この無私無欲の寛容な行いが、ウェブの隆盛を可能にしたのだ。

210　逆境だらけの人類史──英雄たちのあっぱれな決断

アップル、スティーブ・ジョブズを再雇用する

1996年

> **背景**：新製品がいずれも不振に終わり、業績がひどく落ち込む
> **主役**：スティーブ・ジョブズと、アップルの過去および現在の従業員
> **功績**：業績不振のコンピューター会社が、コンシューマーエレクトロニクス業界の覇者に生まれ変わった

　スティーブ・ジョブズは、長年にわたるすい臓がんとの戦いの末、2011年10月に56歳の若さでこの世を去った。学生時代の友人であるスティーブ・ウォズニアック、そして年長のロナルド・ウェインとともにアップル社を立ち上げたのは、彼がまだ21歳のときだった。

　ジョブズより20歳年上のウェインは、創業間もないこの会社における自らの役割を、"大人の監督"と形容した。法人化の直後、ウェインは自身の保有していたアップル株10パーセントを800ドルで売却する。後から考えれば、これは彼がそれまでにおこなった取引のなかで最善といえるものではなかった。なぜなら2012年には、アップルの株式時価総額（1株当たりの価格に発行株式数を掛けたもの）は6250億ドル（マイクロソフトの2.5倍以上だ）に達し、世界で最も価値のある上場会社となっていたのだから。

巧みなマーケティング戦略

　アップルが驚異的な成功を収めた最も大きな要因は、事業の多角化にあると考えられる。創業時はコンピューターやソフトウエアに特化していたが、その後は、iPodやiPhone、最近ではApple Watchなど、革新的なコンシューマーエレクトロニクスの生産に手を広げた。巧みな

> 自信と風格、圧倒的な魅力にあふれ、さっそうと舞台に登場したジョブズは、ぎこちないアメリオ（アップルの当時のCEO）とは対照的だった。戻ってきたのがあのプレスリーだったとしても、これ以上のセンセーションを巻き起こしはしなかっただろう。
>
> ──ウォールストリート・ジャーナルのジム・カールトンが、スティーブ・ジョブズのアップル復帰後初の公の場となったマックワールド1997について書いた記事より

マーケティング戦略も大きな勝因だ。アップル製品は競合他社のものよりも高額であるにもかかわらず、いや、むしろ高額だからかもしれないが、「絶対に欲しい」と消費者に思わせる工夫がされている。

この成功のほとんどは、ジョブズの手柄だといえよう。創業時も、その後も、彼は製品開発の技術面に大きく関わっていたわけではない。しかし、その驚異的な能力によって新技術の商業的可能性を見極め、デザインの重要性を認識していた。

スティーブは去り…

アップルが常に絶好調だったわけではない。特に1980年代半ばには、製品の卓越性が広く認められていながらも、拡大し利益が見込めるパーソナルコンピューター市場で、マイクロソフトに後れを取り始める。1983年、ジョブズはペプシコーラの社長だったジョン・スカリーを

スティーブ・ジョブズ
頭の回転が速く刺激を与えてくれる人物だと評する者もいれば、言動が無礼で、とても一緒に働けないと言う者もいた。

||||||||||||||||||||||||||||||||||||||||||||||||||

大々的な新製品発表の場で
スティーブ・ジョブズが巻き起こした熱狂が、
アップルの業績を好転させた。

||||||||||||||||||||||||||||||||||||||||||||||||||

引き抜いて、アップルの会長兼 CEO に据えた。ジョブズ自身は、Macintosh 部門の事業運営担当役員にとどまった。

彼の経営スタイルは、周囲を鼓舞することもあれば、暴言で不快にさせることもあった。新型 Macintosh の価格設定方針を巡って、ジョブズとスカリーの関係は破綻する。ジョブズは、スカリーが「まぬけ」で会社を台無しにしていると頻繁に陰口をたたき、ますます状況は悪化した。

緊張が頂点に達したのは、1985年5月の役員会議でのことだ。ジョブズは主導権を取り戻そうとするが、票決で敗れて管理職を剥奪され、数週間後に辞任。事態に幻滅した従業員5人を引き連れて、NeXT を創業する。これは、大学や研究機関のためのパーソナルコンピューター・ワークステーションの生産を専門とする会社だった。NeXT 製のコンピューターは、CERN のティム・バーナーズ＝リーがワールド・ワイド・ウェブを考案するときにも使われた。

…舞い戻った

1990年代初頭、アップルが世に出す新製品はいずれも不振に終わり、業績はひどく落ち込む。1993年には、ジョン・スカリーが退任し、マイケル・スピンドラーが CEO に就任した。スピンドラーは、不振の要因は時代遅れな Macintosh プラットフォームとオペレーティングシステム（OS）にあると考え、新技術を自社で開発するよりも、効率良く買収することで事態を打開しようとした。しかし、努力もむなしく成果はほとんど上がらなかった。

iPAD
2010年、iPad を披露するジョブズ。このパーソナルタブレットは、発売初日に30万台を売り上げた。

1996年2月、スピンドラーに代わりギル・アメリオが CEO に就任する。ジョブズとはあまり折り合いが良くなかったアメリオだが、巨額の損失を出し始めたアップルにとって最善の解

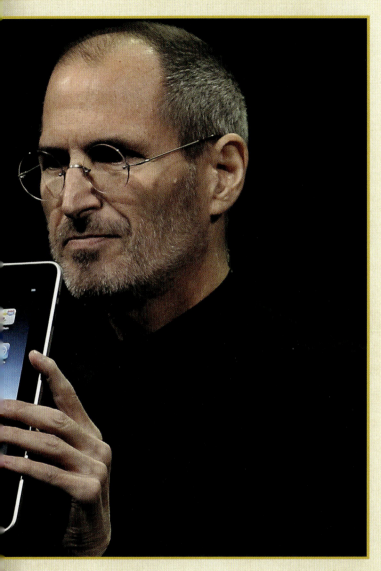

境が変わったおかげだろう、以前ほど傍若無人ではなくなっていた。アップルの創業者として、苦闘する古巣を立て直す機会を求めていたのかもしれない。

アメリオとジョブズは、アップルがNeXTを4億2700万ドル分の株式で買収し、ジョブズを取締役会に迎え入れることで合意に至る。この決断は、アップルという会社にとっては大いに吉と出たが、アメリオ個人にとってはあまり良い結果とならなかった。すぐにCEOの座をジョブズに奪われることになるからだ。

ジーンズと黒いセーター

1998年に発売したデスクトップコンピューターのiMacシリーズが好調な売れ行きを見せると、それをきっかけにアップルの業績は好転し、別の「i」製品でも好調を維持する。大々的な宣伝の行き届いたイベントで、ジョブズはいつも黒いタートルネックの

決策は、NeXTの開発したOSを採用することだと気づいていた。

アメリオからNeXTの買収を持ちかけられたとき、ジョブズは40代の妻子持ちになっていた。彼が1985年に買収したアニメーション会社、ピクサーが映画『トイ・ストーリー』で大成功を収めたばかりのころである。相変わらず精力的で刺激的だったが、おそらく私生活の環

セーターとリーバイスのジーンズを着て、自ら新製品を発表した。彼の巧みなデモンストレーションが巻き起こした熱狂が、業績好転の主因だったことは確かである。しかし本当の成功要因は、大勢の消費者に「買いたい」と思わせる製品を作ったことだ。

アップルはその後も好調を維持し、世界最大級の情報技術会社として君臨している。

ベルファスト合意が締結される

1998年

背景：北アイルランドで長く困難な和平プロセスが続く

主役：デビッド・トリンブル、ジョン・ヒューム、イアン・ペイズリー、マーティン・マクギネス、ジェリー・アダムズと、イギリス、アイルランド共和国、アメリカの多くの政治指導者、さらには長年苦しんできた北アイルランドの人々

功績：平和実現のチャンスが生まれた

イギリス政府、アイルランド政府、および北アイルランドの大半の主要政党から代表者が集まり、1998年4月10日の聖金曜日にベルファストで締結された合意は、紆余曲折を経た長い和平プロセスの大きな節目となった。実のところ、これは平和条約ではなかった。そもそも宣戦布告が一度もおこなわれなかったからだ。しかし、この合意の提供する枠組みを通じて、俗に「厄介事」と呼ばれる北アイルランド紛争にようやく終止符が打たれるという期待が生まれた。

最終文書には、2つの投票に関する条項が含まれていた。合意書の条件受け入れに関する北アイルランドの住民投票と、合意に伴い必要となるアイルランド憲法改正についてのアイルランド共和国の国民投票である。2つとも同年5月22日に実施され、いずれも合意を強く支持する結果が出た。北アイルランドでは、投票者の71パーセントが合意受け入れに賛成。アイルランド共和国では投票者の実に94パーセントが、憲法を改正して共和国による北アイルランド領有の主張を放棄し、アイルランドの市民権をアイルランド全体に拡大することに賛成した。

ベルファスト合意の実現は、単にイギリス、アイルランド共和国、北アイルランドの政治家による決断の成果ではない。北部と南部、つまりアイルランド全土の人々が、ジョン・レノンの言葉を借りれば、「give peace a chance.（平和を我等に）」という道を選んだ、集団的決断の成果でもあったのだ。

イギリスの"厄介事"

北アイルランド紛争は、1969年に北アイルランドの多くの都市で重大な暴動が発生し、イギリス軍が展開する事態に発展したことに始まり、ベルファスト合意の締結で終わったといわれている。しかし、この紛争の根源は16、17世紀まで遡る。イングランドによるアイルランド植民地化の過程で、かつてアイルランドのカトリック教徒のものだった土地が、イングランドやスコットランドから移住してきたプロテスタントに与えられるという歴史があった。

ベルファスト（1970年）

ロイヤリスト（イギリスを支持する過激派）の横断幕が掲げられたシャンキルロードの横丁。30年に及ぶ紛争で、数々の暴力行為が繰り広げられた。

　北アイルランド紛争は、形式的には終結したのかもしれない。現に、双方の準軍事組織の大半がすでに紛争終結を宣言している。ベルファスト合意の締結後、この地域でのイギリス軍の活動は大幅に縮小され、2007年8月には正式に終了した。それでも和平プロセスはまだ終わっていない。暴力行為で時折中断されながらも続いているのである。

分離

　1922年、アイルランドが分離し、主にカトリック教徒の住む南部26州が「アイルランド自由国」を建国、1937年には「アイルランド」と改称した。一方、プロテスタントが人口の約3分の2を占める北部6州は、イギリス統治下にとどまった。北アイルランド紛争の直接の原因は、分離後、北部で少数派のカトリック教徒が日常的に差別を受けていたことにある。

　この分離の目的は、イギリス王室に忠誠心を抱く義勇軍による内戦勃発を回避することだった。義勇軍は、アイルランドが統一されれば北部のプロテスタントが差別を受けるだろうと危惧していた。ダブリンの政府はカトリック教徒が主流だからだ。

　北アイルランド政府はこの地域でのカトリック教徒に対する差別的な慣行を許容し、多数派のプロテスタントが強い政治力を維持できるよう措置を講じた。差別を擁護する法律が実際に施行されていたわけではないが、政治組織や警察隊にもともとカトリック教徒への偏見があったことから、カトリック教徒のコミュニティーは恨みを募らせていった。

ベルファスト合意は、その枠組みを通じて北アイルランド紛争にようやく終止符が打たれるという期待を生んだ。

対立の構図

紛争が続く間、北アイルランドには常に多数の政党や準軍事団体が乱立し、ただでさえ複雑な状況をさらに厄介なものにしていた。

要約すると、多数派のプロテスタントはイギリス王室に忠誠心を抱き、イギリスとの連合維持を願っていたため、「ユニオニスト（union＝連合の意）」と呼ばれた。このユニオニストから和平プロセスに加わった主要2政党が、デビッド・トリンブル率いるアルスター統一党と、イアン・ペイズリー率いる民主連合党だ。和平プロセスに加わる前は両党首とも、相手方の誰とも一切取引しない強硬姿勢を取っていた。ユニオニストのなかでも、民主連合党のような強硬派を「ロイヤリスト」という。

これに対して、「ナショナリスト」とも呼ばれる共和主義者はほぼ例外なく、アイルランド統一を望むカトリック教徒だった。代表的な政党は、人望の厚いジョン・ヒューム率いる穏健な社会民主労働党と、IRA暫定派（アイルランド共和軍）の政治部門シン・フェイン党だ。IRA暫定派はもともとIRAの分派で、アイルランドの独立闘争時にはイギリスと戦った歴史があり、この地域に乱立する準軍事組織のなかで最も有力な存在となった。シン・フェイン党の2人の重要人物、マーティン・マクギネスとジェリー・アダムズは、いずれもかつてIRAで高い地位に就いていたとされる。

和平プロセス

和平プロセスは1980年代後半、イギリス政府の代表者とアイルランドのシン・フェイン党の代表者による秘密会議から始まった。双方とも、北アイルランド紛争の軍事的解決策はあり得ないという見解を強めていた。この協議はやがてアイルランド政府も含めた幅広い交渉に発展し、ジョン・ヒュームやデビッド・トリンブルといった北アイルランドの政治家が重要な役割を果たした。アメリカのビル・クリントン大統領も、このプロセスの推進に関与している。1994年1月にジェリー・アダムズ（シン・フェイン党の党首）がアメリカへ招かれたが、この訪問は物議を醸した。

アダムズがアメリカを訪れる前月、イギリスのジョン・メージャー首相とアイルランドのアルバート・レイノルズ首相は、共同でダウニングストリート宣言を発表している（ダウニングストリートとはイギリス首相官邸がある街の名前）。そこには、のちのベルファスト合意の中身の大半が盛り込まれていた。そのなかで、両者は北アイルランドの人民に民族自決権（自らの政体を選ぶ権利）を認め、イギリス政府は「北アイルランドに対して戦略上、経済上のいかなる利己的関心も持たない」と言明した。

難航する交渉

1994年4月、アイルランド共和軍（IRA）は3日間の停戦を布告する。その5カ月後の「軍事作戦停止」を、大半の（すべての、ではないが）人々は「無期限の停戦」と理解した。その後、ロイヤリスト（イギリスとの連合維持を支持する強硬派）準軍事組織が停戦を布告した。

さまざまな準軍事組織による武装解除（兵器の廃棄）に関しては、双方の政治家の間で激しい議論が展開された。関係者たちは交渉をボイ

仲裁役
アイルランドの元首相バーティ・アハーンとイギリスの元首相トニー・ブレア。ベルファスト合意の実現に貢献した。

コットし、北アイルランドの民主連合党イアン・ペイズリーは、誰との関わりも一切拒否する姿勢を繰り返し示した。

　この行き詰まりの打開に一役買ったのが、アメリカのクリントン大統領である。彼が特使に任命したジョージ・ミッチェル上院議員は、和平プロセスの前進と武装解除交渉のための原則を策定した。クリントンは1995年11月にベルファストの大集会で演説をおこない、双方のテロリストを「過去の人々」と形容した。

　正式な和平交渉の議長となったジョージ・ミッチェルは、克服不能に見える問題にも忍耐強く対処し、その根気と良識をもって協議を成功に導いた。例えば、ペイズリーらロイヤリスト系の政治家たちが「IRAが武装解除しない限り、交渉に加わらない」と主張したのに対し、IRAは「協議が始まらない限り、武器は放棄しない」と主張するという難局があった。この難関の突破口をミッチェルはどうにか見つけ出した。1996年に暴力的活動を再開したIRAがシティ・オブ・ロンドンとマンチェスター中心部で大規模な爆破事件を起こした後でさえ、ミッチェルは協議を継続させた。そして、1997年7月に再び停戦が成立し、イギリスの新首相トニー・ブレアの下で、和平プロセスが進められた。

平和の始まり

　協議中断から2年後、ベルファスト合意はついに締結に至る。そこにはイギリスとアイルランド両政府の立場が明記され、武器の廃棄と、北アイルランドの地方議会設立に関する条項が盛り込まれた。

　2007年、イアン・ペイズリーが北アイルランド自治政府の初代首相に、IRAの最高幹部マーティン・マクギネスが副首相に宣誓就任した。トニー・ブレアは、ほんの数席離れた席に座り、その様子を見守っていた。

　間違いなく北アイルランド政治史上最も特筆すべきこの転換期に、81歳のペイズリーは和平プロセスを受け入れただけでなく、かつて最大の敵だったマクギネスとも非常にうまく折り合った。ペイズリーは次のように述べている。自らが過去と決別し、明るい未来に目を向けることができたなら、苦労の末に勝ち取った平和が続く見込みは必ずある、と。

交渉において重要な役割を果たしたジョン・ヒュームとデビッド・トリンブルは、1998年にノーベル平和賞を共同で獲得した。

参考図書など

Allen, Charles. *Ashoka: The Search for India's Lost Emperor*. Little Brown, 2012.

Ambrose, Stephen E. *Eisenhower: Soldier and President*. Simon and Schuster, 1990.

Armitage, David. *The Declaration of Independence: A Global History*. Harvard University Press, 2007.

Armstrong, Karen. *Buddha*. Weidenfeld and Nicolson, 2000.

Aughton, Peter. *Newton's Apple: Isaac Newton and the English Scientific Renaissance*. Weidenfeld and Nicolson, 2003.

Barker, Graeme. *The Agricultural Revolution in Prehistory: Why did Foragers become Farmers?* OUP, 2006.

Berners-Lee, Tim. *Weaving the Web: The Past, Present and Future of the World Wide Web by its Inventor*. Orion Business, 1999.

Brinkley, Douglas, and David R. Facey-Crowther. *The Atlantic Charter*. Palgrave Macmillan, 1994.

Brinkley, Douglas. *Mine Eyes Have Seen the Glory: The Life of Rosa Parks*. Weidenfeld and Nicolson, 2000.

Bryce, Trevor. *The Kingdom of the Hittites*. OUP, 2005.

Caesar, Julius. *The Civil War*. Penguin, 1967.

Columbus, Christopher. *The Four Voyages*. Penguin, 1969

Crackcraft, James. *The Revolution of Peter the Great*. Harvard University Press, 2003.

Cunningham, Noble E. *The Presidency of James Monroe*. University of Kansas, 1996.

Danziger, Danny, and John Gillingham. *1215: The Year of the Magna Carta*. Hodder and Stoughton, 2003.

Darwin, Charles. *The Voyage of the Beagle*. Penguin Books, 1989.

Davies, Hunter. *The Beatles: The Authorised Biography*. Heinemann, 1968.

Finkel, Caroline, *Osman's Dream: The Story of the Ottoman Empire 1300–1923*. John Murray, 2005.

Fischer, Louis. *The Life of Mahatma Gandhi*. Cape, 1951.

Freeman, Charles. *A New History of Early Christianity*. Yale University Press, 2009.

Fursenko, Aleksandr, and Timothy Naftali. *One Hell of a Gamble: Khrushchev, Castro, Kennedy and the Cuban Missile Crisis 1958–1964*. John Murray, 1997.

Gilbert, Martin. *Churchill: A Life*. William Heinemann, 1999.

Glassner, Jean-Jaques. *The Invention of Cuneiform: Writing in Sumer*. Johns Hopkins University Press, 2003.

Goldsworthy, Adrian. *Caesar: The Life of a Colossus*. Weidenfeld and Nicolson, 2006.

Goodwin, Doris Kearns. *Team of Rivals: The Political Genius of Abraham Lincoln*. Simon and Schuster, 2005.

Grayling, A. C. *Descartes: The Life of Réne Descartes and Its Place in His Times*. The Free Press, 2005.

Hibbert, Christopher. *The French Revolution*. Allen Lane, 1980.

Hobsbawm, Eric. *The Age of Revolution: Europe 1789–1848*. Weidenfeld and Nicolson, 1962.

Hogan, Michael J. *The Marshall Plan: America, Britain, and the Reconstruction of Western Europe, 1947–1952*. CUP, 1987.

Isaacson, Walter. *Steve Jobs*. Little Brown, 2011.

Jardine, Lisa. *Worldly Goods*. Macmillan, 1996

Johnson, R. W. *South Africa's Brave New World: The Beloved Country Since the End of Apartheid*. Allen Lane, 2009.

Keane, John. *The Life and Death of Democracy*. Simon and Schuster, 2009.

Kukla, Jon. *A Wilderness So Immense: The Louisiana Purchase and the Destiny of America*. Alfred A. Knopf, 2003.

Leuchtenburg, William E. *Franklin D. Roosevelt and the New Deal*. Harper and Row, 1963.

Man, John. *The Gutenberg Revolution: The Story of a Genius and an Invention that Changed the World*. Review, 2002.

Mandela, Nelson. *Long Walk to Freedom: The Autobiography of Nelson Mandela*. Little Brown, 1994.

Popham, Peter. *The Lady and the Peacock: The Life of Aung San Suu Kyi*. Rider, 2011.

Powell, Jonathan. *Great Hatred, Little Room: Making Peace in Northern Ireland*. The Bodley Head, 2008.

Roberts, Alice. *The Incredible Human Journey*. Bloomsbury, 2009.

Sale, Kirkpatrick. *The Conquest of Paradise: Christopher Columbus and the Columbian Legacy*. Hodder and Stoughton, 1991.

Scarre, Chris, ed. *The Human Past: World Prehistory and the Development of Human Societies*. Thames and Hudson, 2009.

Schickel, Richard. *D. W. Griffith*. Pavilion Books, 1984.

Shaw, Ian. *The Oxford History of Ancient Egypt*. OUP, 2000.

Sobel, Dava. *A More Perfect Heaven: How Copernicus Revolutionised the Cosmos*. Bloomsbury, 2011.

Stephenson, Paul. *Constantine: Unconquered Emperor, Christian Victor*. Quercus, 2009.

Strathern, Paul. *The Medici: Godfathers of the Renaissance*. Jonathan Cape, 2003.

Stringer, Chris, and Peter Andrews. *The Complete World of Human Evolution*. Thames and Hudson, 2005.

Tobin, James. *First to Fly: The Unlikely Triumph of Wilbur and Orville Wright*. John Murray, 2003.

Wald, Elijah. *Escaping the Delta: Robert Johnson and the Invention of the Blues*. Amistad, 2004.

Zamoyski, Adam. *Rites of Passage: The Fall of Napoleon and the Congress of Vienna*. HarperPress, 2007.

索 引

英字
CERN 206, 207, 208, 212
DNA 14, 15, 17
Dデイ 164-169
IRA（アイルランド共和軍）216-217
Mosaic（ウェブブラウザー）208
NeXT 209, 212, 213
U-2（偵察機）184

ア
アイゼンハワー，ドワイト・D 164-169
アインシュタイン，アルベルト 89
アウン・サン 202
アウン・サン・スー・チー 202-205
アクティウムの海戦 45
アジャンクールの戦い 159
アショーカ王 38-41
アショーカ王の獅子柱頭 40, 41
アショーカ王の法勅 38, 39, 40
アダムズ，ジェリー 216
アダムズ，ジョン 97-98, 118
アダムズ，ジョン・クインシー 109, 118, 120-121
新しい契約 48
アチソン，ディーン 174
アッカド語 24
アッシリア帝国 28, 29
アップル 210-213
アテネの民主政 30-33
アトリー，クレメント 157
アハーン，バーティ 217
アパルトヘイト 145, 192-196
アフガニスタン 199
アフリカ単一起源説 12-15, 16, 17
アフリカ民族会議（ANC）192, 193, 194, 195
アメリオ，ギル 212-213
アメリカ合衆国
　アラスカ購入 109
　一般教書演説 118
　キューバ危機 182-187
　建国の父たち 98
　憲法修正第5条 57
　公民権運動 145, 178-181
　大西洋憲章 160-163
　第二次世界大戦 160-169
　独立宣言 30, 94, 95, 97-99, 178
　奴隷解放宣言 128-133
　南北戦争 128-132
　西への拡大 106
　ニューディール 150-155
　普通選挙 33
　マーシャルプラン 174-177
　ミシシッピ州出身の歌手 146-149
　モンロー主義 118-121, 161
　ルイジアナ購入 106-109
アメリカ先住民 98, 109
アメリカ独立革命 57, 94-99, 101
アラスカ購入 109
アラビア半島 13, 16
アラブ首長国連邦（UAE）16
アリストテレス 82
アルファベット 22-23
アレクサンドル1世，皇帝 111
アレクサンドロス大王 39
アンジェリコ，フラ 60
アンティータムの戦い 128, 132
アンドロポフ，ユーリ 200
イーデン，アンソニー 158
イエス・キリスト 47
イギリス 86-9, 113
　アメリカ独立革命 94-99
　イギリス海軍 120, 122-123, 159, 160-161
　イギリスによるインド支配 142-145
　大西洋憲章 160-163
　第二次世界大戦 156-169
　普通選挙 33
　ベルファスト合意 214-217
　マグナ・カルタ 54-57
イギリス東インド会社 95
イザベラ1世（カスティーリャ女王）68-73
イスラエル 12, 16
イスラム 53, 71, 74, 77
イタリア
　フィレンツェ・ルネサンス 58-61
　メディチ家 59-61
一般教書演説 118
一般相対性理論 89
印紙法 94-95
インターネット 206-209
インド 34-37, 40-41
　市民的不服従 142-145
　農業 172-173
　分割 145
インノケンティウス3世（ローマ教皇）56
引力 86, 88-89
ウィーン 74-77, 110-113
ウィーン会議 110-113
ヴィンランド 69
ウェイン，ロナルド 210
ヴェスプッチ，アメリゴ 71
ウェッジウッド，ジョサイア，2世 125
ウェルズ，ギデオン 128
ウェルズリー，アーサー，ウェリントン公爵 111
ウォール街大暴落 150, 151
ウォズニアック，スティーブ 210
ウォレス，アルフレッド・ラッセル 127
馬のいらない馬車 116
海の民 29
ウルク 22-24
運動の3法則 86
エプスタイン，ブライアン 188-191
絵文字 22
エリツィン，ボリス 199, 201
欧州経済協力機構（OEEC）176-177
欧州石炭鉄鋼共同体 177
欧州連合 177
オーウェル，ジョージ 32
オーストリア 74, 75, 76-77, 110-113
オーバーロード作戦 164-169
オクタビアヌス（アウグストゥス帝）45
オスマン帝国 53, 74-77, 90, 91
オバマ，バラク 154, 181
オランダ 83-85, 92, 112, 156
オルドバイ渓谷（タンザニア）8-9

カ
カール5世（神聖ローマ皇帝）74-76
解析幾何学 83
カイリュー，ロバート 207
カエサル，ユリウス 42-45, 51
科学革命 78, 81, 83
核ミサイル
　→「キューバ危機」の項を参照
火山噴火 15, 16, 114
カストロ，フィデル 182, 183-184
課税 56, 92, 94-95, 98, 144
化石 8, 10, 12
合衆国建国の父 98
合衆国憲法修正第5条 57
活版印刷 62-67
カデシュの戦い 27, 28
カトリック教会 60, 71, 78, 81
カニング，ジョージ 120
ガマリエル 47
ガラパゴス諸島 126
ガリア 42-44, 50
ガリレオ・ガリレイ 78, 81

ガンジー，マハトマ 142-145, 180, 192
議会政治 54
気候変動 9-10, 19, 20
北アイルランド 214-217
北アイルランド紛争 214-217
ギベルティ，ロレンツォ 58, 59
球戯場の誓い 102
キューバ
　キューバ危機 182-187
　ピッグス湾事件 182, 183
共産主義 176, 177, 183, 199, 200-201
共和政ローマ 42-43
ギョベクリ・テペ 20-21
ギリシャ語，古代 25
キリスト教 46-53
キング，B.B. 146
キング，マーティン・ルーサー，ジュニア 145, 178-179, 181
銀行業界 59-60, 61, 153-154
禁酒法 154
金融危機(2008年) 152
クー・クラックス・クラン 141, 178
グーテンベルク，ヨハネス 62-67
グーテンベルク聖書 63-64, 66, 67
くさび形文字 23, 24-25, 26
屈折 83
クラーク，ウィリアム 109
グラスノスチ 198, 200
クラプトン，エリック 147
グリーンウッド，アーサー 157
グリフィス，D・W 138-141
クリミア戦争 113
クリュソポリスの戦い 52
クリントン，ビル 216, 217
クレイステネス 31-32
クレオパトラ 44
軍役代納金 56
啓蒙思想 101
ゲティスバーグの演説 30
ケネディ，ジョージ 174
ケネディ，ジョン・F 182-187
ケネディ，ロバート 185
ケプラー，ヨハネス 78, 81, 88
光学 82, 86, 88
航空機産業 134-137
公民権運動 145, 178-181
コーバン，ジャック 20
コギト・エルゴ・スム 82, 85
国際連合(国連) 26, 163
『國民の創生』 140-141
古代エジプト 44
　象形文字 25
　ヒッタイトとの平和条約 26-29
黒海 90, 91
コペルニクス，ニコラウス 78-81
コムギさび病 170-173
ゴルバチョフ，ミハイル 198-201
コロンブス，クリストファー 68-73

コンコードの戦い 94
コンスタンティヌス凱旋門 50, 51
コンスタンティヌス帝 50-53
コンスタンティノープル 52, 75-77

サ
サティヤーグラハ 143-144
悟り 34, 36-37
サルデーニャ 112
ザルム伯ニコラウス 74, 76-77
サン・サルバドル島 68
サン・ピエトロ大聖堂(ローマ) 52
サンクトペテルブルク 93
三十年戦争 83
サンタフェ協約 73
シェイクスピア，ウィリアム 45, 159
ジェノバ 69
ジェファーソン，トーマス 94, 95, 98-99, 106-109, 120
塩の行進 144-145
四聖諦 36-37
シスル，ウォルター 194-195
自然選択 126-127
七年戦争 94, 101
シッダールタ，ゴータマ(仏陀) 34-37, 41
自転車 117, 134, 136-137
使徒書簡(パウロ) 46, 49
市民的不服従 142-145, 178, 192
ジム・クロウ法 179, 181
シャープビル虐殺事件 194
シャインズ，ジョニー 149
宗教
　イスラム教 53, 77
　キリスト教 46-53
　宗教改革 50, 80
　初期人類 20, 21
　仏教 34-41
　ユダヤ教 47-49, 53
宗教改革 50, 80
(宗教的)迫害 47, 49, 50, 52-53
自由憲章 54
『種の起源』(ダーウィン) 126-127
シュメール人 22-25
狩猟採集民 18-20
殉教者，キリスト教 47, 49
ジョアン2世(ポルトガル王) 68, 70-71
象形文字 25
ジョージ3世(イギリス国王) 96-98
ジョーンズ，ブライアン 148
初期人類
　アフリカ単一起源説 12-15, 16, 17
　狩猟採集民 18-20
　新石器革命 18-21
　石器 8-11
　多地域起源説 15
ジョット 58
ジョブズ，スティーブ 209,

210-213
ジョプリン，ジャニス 148
ジョン王(イングランド王) 54-57
ジョンソン，リンドン 185
ジョンソン，ロバート 146-149
シルクロード 70
シン・フェイン党 216
人種隔離 178-181
　→「アパルトヘイト」の項も参照
人身保護令状 56
神聖ローマ帝国 74-77, 83, 110
新石器革命 18
人文主義 58, 60, 62
新約聖書 46
人類進化 8-11, 12-17
人類のゆりかご 8-9
スイス 112
スウェーデン 90, 92, 93
数学 83, 84, 86, 88
スカリー，ジョン 211-212
スター，リンゴ 190, 191
スターリン，ヨゼフ 163
スターレー，ジョン・ケンプ 117
ステファノ，聖 47
スパルタ 30
スピンドラー，マイケル 212
スペイン 51, 68, 71-73, 74-75, 106-107, 109, 119
スペイン異端審問所 71
スペイン継承戦争 91
スマトラ島 15, 16
スリランカ 41
スレイマン大帝 74, 75, 76, 77
征服王メフメト2世 75
セジウィック，アダム 124-125
石器 8-11, 12, 16
先史時代 →「初期人類」の項を参照
速記用タイプライター 116
ソビエト連邦 174, 182, 198-201
　キューバ危機 182-187
　ペレストロイカとグラスノスチ 198, 200-201
　崩壊 201
ソロン 31

タ
ダ・ヴィンチ，レオナルド 58, 61
ダーウィン，チャールズ 12, 14, 17, 122-127
第一次世界大戦 75, 111, 113
第一次バロン戦争 57
大恐慌 150-155
大西洋憲章 160-163
大西洋の壁 167
第二次世界大戦 155, 156-169
　Dデイ 164-169
　イギリスの戦い 158
　大西洋憲章 160-163
　ダンケルク 156, 158
大北方戦争 93
大疫病 88

太陽中心説　78-81
ダストボウル　152
ダマスコ　46-48
タルソス　46-47
ダルマ（法）　38, 40-41
タレーラン, シャルル　112
ダンケルク　156, 158
探検航海　68-73
タンザニア　8-9
ダンテ　58
タンボ, オリバー　193-194
タンボラ山　114
チェルネンコ, コンスタンティン　200
チェルノブイリ原発事故　199
チェンバレン, ネヴィル　157
畜産　18-21
知識の民主化　62
チャーチル, ウィンストン　32, 156-159, 160-161, 162, 163, 166-167, 175-176
チャンドラグプタ（マウリヤ朝）　39
定住化　20
ティン・チョー　205
デカルト, ルネ　82-85
デクラーク, F・W　195-196
デッカ・レコード　188-191
哲学
　　古代ギリシャ　82
　　デカルト　82-85
テトラルキア　51
テネリフェ島　125
天文学　78-81
ド・ローネー侯爵　104-105
ドイツ　112-113, 174-177
　　再統一　199
　　モーゲンソープラン　175-176
　　→「第二次世界大戦」の項も参照
トーチ作戦　166
トクヴィル, アレクシ・ド　101
独立宣言　30, 94-99, 178
トバ湖　15, 16
トバ事変（火山噴火）　15, 16
ドライジーネ　117
ドライス, カール　114-117
トリンブル, デビッド　216
トルーマン, ハリー　174
奴隷解放宣言　128-133
奴隷制度　32, 98, 128-133
　　奴隷解放　128-133
トレジーニ, ドメニコ　93

ナ
ナチス　156-157, 162, 164, 167, 176
ナトゥフ文化　20
七日間の戦い　132
ナポレオン戦争　110, 113, 119
ナンダ朝　39
ニコライ2世, 皇帝　119
ニコラウス・クザーヌス　66

ニューオーリンズ　106-107, 109
ニューディール　150-155
ニュートン, アイザック　78, 83, 86-89
ニューファンドランド島　69
認知　8, 12
ネアンデルタール人　17
ネッケル, ジャック　103
ネパール　34
ネロ（ローマ皇帝）　49
粘土板　23-24, 26, 27, 29
農業
　　新石器革命　18-21
　　緑の革命　170-173
農奴　55
脳の発達　10-11
ノーベル平和賞　170, 173, 196, 204, 217

ハ
パーキンス, フランシス　153
パークス, ローザ　178-181
バーナーズ＝リー, ティム　206-209, 212
バイキング　69
ハイチ　107
ハウス, サン　148
ハウリン・ウルフ　146
パウロ, 聖　46-49
パウロの回心　46-49
パキスタン　145
博物学　122-127
バスティーユ襲撃　100-105
ハットゥシャ　26-29
ハットゥシリ3世（ヒッタイト王）　26-29
パットン, ジョージ, 将軍　167
ハニ, クリス　196
バハマ諸島　68
バブ・エル・マンデブ海峡　12-13
ハプスブルク家　75, 77
ハプログループ　14
ハモンド, ジョン　146-147
ハリウッド　138-141
パリサイ人　47
ハリスン, ジョージ　188-191
ハリファックス卿　157, 158
バルベ＝マルボア, フランソワ　106, 108
ハワイ　109
ハンガリー　76, 174, 201
ハンコック, ジョン　95
半島戦争　119
ビーグル号の航海　122-127
ビーチコーマー・モデル　16
ビートルズ　188-191
ピクサー　213
ビザンティウム　52
ビザンティン帝国　53, 74-75
筆記法　22-25
ピッグス湾事件　182, 183

ヒッタイト　26-29
ヒトラー, アドルフ　157-159, 175, 162
微分積分　88
百日議会（ルーズベルト大統領）　153
百日天下（ナポレオン）　111
ヒューマニズム（人文主義）　58
ヒューム, ジョン　216
表音文字　22-25
氷河期　13, 19
表語文字　22-25
ピョートル大帝　90-93
ピョートル大帝の「大使節団」　91-92
肥沃な三日月地帯　18-21
ビルマ　→「ミャンマー」の項を参照
ファルサルスの戦い　44
フィッツロイ, ロバート　122, 125
フィレンツェ　58-61
　　サンタ・マリア・デル・フィオーレ大聖堂　58
ブース, ジョン・ウィルクス　133
フーバー, ハーバート　150, 151, 154
フーバービル　152
フェニキア人　25
フェルディナント1世（オーストリア大公）　74, 76, 77
フェルディナント2世（神聖ローマ帝国皇帝）　84
フェルナンド2世（アラゴン王）　68-69, 71-73
フォーティテュード作戦　167
フスト, ヨハン　65-67
ブダペスト　75, 76
普通選挙　33
フッカー, ジョン・リー　146, 148
仏教　34, 36-37, 38, 41
ブッダ（仏陀）　34-37, 41
ブッダガヤ　36, 37
プトレマイオス（天文学者）　78
プトレマイオス13世　44
ブラウダー, オーレリア　181
フランクリン, ベンジャミン　98
フランス
　　第二次世界大戦　156, 158, 159, 164-169
　　バスティーユ襲撃　100-105
　　フランス革命　100-101, 110, 112
　　ルイジアナ購入　106-109
フランス革命戦争　110, 112
フランソワ1世（フランス王）　75-76
プリンセプ, ジェームズ　41
ブルース　146-149
ブルートゥス, マルクス・ユニウス　45
フルシチョフ, ニキータ　182-184, 187
ブルック, アレン（陸軍大将）　166

索引

ブルネレスキ, フィリッポ 58, 59
ブレア, トニー 217
ブレジネフ, レオニード 199
フレンチ・インディアン戦争 94
プロイセン 92, 110-112
プロジェクト・グーテンベルク 66-67
ブロノフスキー, ジェイコブ 8
フロムボルク 78-80
フンボルト, アレクサンダー・フォン 124-125
ペイズリー, イアン 216, 217
ベークマン, イザーク 83-84
ベーコン, フランシス 62
ベーリング海峡 16, 17
ベスト, ピート 188, 189, 190-191
ペテロ, 聖 48
ペリクレス 30, 32
ベルギー 112, 113, 156
ベルサイユ条約 113, 175
ベルファスト合意 214-217
ベルリンの壁 183, 187, 201
ペレストレリョ, バルトロメウ 69-70
ペレストロイカ 198, 201
ベロシペード 117
ペロポネソス戦争 30
ヘンドリックス, ジミ 148
ヘンリー1世 (イングランド王) 54
ヘンリー3世 (イングランド王) 56-57
ヘンリー五世 (シェイクスピア) 159
ボータ, P・W 192, 195
ポーランド 78-80, 112, 175, 201
ボーローグ, ノーマン 170-173
ボストン茶会事件 95
ボッティチェリ 61
ボナパルト, ナポレオン 106-108, 110, 111
ホモ・エレクトス 15
ホモ・ネアンデルターレンシス 17
ホモ・ハビリス 10
ボルテール 101
ポルトガル 69-71
ホワイト, ギルバート 123
ホワイト, ハリー・デクスター 175, 176
ポンペイウス 42, 43, 44, 45

マ

マーシャル, ジョージ 166, 174-175
マーシャル卿, ウィリアム 57
マーシャルプラン 174-177
マーティン, ジョージ 188-191
マイクロソフト 210, 211
マインツ 63, 65, 67
マウリッツ・ファン・ナッサウ 83
マウリヤ朝 38-41
マキャベリ, ニッコロ 61

マクギネス, マーティン 216, 217
マクシミリアン1世 (バイエルン公) 84
マグナ・カルタ 54-57
マクナマラ, ロバート 185
マッカートニー, ポール 188-191
マディ・ウォーターズ 146, 147
マディソン, ジェームズ 120
魔法の鏡 64
マルクス・アントニウス 44, 45
マルサス, トマス・ロバート 127
マンデラ, ネルソン 145, 192-195
ミケランジェロ 58
ミショー, ピエール 117
ミッチェル, ジョージ 217
ミトコンドリア・イブ 14
ミトコンドリアDNA 14-16
緑の革命 172-173
南アフリカ 142-145, 192-196
ミャンマー 202-205
ミラノ勅令 50, 52, 53
ミルウィウス橋の戦い 50-53
民主政 30-33, 55
ムーア人 71, 72
ムッソリーニ, ベニート 157
ムワタリ2世 (ヒッタイト王) 27
メージャー, ジョン 216
メキシコ 171-172
メソポタミア 23-25, 27
メッテルニヒ, クレメンス・フォン 111, 112
メディチ, コジモ・デ 59, 60-61
メディチ, ジョバンニ・ディ・ビッチ・デ 59-61
メディチ, ロレンツォ・デ 61
メディチ家 58-61
メルセルケビール 159
モーゲンソー, ヘンリー 175
モーゲンソープラン 174-176
モールス, サミュエル 119
モハーチの戦い 76
モリソン, ジム 148
モロトフ, ヴァチェスラフ 174
モンゴメリー, バーナード (陸軍司令官) 167
モンロー, ジェームズ 106-108, 118-121
モンロー主義 118-121, 161

ヤ

ヤコブ 48
ユダヤ教 47-49, 53
羊皮紙 24
ヨーロッパ協調 110, 111-113
ヨハネス23世 60

ラ

ライト, ウィルバーとオービル 134-137
ライトフライヤー 134, 137
ライプツィヒの戦い 110

ライプニッツ, ゴットフリート 83
ラウフマシーネ 114-117
ラスク, ディーン 185
ラムセス2世 26-29
ランツクネヒト 76
リー, ロバート・E 132
リーキー, ルイス 8
リチャーズ, キース 147, 148
リビングストン, ロバート 106-109
「流血のカンザス」時代 130
リリエンタール, オットー 134-135
リンカーン, エイブラハム 30, 128-133
ルイジアナ購入 106-109
ルイ16世 (フランス王) 100-105
ルイ18世 (フランス王) 112
ルイス, メリウェザー 109
ルーズベルト, フランクリン・D 150-155, 160-163, 166, 171, 175, 176
ルカ, 聖 46
ルソー, ジャン=ジャック 101
ルター, マルティン 80
ルネサンス 58-61
ルビコン川 42-44
冷戦 182, 198-199
レイノルズ, アルバート 216
レイフ・エリクソン 69
レキシントンの戦い 94
礫器 9
レティクス, ゲオルク・ヨアヒム 78, 80-81
レノン, ジョン 188-191, 214
レバント回廊 20
ローバー安全型自転車 117
ローマ帝国 (帝政ローマ) 45, 49, 50-53
ロシア 90-93, 110-11, 119-121, 200-201
　近代化 90-93
　クリミア戦争 113
ロシア革命 93
ロックフェラー財団 171
ロベン島 192, 194-195
ロンメル, エルヴィン 167, 168

ワ

ワールド・ワイド・ウェブ 206-209, 212
ワシントン, ジョージ 97, 118
ワシントン大行進 181
ワルシャワ条約 199

THE GREATEST DECISIONS...EVER!

© 2016 by Quarto Publishing plc

Japanese translation rights arranged with The Quarto Group through Tuttle-Mori Agency , Inc., Tokyo

ナショナル ジオグラフィック協会は1888年の設立以来、研究、探検、環境保護など1万2000件を超えるプロジェクトに資金を提供してきました。ナショナルジオグラフィックパートナーズは、収益の一部をナショナルジオグラフィック協会に還元し、動物や生息地の保護などの活動を支援しています。

日本では日経ナショナル ジオグラフィック社を設立し、1995年に創刊した月刊誌『ナショナル ジオグラフィック日本版』のほか、書籍、ムック、ウェブサイト、SNSなど様々なメディアを通じて、「地球の今」を皆様にお届けしています。

nationalgeographic.jp

逆境だらけの人類史
英雄たちのあっぱれな決断

2019年1月16日　第1版1刷

著者	ビル・プライス
翻訳者	定木 大介、吉田 旬子
編集	尾崎 憲和
編集協力	リリーフ・システムズ
デザイン	渡邊 民人、清水 真理子（タイプフェイス）
発行者	中村 尚哉
発行	日経ナショナル ジオグラフィック社 〒105-8308 東京都港区虎ノ門4-3-12
発売	日経BPマーケティング

ISBN978-4-86313-426-3
Printed in China

©2019 日経ナショナル ジオグラフィック社
本書の無断複写・複製（コピー等）は著作権法上の例外を除き、禁じられています。
購入者以外の第三者による電子データ化及び電子書籍化は、
私的使用を含め一切認められておりません。